张　力◎主编

# 教育改革新论

## 下

华东师范大学出版社
·上海·

# 教育现代化综论

# 全面开启新时代教育现代化新征程

张力

党的十九大报告高举习近平新时代中国特色社会主义思想伟大旗帜，是团结带领全党全国人民为实现中华民族伟大复兴中国梦而奋斗的政治宣言和行动纲领。党的十九大报告在"提高保障和改善民生水平，加强和创新社会治理"部分将优先发展教育事业置于首位，为加快教育现代化、建设教育强国明确了总体方向，并对教育服务"五位一体"总体布局和"四个全面"战略布局提出新的更高要求。我们可从以下三个方面提高认识、加深理解。

## 一、新时代优先发展教育事业、加快教育现代化、建设教育强国的战略部署

习近平总书记明确指出，教育是提高人民综合素质、促进人的全面发展的重要途径，是民族振兴、社会进步的重要基石，是对中华民族伟大复兴具有决定性意义的事业。改革开放近40年来，我们党团结带领人民开辟了中国特色社会主义道路，先是解决了人民温饱问题，尔后人民生活总体上实现小康的目标，不久将全面建成小康社会，教育事业发挥了基础性、先导性、全局性作用。党的十八大以来，在以习近平同志为核心的党中央正确领导下，在各级政府、教育系统和社

会各界共同努力下，教育事业全面发展，教育质量和水平显著提高，教育领域综合改革不断深化，教育公平保障水平稳步提升。2016年，全国学前教育毛入园率达到77.4%；九年义务教育在城乡全面普及，巩固率为93.4%；高中阶段教育基本普及，毛入学率达到87.5%；高等教育总规模近3700万人，毛入学率达到42.7%。目前，我国教育总规模居世界第一，教育普及程度和人力资源开发状况处于世界中高收入国家平均水平，从总体上看，教育支撑服务经济社会发展能力显著增强，教育现代化取得重要进展，为社会主义现代化建设做出重要贡献。

在此基础上，习近平总书记在党的十九大报告中进一步阐释，建设教育强国是中华民族伟大复兴的基础工程，必须把教育事业放在优先位置，深化教育改革，加快教育现代化，办好人民满意的教育。这一重要论述的历史渊源，可以回溯到改革开放之初，纵贯近40年奋斗历程。20世纪80年代，邓小平同志从社会主义现代化的高度看教育，强调"教育要面向现代化，面向世界，面向未来"，要求把沉重人口负担转化为人才资源巨大优势。党的十四大报告第一次指出，我们必须把教育摆在优先发展的战略地位，努力提高全民族的思想道德和科学文化水平，这是实现我国现代化的根本大计。此后的党代会报告和中央全会文件多次强调在社会主义现代化建设全局中优先发展教育。党的十七大报告第一次确定"提高教育现代化水平"的重要要求。可以说，我们党自改革开放以来对教育事业的定位，就是始终要求现代化建设必须优先发展教育，同时要求教育自身现代化水平不断提高。

党的十九大报告第一次明确指出建设教育强国是中华民族伟大复兴的基础工程，用以体现"优先发展教育事业"的核心理念和宏大背景，非常振奋人心。我们体会到，正是党的十九大报告做出中国特色社会主义进入新时代、我国社会主要矛盾发生变化的重大历史性判断，充分显示出我国优先发展教育事业的总方位、加快教育现代化的总方向、建设教育强国的总要求。这三者将是融为一体的重大战略部署，需要从中国特色社会主义新时代的本质内涵出发，在全党全社会进一步凝聚共识，在教育系统和社会各界形成更大合力。

党的十九大报告把原来设想本世纪中叶基本实现国家现代化的目标提早到2035年，并提出了更高目标，即到本世纪中叶，全面建成社会主义现代化强国。这意味着，从现在起就要以深化教育改革为动力，以办好人民满意的教育为依归，教育优先发展地位更要牢固树立，教育现代化更要超前实现，教育强国建设分阶段目标任务也将尽快确立。与此相关，根据党的十九大报告的要求，在新时代建设教育强国的新征程中，我们必须坚定不移地以全面贯彻党的教育方针为统领，瞄准培养德智体美全面发展的社会主义建设者和接班人的总目标，在落实立德树人根本任务、发展素质教育、推进教育公平方面迈开新的步伐。这些都进一步体现我们党在"培养什么人、怎么培养人"等目标任务方面的继承与创新，在基本教育理念和教育政策价值基点等方面的顶层决策，既一以贯之，又与时俱进，这将成为当前教育改革发展的行动指南和加快教育现代化的基本遵循。

## 二、坚持以人民为中心的发展思想、办好人民满意的教育的新要求新举措

"中国共产党人的初心和使命，就是为中国人民谋幸福，为中华民族谋复兴。"党的十九大确立的习近平新时代中国特色社会主义思想，一个重要内容就是明确新时代我国社会主要矛盾是人民日益增长的美

好生活需要和不平衡不充分的发展之间的矛盾，必须坚持以人民为中心的发展思想，不断促进人的全面发展、全体人民共同富裕。党的十九大要求坚持以人民为中心的发展思想，就是要多谋民生之利、多解民生之忧，努力在幼有所育、学有所教、劳有所得、病有所医、老有所养、住有所居、弱有所扶上不断取得新进展，适应人民对美好生活日益多样化、多层次、多方面的需要。

2013年9月25日，习近平总书记在联合国"教育第一"全球倡议行动一周年纪念活动的视频贺词中指出，中国将坚定实施科教兴国战略，始终把教育摆在优先发展的战略位置，不断扩大投入，努力发展全民教育、终身教育，建设学习型社会，努力让每个孩子享有受教育的机会，努力让13亿人民享有更好更公平的教育，获得发展自身、奉献社会、造福人民的能力。党的十九大报告关于各级各类教育的新要求新举措，正是遵照习近平总书记重要讲话精神逐项明确的。

党的十九大报告首次把义务教育从均衡发展推向城乡一体化发展的新格局，其中农村义务教育必将是重中之重，同时，强调办好学前教育、特殊教育和网络教育的重要性，向各级政府、教育系统和社会各界发出新的动员令。党的十九大报告还要求统筹职业教育与培训，在体系建设上使其更为融合；通过一流大学和一流学科建设引领，将"高等教育内涵式发展"任务从倡导性的"推动"提升为刚性的"实现"。这些均是义务教育全面普及后不同阶段教育需要牢牢把握的重点。党的十九大报告继续要求支持和规范社会力量兴办教育，多措并举建设高素质教师队伍，办好继续教育，加快建设学习型社会。可以说，这是对我国教育改革发展做出的全方位部署。其中，以下三个方面重大举措，对办好人民满意的教育具有特别重要的意义。

（一）推动城乡义务教育一体化发展，高度重视农村义务教育，是努力让每个孩子都能享有公平而有质量的教育的基本要求，也是健全城乡发展一体化体制机制、推进基本公共服务均等化的关键环节

世纪之交义务教育基本普及以来，我们党一直将义务教育均衡发展作为促进公平的政策要点。党的十八大以来，中西部和农村义务教育明显加强，大中城市择校热有所缓解，农村学生营养改善计划深入实施，进城务工人员随迁子女和留守儿童受教育权利得到更好保障。但是，城乡之间义务教育质量差距仍然很大，农村学龄人口如果不能受到有质量的义务教育，将缺乏继续培训的基础，难以形成一技之长、获得稳定收入，不能很好适应现代农业、现代制造业、现代服务业的多样化需求，在阻断贫困代际传递方面也会遇到很大障碍。因此，随着综合国力的增强，在城乡基本公共服务制度并轨、标准统一方面，义务教育走在前面，既有法治保障，又有物质基础。按照党的十九大精神，建立健全城乡融合发展体制机制，必然要推动城乡义务教育一体化发展，当前就要根据国家新型城镇化发展总体部署和本地城镇化进程，强化省级政府统筹，把义务教育纳入经济社会发展规划，与乡村振兴战略的布局融为一体，重点加快县域内城乡公办小学初中标准化建设，实现城乡校长教师交流轮岗制度化常态化，进而推动有条件的地区市域内均衡发展，实现常住人口基本公共教育服务全覆盖，努力办好每所学校，尤其是农村学校，面向城乡每个学生的切身发展需要。

（二）使绝大多数城乡新增劳动力接受高中阶段教育、更多接受高等教育，将与我国即将普及高中阶段教育、实现高等教育内涵式发展等部署紧密相连，是新时代大力提高国民素质、增强综合国力和国际竞争力的客观需要

我国教育规模稳居世界首位，但高中阶段毛入学率比高收入国家

约低10个百分点，我国高等教育毛入学率虽然高于世界平均水平近10个百分点，但比高收入国家低30多个百分点。我国劳动年龄人口和新增劳动力的平均受教育年限，分别为10.4年和13.3年，与发达国家相比也有很大差距，教育质量差距更为明显，技术技能型人才、大国工匠后备人才等方面结构性缺口很大。对此，习近平总书记深刻指出，"两个一百年"奋斗目标的实现、中华民族伟大复兴中国梦的实现，归根到底靠人才、靠教育。源源不断的人才资源是我国在激烈的国际竞争中的重要潜在力量和后发优势。在巩固全面普及九年义务教育成果基础上，通过健全学生资助制度，使绝大多数城乡新增劳动力接受高中阶段教育、更多接受高等教育，意味着我国劳动力市场门槛将逐渐提升为中职或高中学历及以上水平，这是紧扣我国社会主要矛盾变化，在"人口红利"趋弱形势下发挥人力资源优势的关键举措，也是适应科技进步、产业结构升级多样化需求的基本对策，将为决胜全面建成小康社会、开启全面建设社会主义现代化国家新征程提供更为坚实的人力资源支持，为增进民生福祉做出更大贡献。

（三）办好网络教育、继续教育，加快建设学习型社会，与改革开放以来我们党重视全民学习终身学习的重要理念一以贯之，是为实现"两个一百年"奋斗目标夯实人力资源基础的必然要求

1995年《中华人民共和国教育法》首次确认终身教育在我国的法定地位，党中央文件多次部署学习型社会建设任务。习近平总书记明确指示，要构建衔接沟通各级各类教育、认可多种学习成果的终身学习"立交桥"，党的十八届三中、五中全会文件相继强调拓宽和畅通终身学习通道。今后国民思想道德素质、科学文化素质、身心健康素质的提高，社会文明程度达到新的高度，都离不开拓宽终身学习通道，

建设符合国情的学习型社会。在我国教育普及状况同高收入国家差距逐步缩小的态势下，更要重视把满足适龄青少年儿童的教育需求与适应从业人员及其他社会成员的学习愿望有机结合起来。党的十九大报告首次单列网络教育，具有长远战略意图，从一定意义上看，网络教育被置于学前教育、特殊教育之后，应超越基于互联网的在线学习，被赋予新的含义。也就是说，不仅继续教育，而且教育全域都需运用广义的网络方式，加强传统技术与高新技术的融合，协调虚拟网络与实体平台的运作，涵盖以往的广播电视函授教育、新近的在线教育和移动学习，以及人工智能相助的学习新生态，为各种各样的学习者提供更为便捷有效的教育与学习条件，确保当今的教育与学习更好顺应未来人的谋生发展需要，更加适应为实现"两个一百年"奋斗目标深度开发人力资源的要求。

## 三、增强教育服务"五位一体"总体布局和"四个全面"战略布局的能力

在新时代统筹推进"五位一体"总体布局和协调推进"四个全面"战略布局的过程中，教育系统将担负党和人民交给的重要使命任务。党的十九大报告明确提出："党政军民学，东西南北中，党是领导一切的。"这确定了新时代党的建设总要求，坚持把党的政治建设摆在首位，对党的政治建设、思想建设、组织建设、作风建设、纪律建设做出新的全面部署，对全面从严治党提出了更高要求。教育系统将牢固树立政治意识、大局意识、核心意识、看齐意识，自觉维护以习近平同志为核心的党中央权威和集中统一领导，自觉在思想上政治上行动上同党中央保持高度一致，加强教育系统党的基层组织建设，坚定自

觉地把党中央各项重大决策部署落到实处。

党的十九大报告所部署的教育事业，在中国特色社会主义事业"五位一体"总体布局中，主要安排在社会建设部分，同时要求教育在其他建设领域找准贡献点和服务点。

（一）在经济建设中

建设现代化经济体系，深化供给侧结构性改革，在建设实体经济、科技创新、现代金融、人力资源协同发展的产业体系，在人力资本服务等领域培育新增长点、形成新动能等方面，教育开发人力资源的长效作用将愈益显现。实施创新驱动发展战略，建立以企业为主体、市场为导向、产学研深度融合的技术创新体系，培养造就一大批具有国际水平的战略科技人才、科技领军人才、青年科技人才和高水平创新团队，职业教育和高等教育完全有条件积极参与。实施乡村振兴战略，教育系统应为加快推进农业农村现代化，培养造就一支懂农业、爱农村、爱农民的"三农"工作队伍做出积极贡献。实施区域协调发展战略，推动形成全面开放新格局，也需要教育系统创造性地发挥作用。

（二）在政治建设中

深化依法治国实践，推进全民守法，加大全民普法力度，建设社会主义法治文化，教育系统应在依法治教、依法办学、依法治校的制度建设上先行一步，提高法治教育纳入国民教育体系后的实效。随着行政体制改革的深入，公办学校在深化事业单位改革，强化公益属性，推进政事分开、事企分开、管办分离等方面将迈上新的台阶，着力提高教育治理体系和治理能力现代化水平。

（三）在文化建设中

推进马克思主义中国化时代化大众化，建设具有强大凝聚力和引领力的社会主义意识形态，推动新时代中国特色社会主义思想深入人心，教育系统应学在前面，做在前面。高等学校将成为深化马克思主义理论研究和建设、构建中国特色哲学社会科学、建设中国特色新型智库的骨干力量。培育和践行社会主义核心价值观，加强思想道德建设，教育系统将高度重视从娃娃抓起的要求。在推动文化事业和文化产业发展、广泛开展全民健身活动、推进国际传播能力建设方面，教育系统将是可以大有作为的基地。

（四）在社会建设中

大规模开展职业技能培训，鼓励创业带动就业，职业教育和高等教育将始终发挥生力军的作用。加强社会保障体系建设，特别是健全农村留守儿童和妇女、老年人关爱服务体系，发展残疾人事业，教育系统可主动发力。脱贫攻坚注重扶贫同扶志、扶智相结合，重点攻克深度贫困地区脱贫任务，都离不开与教育系统的协同作战。实施健康中国战略，教育系统要积极参与全科医生队伍建设，深入开展爱国卫生运动，加强人口发展战略研究。教育系统也要配合打造共建共治共享的社会治理格局。

（五）在生态文明建设中

人类必须有尊重自然、顺应自然、保护自然的意识，应该在各级各类学校的师生员工中普遍树立，自觉养成节约资源和保护环境的生活方式。绿色学校同绿色家庭、绿色社区、绿色出行的创建行动应相互配合、相辅相成，共同把可持续发展战略落到实处。这些都是教育现代化的重要使命任务。

"千里之行，始于足下。"党的十九大绘制的新时代社会主义现代化蓝图鼓舞人心，发出的向"两个一百年"奋斗目标进军号角催人奋进。对比部分后发国家在工业化社会前后追赶先发国家的教育现代化路径，中国教育现代化有所不同，主要瞄准本国现代化，根本是为了促进人的全面发展，最鲜明特征是中国特色社会主义教育制度下的现代化，而且要比国家现代化超前部署实施。我们深入贯彻党的十九大精神，全面开启教育现代化新征程，主要靠中国人的力量办好中国人自己的事情，同时也需借鉴各国教育现代化经验。新时代的中国教育将务实创新、砥砺前行，阔步迈向教育强国，为实现中华民族伟大复兴的中国梦筑牢根基。

（载《中国教育报》2017年11月27日第12版）

# 教育治理体系和治理能力现代化的历史方位

张力

　　教育是民族振兴、社会进步的重要基石，是功在当代、利在千秋的德政工程。党的十九届四中全会审议通过的《中共中央关于坚持和完善中国特色社会主义制度、推进国家治理体系和治理能力现代化若干重大问题的决定》（以下简称《决定》），从党的十九大确立的战略目标和重大任务出发，重点在"坚持和完善统筹城乡的民生保障制度，满足人民日益增长的美好生活需要"方面，对教育做出了新部署，提出了新要求，明确了提高教育治理体系和治理能力现代化水平的总体方向和任务重点，具有前瞻性、全局性、战略性的重大意义。

## 一、党的十九届四中全会对教育新部署的基本背景

　　党的十八大以来，以习近平同志为核心的党中央明确为实现中华民族伟大复兴中国梦不懈奋斗的总目标，坚持统筹推进"五位一体"总体布局，协调推进"四个全面"战略布局，推动中国特色社会主义制度更加完善、国家治理体系和治理能力现代化水平明显提高，特别是在党的十九大做出了中国特色社会主义进入新时代、我国社会主要矛盾发生新变化的重大论断，擘画了开启2020年、2035年、本世纪中叶全面建设社会主义现代化国家新征程的新版宏伟蓝图，明确了坚持

和完善中国特色社会主义制度、推进国家治理体系和治理能力现代化的战略目标。

回顾改革开放初期，在邓小平同志战略谋划下，党确定了"三步走"到21世纪中叶基本实现现代化的蓝图，邓小平同志在1992年南方谈话中期望用30年时间，到中国共产党成立一百周年时，在各方面形成一整套更加成熟、更加定型的制度，当年写入十四大报告。

习近平总书记深刻指出，我们党立志于中华民族千秋伟业，不仅要保持中国特色社会主义制度和国家治理体系的稳定性和延续性，而且要不断增强其发展性和创新性，推动中国特色社会主义制度更加成熟、更加定型，为确保中国特色社会主义事业长盛不衰、实现中华民族伟大复兴提供牢靠而持久的制度保证。

党的十八届三中、四中全会设计全面深化改革和全面依法治国的总目标。党的十九大勾画实现"两个一百年"奋斗目标新版蓝图，阐明了坚持和完善中国特色社会主义制度、推进国家治理体系和治理能力现代化的总体要求和阶段目标。党的十九届二中全会提出修宪建议、三中全会部署深化党和国家机构改革，为四中全会研究的议题做好了充分的理论准备、目标准备、法治准备、组织准备。

党的十九届四中全会着重研究坚持和完善中国特色社会主义制度、推进国家治理体系和治理能力现代化的若干重大问题并做出决定，这是从政治上、全局上、战略上全面考量，立足当前、着眼长远做出的重大决策。

习近平总书记在关于全会文件的重要说明中指出，《决定》全面总结党领导人民在我国国家制度建设和国家治理方面取得的成就、积累的经验、形成的原则，重点阐述坚持和完善支撑中国特色社会主义制度的根本制度、基本制度、重要制度，部署需要深化的重大体制机制改革、需要推进的重点工作任务。在民生保障制度为主的有关部分，《决定》着眼于实现"两个一百年"奋斗目标，适应新时代我国社会主要矛盾变化，深刻阐明了完善中国特色社会主义教育制度、提高教育治理现代化水平的总体要求和重点任务，为加快教育现代化、大力提高国民素质提供了重要行动指南。

## 二、中国特色社会主义进入新时代的教育新起点

新中国成立70年来，特别是改革开放以来，党团结带领全国各族人民不懈奋斗，攻坚克难，成功探索出适应社会主义初级阶段基本国情的教育发展道路，构建起基本完善的中国特色社会主义教育制度，初步形成了多层次、宽领域、全方位的教育对外开放格局，显著提升了全体国民的思想道德素质和科学文化素质。目前，我国各级各类教育毛入学率已经进入世界银行划定的全球中上收入国家行列，基本实现了从人口大国到人力资源大国的历史性转变，为社会主义现代化建设提供了人力资源开发的重要支持，在中国教育史和人类文明史上谱写了辉煌篇章。

党的十八大以来，中国特色社会主义进入新时代，以习近平同志为核心的党中央更加高度重视教育事业，围绕"培养什么人、怎样培养人、为谁培养人"这一根本问题，全面加强党对教育工作的领导，加强教育系统党的建设，始终坚持立德树人导向，将重大教育决策层级上移，从成立中央全面深化改革领导小组、委员会，到组建中央教育工作领导小组，统筹深化教育领域综合改革，推进教育治理现代化法治化，构建政府、学校、社会之间新型关系，在改革考试招生制度、

提高基础教育质量、完善现代职业教育体系、创建一流大学学科、加强教师队伍建设等方面，取得许多突破性进展，我国教育事业取得新的历史性成就，教育的国际影响力不断提升，广大人民群众对教育改革发展的获得感持续增强。

教育是国之大计、党之大计。处在"两个一百年"的历史交汇期，面对世界百年未有之大变局，习近平总书记在2018年全国教育大会上全面阐述了党的十九大关于教育的长远战略意图，明确要求全面贯彻党的教育方针，坚持马克思主义指导地位，坚持中国特色社会主义教育发展道路，坚持社会主义办学方向，培养德智体美劳全面发展的社会主义建设者和接班人，重点围绕加快推进教育现代化、建设教育强国、办好人民满意的教育提出重要指导意见。紧接着，党中央、国务院印发《中国教育现代化2035》，中办、国办印发《加快推进教育现代化实施方案（2018—2022年）》，深入贯彻落实以习近平同志为核心的党中央对教育事业的部署，对从现在到2035年前教育系统加强制度建设和提高治理现代化水平，提出了一系列重要政策，确定了前进的大方向。

## 三、教育治理体系和治理能力现代化迈上新征程

《决定》专章部署民生保障制度，进一步彰显坚持以人民为中心的发展思想，不断保障和改善民生，增进人民福祉，宣示了中国共产党人不变的初心使命、如一的为民情怀。与教育治理体系和治理能力现代化的历史方位相关，主要展现出四个方面政策基点。

### （一）坚持和完善统筹城乡的民生保障制度，核心目的是满足人民日益增长的美好生活需要

这是中国共产党全心全意为人民服务的根本宗旨和立党为公、执

政为民的本质要求所决定的。在教育领域，就要牢牢把握全面贯彻党的教育方针，培养德智体美劳全面发展的社会主义建设者和接班人的根本方向，完善立德树人体制机制，加强师德师风建设，使教育改革发展成果更多更公平惠及全体人民。

（二）基于党的十九大确定的"七个有所"（幼有所育、学有所教、劳有所得、病有所医、老有所养、住有所居、弱有所扶），做出健全国家基本公共服务制度体系的重大决策

其中，基本公共服务将意味着"三化"：均衡化、均等化、城乡一体化。当前，尤其要在"幼有所育、学有所教"方面深化教育领域综合改革，构建服务全民终身学习的教育体系，为促进人的全面发展筑牢基础性的制度体系保障。

（三）紧紧抓住人民群众最关心最直接最现实的利益问题，注重加强普惠性、基础性、兜底性民生建设，保障群众基本生活

国家政策价值取向和公共财政支出重点，重在保基本、补短板、兜底线、强弱项，织密民生保障"安全网"，坚持向困难地区和困难群体倾斜。在基本公共教育服务均衡化、均等化，乃至城乡一体化方面，将依法确保各级政府担负起坚持教育优先发展、促进教育公平的主责。同时，立足社会主义初级阶段基本国情，还将在发展中保障和改善民生，既尽力而为，又量力而行。

（四）着眼于当今社会需求高度分化格局，创新公共服务提供方式，鼓励支持社会力量兴办公益事业

今后，需要在财政投入增大的同时多渠道筹措社会资金，在非基本公共服务市场化方面探索实践。在教育与学习领域，将顺应人民对美好生活新期待，聚焦办好人民满意的教育，激发社会各方积极性，

尽快形成共建共治共享的有效机制，逐步拓宽终身学习通道，建设符合国情的学习型社会，更好满足人民群众多层次多样化需求。

不久前，习近平总书记在中央全面深化改革委员会第十一次会议上就深入贯彻落实党的十九届四中全会精神提出更为明确的要求，强调抓紧就党中央明确的国家治理急需的制度、满足人民对美好生活新期待必备的制度进行研究和部署，会议审议通过《中央有关部门贯彻落实党的十九届四中全会〈决定〉重要举措分工方案》，就推进教育治理体系和治理能力现代化的实施步骤和配套措施做出安排。我们相信，在以习近平同志为核心的党中央坚强领导下，在全党全国各族人民共同谱写的坚持和完善中国特色社会主义制度、推进国家治理体系和治理能力现代化的恢弘篇章中，教育系统同社会各界齐心协力，必将以"奋进之笔"奉献出让亿万人民群众满意的时代新篇。

（载《中国教育报》2020年1月6日第1版）

# 锚定全民素质明显提高　建设高质量教育体系

张力

新中国成立以来，特别是改革开放以来，中国共产党团结带领全国各族人民披荆斩棘、风雨兼程，探索建立了中国特色社会主义制度，谱写了从一穷二白到繁荣富强的壮丽篇章。党的十八大以来，以习近平同志为核心的党中央更加重视发挥教育促进人的全面发展和服务现代化建设的关键作用，推动教育事业取得新的历史性成就。党的十九届五中全会在对"十四五"规划和2035年远景目标做出新部署时，围绕"人民思想道德素质、科学文化素质和身心健康素质明显提高"，对"十四五"时期和更长时期"建设高质量教育体系"提出明确要求。我们可从以下两个层面深刻领会党中央重大战略决策意图。

## 一、党的十八大以来教育面貌发生格局性变化

习近平总书记深刻指出，历史、现实、未来是相通的。历史是过去的现实，现实是未来的历史，并强调"奋斗创造历史，实干成就未来"。回顾党的十八大以来的恢弘历程，以习近平同志为核心的党中央明确为实现中华民族伟大复兴中国梦奋斗的总目标，坚持统筹推进"五位一体"总体布局、协调推进"四个全面"战略布局，开创社会主义现代化建设新局面，终于在全党全社会勠力同心、不懈奋斗下，"实

现第一个百年奋斗目标，中华民族千百年来'民亦劳止，汔可小康'的憧憬将变为现实"。其中，教育成就的显著特征是，"中国特色社会主义教育制度体系的主体框架基本确立"，"教育面貌正在发生格局性变化"，为胜利完成"十三五"规划任务、全面建成小康社会提供了人力资源支持和知识创新贡献，为"十四五"时期和更长时期加快国家现代化及教育现代化奠定了坚实基础。

（一）中国共产党对教育工作的领导全面加强

教育是国之大计、党之大计。以习近平同志为核心的党中央围绕"培养什么人、怎样培养人、为谁培养人"这一根本问题，坚持中国共产党总揽全局、协调各方，全面贯彻党的教育方针，全面加强党对教育工作的领导，召开全国教育大会，发布和实施《中国教育现代化2035》。在所有涉及教育事业的宏观部署中，一以贯之地坚持立德树人导向，与时俱进地拓展德智体美劳"五育并举"理念，建立全员全程全方位"三全育人"体制机制；在党领导教育工作制度建设上，从成立中央全面深化改革领导小组（委员会）到组建中央教育工作领导小组，加大重大教育决策顶层设计和统筹全局力度，加强教育系统基层党的建设，保证党的领导有机融入管党治党、办学治校全过程；在加强学校思想政治工作和增强学生思想道德素质方面，强化思想政治工作是学校工作生命线，将弘扬践行社会主义核心价值观贯穿国民教育体系各阶段，多策并举坚定广大师生的"四个自信"，进一步增强了中华民族凝聚力。

（二）全面建成小康社会的人力资源基础愈加牢固

面对中国特色社会主义进入新时代、社会主要矛盾发生新变化的新形势，以习近平同志为核心的党中央坚持以人民为中心发展教育的思想，推动各级各类教育普及水平不断提高，稳居同期世界中上收入国家行列。学前教育毛入园率从2012年的64.5%提高至2019年的83.4%，小学学龄人口入学率和初中毛入学率分别稳定在99.94%、102.6%，按时实现农村贫困人口"义务教育有保障"的脱贫攻坚计划目标。在义务教育全面普及、巩固率接近95%的基础上，高中阶段毛入学率从2012年的85%提高至2019年的89.5%，即将完成"十三五"期末预定的普及任务。特别是党的十九届五中全会在阐述全面建成小康社会决胜阶段"十三五"时期决定性成就时，将"高等教育进入普及化阶段"作为高光点之一，就是基于高等教育毛入学率从2012年的30%提高至2019年的51.6%这一变化，这充分显示数以亿计中国青年接受高等教育的机会空前扩展。相应地，全国新增劳动力平均受教育年限创13.7年新高，相当于平均大学二年级水平。

当前，中国特色社会主义教育制度体系的主体框架基本确立，教育事业为社会主义现代化建设深度开发了人力资源，为如期全面建成小康社会提供了重要支持，为持续提高全体国民素质做出了显著贡献。

（三）教育领域综合改革和治理现代化迈开新步

为充分激发教育事业发展生机活力，以习近平同志为核心的党中央着力深化教育领域综合改革，推进教育治理体系和治理能力现代化，重视提高教育质量，大力促进教育公平，取得许多实质性进展，重点在考试招生制度改革、学前教育普惠化、义务教育均衡发展、普通高中育人方式改革、学校体育美育和劳动教育、中小学健康促进行动、新时代教育评价改革、现代职业教育体系、产教融合机制和终身职业技能培训制度完善、一流大学和一流学科建设、教师队伍能力建设、教材建设国家事权地位强化、人才发展体制机制改革等方面，党和国家制定实施一系列重要政策措施，不断收到明显实效。教育投入体制逐渐健全，国家财政性教育经费支出占国内生产总值的比例连续8年保持在4%以上，2019年首次突破4万亿元。全国学生资助政策体系已覆盖全学段，努力锁定不同困难地区和群体，教育公平迈上新的台阶。专任教师总规模达到1732万人，有力支撑起世界最大规模的教育体系，正向高素质专业化创新型队伍进发。在全国基础研究和重大科研任务、国家重点实验室建设、国家级三大科技奖励项目中，高校参与比重和贡献份额均超过60%。一大批基层改革创新的经验做法不断涌现，一些长期制约教育事业发展的体制机制障碍得到破解，社会各界支持教育领域综合改革和治理现代化出现新的气象，人民群众对教育改革发展的获得感持续增强，从而构成教育面貌发生格局性变化的基本面，为开启全面建设社会主义现代化国家新征程、向第二个百年奋斗目标进军创造了更为有利的条件。

## 二、站在全面建成小康社会新起点上瞻望教育未来

在当今世界经历百年未有之大变局、我国转向高质量发展阶段的新形势下，在实现"两个一百年"奋斗目标的历史交汇点上，党的十九届五中全会通过了《中共中央关于制定国民经济和社会发展第十四个五年规划和二〇三五年远景目标的建议》（以下简称《建议》），动员全党全社会深刻认识新发展阶段、全面贯彻新发展理念、着力构建新发展格局，同心同德为实现"十四五"规划和2035年远景目标而奋斗。习近平总书记明确指出，"党中央的建议主要是管大方向、定大战略的"，《建议》将"建设高质量教育体系"作为"十四五"时期的

"大方向"，确定了与2035年远景目标相贯通的"大战略"，为教育事业提供了重要行动指南。综合深入学习领会习近平总书记关于教育的重要论述、党的十八大以来重大教育决策，特别是《建议》的新部署新要求，展望未来五年和更长时期教育现代化新征程的政策导向，有七个方面需要重点把握。

（一）全面贯彻党的教育方针，落实立德树人根本任务

坚定社会主义办学方向，全面加强党对教育工作的领导，根据坚守为党育人、为国育才的要求，把立德树人融入思想道德教育、文化知识教育、社会实践教育各环节，深入开展习近平新时代中国特色社会主义思想学习教育，推进马克思主义理论研究和建设工程，加强党史、新中国史、改革开放史、社会主义发展史教育，加强爱国主义、集体主义、社会主义教育，弘扬党和人民在各个历史时期奋斗中形成的伟大精神，深化民族团结进步教育，铸牢中华民族共同体意识，发挥教育在培育和践行社会主义核心价值观中的重要作用，深化学校思想政治理论课改革创新，完善青少年理想信念教育齐抓共管机制，增强学生文明素养、社会责任意识、实践本领、创新精神、法治观念，培养德智体美劳全面发展的社会主义建设者和接班人。

（二）健全学校家庭社会协同育人机制，切实凝聚更大合力

立足发展素质教育大局，建立健全全员、全程、全方位育人体制机制，加强师德师风建设，提升教师教书育人能力素质，明确学生发展核心素养要求，加强和改进学校体育美育，广泛开展劳动教育，重视青少年身体素质和心理健康教育，加强家庭、家教、家风建设，构建覆盖城乡的家庭教育指导服务体系，一体推进社会公德、职业道德、

家庭美德、个人品德建设，推进中华优秀传统文化传承发展，弘扬诚信文化，提倡艰苦奋斗、勤俭节约，开展创建绿色家庭、绿色学校、绿色社区行动，加强网络文明建设，推行可持续发展教育，健全志愿服务体系，推动全体师生形成适应新时代要求的思想观念、精神面貌、文明风尚、行为规范，在加快推进教育现代化的新征程中培养担当民族复兴大任的时代新人。

（三）聚焦办好人民满意的教育，筑牢国民教育体系基础

高度重视教育功在当代、利在千秋的基础性先导性作用，坚持优先发展教育事业，加强普惠性、基础性、兜底性民生建设，在逐步实现基本公共服务均等化的过程中，重点推动义务教育均衡发展和城乡一体化，完善普惠性学前教育、残疾少年儿童的特殊教育、严重不良行为未成年人专门教育的保障机制，鼓励高中阶段学校包括普通高中和中职学校的多样化发展，高度重视农村教育，积极参与提高农民科技文化素质，推动乡村人才振兴，提高民族地区教育质量和水平，加大国家通用语言文字推广力度，发展普惠托育服务体系，降低生育、养育、教育成本，促进人口长期均衡发展，提高人口素质，不断增强人民群众获得感幸福感安全感。

（四）适应新发展格局多样化需求，加大人力资本投入

贯彻尊重劳动、尊重知识、尊重人才、尊重创造方针，完善职业技术教育、高等教育、继续教育统筹协调发展机制，加强创新型、应用型、复合型、技能型人才培养，优化教育结构、学科专业结构、人才培养结构，增强职业技术教育适应性，深化职普融通、产教融合、校企合作，探索中国特色学徒制，大力培养技术技能人才，实施知识更新工程、技能提升行动，壮大高水平工程师和高技能人才队伍，助

力制造强国、贸易强国、科技强国、质量强国等建设，健全就业公共服务体系、劳动关系协调机制、终身职业技能培训制度，加快提升劳动者技能素质，完善重点群体就业支持体系，通过实现更加充分更高质量的就业，扩大中等收入群体，释放内需潜力。

（五）提高高等教育质量，提升服务国家区域发展战略水平

从党和国家事业发展全局的高度出发，分类建设一流大学和一流学科，支持发展高水平研究型大学，加强基础研究人才培养，促进不同类型层次高校办出特色争创一流，加快培养理工农医类专业紧缺人才，聚焦国家战略需要，提升自主创新能力，尽快突破关键核心技术，释放高校基础研究、科技创新潜力，积极投身创新驱动发展战略，促使产学研各方从协同创新、深度融合到一体化，在组建全链条、网络化、开放式联盟上迈开新步，推进科研院所、高校、企业科研力量优化配置和资源共享，提高高校哲学社会科学研究水平，加强中国特色新型智库建设，全面增强高等教育体系服务"五位一体"总体布局能力，实现高等教育内涵式发展。

（六）全面深化教育领域综合改革，开创教育对外开放新格局

着力构建优质均衡的基本公共教育服务体系，统筹推进育人方式、办学模式、管理体制、保障机制改革，构建符合中国实际、具有世界水平的教育评价体系，提高教育治理法治化水平，完善学校治理结构，营造教育系统和社会各界共建共治共享的良好环境，夯实教育现代化的制度基础，加快形成点线面结合、东中西呼应的教育发展空间格局，加快缩小区域和城乡差距，坚持教育公益性原则，促进教育公平，创新公共服务提供方式，满足人民多层次多样化需求，支持和规范民办教育、合作办学，规范校外培训机构，加快教育领域开放进程，扎实

推进"一带一路"教育行动，积极参与全球教育治理，优化教育开放全球布局，加强国际科技交流合作，提升层次和水平，同时守住安全底线，确保正确政治方向。

**（七）立足基本国情完善终身学习体系，建设学习型社会**

朝向人人皆学、处处能学、时时可学的远大目标，建立服务全民终身学习的制度环境，健全国家资历框架、国家学分银行制度、学习成果认证制度，衔接各级各类教育，沟通多种学习成果，加强数字社会、数字政府建设，提升公共服务、社会治理等数字化智能化水平，建设和用好网络学习平台，提升全民数字技能，总结应对新冠肺炎疫情以来大规模在线教育的经验，注重发挥在线教育、网络教育和人工智能的优势，利用信息技术更新教育理念，变革教育模式，创新教育服务业态，革新教育治理方式，加快发展面向每个人、适合每个人、更加开放灵活的教育体系，构建方式更加灵活、资源更加丰富、学习更加便捷的终身学习立交桥。

抚今追昔，放眼未来。风云变幻，信心如磐。习近平总书记深刻指出："为了不断满足人民群众对美好生活的需要，我们就要不断制定新的阶段性目标，一步一个脚印沿着正确的道路往前走。"这充分昭示了中国共产党为中国人民谋幸福、为中华民族谋复兴的初心和使命。根据党的十九大关于从现在到2035年再到本世纪中叶分两个阶段实现第二个百年奋斗目标的战略安排，《建议》进而要求到2035年建成文化强国、教育强国、人才强国、体育强国、健康中国，国民素质和社会文明程度达到新高度，国家文化软实力显著增强。这一宏大远景目标的擘画，更加凝聚党心、振奋民心，意味着从"十四五"时期建设高质量教育体系开局起步，再经过两个五年规划所牵引的接续奋战，教育强国战略必将同其他强国战略相互支持、协调推进，而教育现代化也必将在此进程中总体实现，确保2035年远景目标如期实现，更好满足新时代人民对美好生活的向往和需求，在全面建设社会主义现代化国家的道路上再创辉煌。

（载《中国教育报》2020年12月28日第1版）

# 从党的百年奋斗历史经验看人民教育千秋基业

张力

百年风云激荡，奋斗铸就辉煌。在中国共产党百年华诞的重要历史时刻，党的十九届六中全会审议通过的《中共中央关于党的百年奋斗重大成就和历史经验的决议》（以下简称《决议》），全面总结了党领导人民创造的新民主主义革命、社会主义革命和建设、改革开放和社会主义现代化建设、开创中国特色社会主义新时代的伟大成就，深刻阐释了党百年奋斗的历史意义，系统概括了党百年奋斗的历史经验，明确强调了新时代党领导人民实现第二个百年奋斗目标的伟大梦想和使命担当，是具有根本性和长远指导意义的纲领性文献、政治宣言、行动指南。

知所从来、方明所往，以史为鉴、开创未来。《决议》对教育系统党员群众加强党史学习教育，更加增强"四个意识"，自觉坚定"四个自信"，坚决做到"两个维护"，提出了新的重要要求。深入学习贯彻党的十九届六中全会精神，我们可从中国共产党百年奋斗的十条重要历史经验中，深刻领会党和人民教育事业的艰辛探索实践，这对于在新时代新征程加快教育现代化、建设教育强国，具有十分重要的现实意义。

历史经验之一，坚持党的领导：中国人民和中华民族之所以能够扭转近代以后的历史命运，取得今天的伟大成就，最根本的是因为有中国共产党的坚强领导。历史和现实都证明，没有中国共产党，就没有新中国，就没有中华民族伟大复兴。

在新民主主义革命时期的烽火中，党深刻认识到，教育是民族振兴的重要基石，在革命战争异常艰难困苦的条件下，大力加强政治教育，普及文化教育，为提高人民军队战斗力、动员组织工农大众推翻"三座大山"、成立新中国提供了有力支持。

在社会主义革命和建设时期，党创建社会主义教育制度体系，扩展适龄青少年儿童受教育机会，不断提高国民的思想道德素质和科学文化素质。

在改革开放和社会主义现代化建设新时期，党探索建立中国特色社会主义教育制度，确定教育优先发展的战略地位，促使教育为经济社会发展做出重要贡献。

中国特色社会主义进入新时代，党更加高度重视教育现代化百年大计，深化教育领域综合改革，推动教育强国建设迈上新征程。历史昭示我们，党政军民学，东西南北中，党是领导一切的，这是中国人民的命运所系和必然选择。加强党对教育事业的全面领导，充分发挥党的领导政治优势，是教育更好适应社会主义现代化建设和促进人的全面发展需要的根本保证，是新时代新征程引领教育事业勇往直前的光辉旗帜。

历史经验之二，坚持人民至上：党始终把为中国人民谋幸福、为中华民族谋复兴作为自己的初心使命，始终坚持全心全意为人民服务的根本宗旨。党始终牢记江山就是人民，人民就是江山，坚持把实现人民对美好生活的向往作为奋斗目标。

新中国成立70多年，走完了发达国家几百年走过的工业化历程，创造了经济快速发展和社会长期稳定两大奇迹。改革开放以来，特别是党的十八大以来，党持续加强"幼有所育、学有所教、劳有所得、病有所医、老有所养、住有所居、弱有所扶"为重点的民生建设，努力办好人民满意的教育，推动教育改革发展取得举世瞩目的成就。新中国成立初期，我国八成人口不识字，不会算数。如今，我国全面普及九年义务教育，普及学前教育和高中阶段教育，高等教育进入普及化阶段。2020年，学前教育毛入园率从1950年的0.4%增至85.2%，高中阶段毛入学率从1949年的1.1%增加到91.2%，高等教育毛入学率从1949年的0.26%增加到54.4%，2020年全国九年义务教育巩固率达到95.2%，新增劳动力平均受教育年限达到13.8年，教育普及水平稳居世界中上收入国家行列，为从人民生活温饱不足到总体小康，再到全面建成小康社会打下人力资源开发的重要基础，14亿多中国人的获得感、幸福感、安全感显著提升。

历史经验之三，坚持理论创新：党之所以能够领导人民在一次次求索、一次次挫折、一次次开拓中完成中国其他各种政治力量不可能完成的艰巨任务，根本原因在于坚持解放思想、实事求是、与时俱进、求真务实，坚持把马克思主义基本原理同中国具体实际相结合，同中华优秀传统文化相结合。

在教育领域，马克思主义中国化的理论创新成果，集中体现在党的教育方针薪火相传的长期探索实践上。从新民主主义革命时期党的苏维埃文化教育总方针，到新中国成立前《中国人民政治协商会议共同纲领》提出的民族的、科学的、大众的文化教育基本方针，从社会主义革命和建设时期培养德育、智育、体育几方面都得到发展的有社会主义觉悟的有文化的劳动者，到改革开放和社会主义现代化建设新时期坚持教育为社会主义现代化建设服务、为人民服务、与生产劳动和社会实践相结合、培养德智体美全面发展的社会主义建设者和接班人，再到中国特色社会主义新时代坚持把服务中华民族伟大复兴作为教育的重要使命，坚持教育为人民服务、为中国共产党治国理政服务、为巩固和发展中国特色社会主义制度服务、为改革开放和社会主义现代化建设服务，培养德智体美劳全面发展的社会主义建设者和接班人，各个时期党的教育方针同革命、建设、改革进程一脉相承，实现了马克思主义中国化的教育方针在理论、制度、实践层面的与时俱进，成为指引中国教育现代化航船破浪前行的长明灯塔。

历史经验之四，坚持独立自主：走自己的路，是党百年奋斗得出的历史结论。党历来坚持独立自主开拓前进道路，坚持把国家和民族发展放在自己力量的基点上，坚持中国的事情必须由中国人民自己作主张、自己来处理。

历史表明，依赖外部力量、照搬外国模式、跟在他人后面亦步亦趋，结果不是遭遇失败，就是成为附庸。一个国家的教育也是如此。教育现代化既是后发国家追赶先发国家的教育变革过程，更是教育制度适应本国实际的过程。1840年鸦片战争以后，由于西方列强入侵和封建统治腐败，中国逐步成为半殖民地半封建社会，教育现代化在积贫积弱环境中起步。从清末到民国，中国曾尝试靠近西方教育制度，许多仁人志士谋求实业救国、教育救国，但收效甚微。之后，以马克思主义为指导的中国共产党应运而生。从成立之日起，中国共产党就秉持为中国人民谋幸福、为中华民族谋复兴的初心使命，党和人民始终不渝依靠自己的力量开辟自己的道路，推进和实现包括教育在内的现代化。新中国成立以来，特别是改革开放以来，教育现代化在党的指引下，坚持独立自主、自力更生，既虚心学习借鉴国外的有益经验，又坚定民族自尊心和自信心，终于创立了符合国情的社会主义教育制度体系，谱写了教育现代化立足中国大地、植根亿万人民的宏伟篇章。

历史经验之五，坚持中国道路：党在百年奋斗中始终坚持从我国国情出发，探索并形成符合中国实际的正确道路。中国特色社会主义道路是创造人民美好生活、实现中华民族伟大复兴的康庄大道。

中华民族是世界上古老而伟大的民族，创造了绵延5000多年的灿烂文明，为人类文明进步做出了不可磨灭的贡献。公元前6000—前3000年，半坡、仰韶、河姆渡等文化出现简单符号；公元前2800—前2500年，大汶口等文化出现有关联的象形和抽象符号，应是中国文字源头，间接启发了商代甲骨文金文；公元前1100年前后，出现学校雏形。源远流长的教育精华，深深融入中华优秀传统文化，为党领导人民脚踏中华大地，传承中华文明，走符合中国国情的正确道路特别是切合中国实际的教育发展道路，积累了极其深厚的历史底蕴。人类社会历史表明，世界上没有适用于一切国家的发展道路和振兴模式，一切成功发展振兴的民族，都是找到了适合自己实际的道路的民族。百年来，党正确把握不同时期社会主要矛盾的发展变化，科学确定目标纲领和行动指南，领导人民坚定不移走中国道路，既不走封闭僵化的老路，也不走改旗易帜的邪路，当今正沿着中国特色社会主义道路，朝着第二个百年奋斗目标阔步前进。历经风雨、道正行远，中国特色社会主义教育发展道路已经全方位汇入其中，前景更加光明。

历史经验之六，坚持胸怀天下：大道之行，天下为公，党始终以世界眼光关注人类前途命运，从人类发展大潮流、世界变化大格局、中国发展大历史正确认识和处理同外部世界的关系。

党以马克思主义中国化的科学理论为引领，用博大胸怀吸收人类创造的一切优秀文明成果，在百年奋斗历程中坚持用马克思主义的立场、观点、方法观察时代、把握时代、引领时代，不断深化对共产党执政规律、社会主义建设规律、人类社会发展规律的认识。改革开放以来，特别是党的十八大以来，党在建立和完善中国特色社会主义教育制度体系的过程中，将教育面向现代化、面向世界、面向未来作为重要指针，加强同世界各国的教育交流，扩大教育对外开放，注重守住安全底线，确保正确政治方向，优化教育开放全球布局，积极支持发展中国家教育事业发展。我国已成为全球范围内主要留学生源国和亚洲最大留学目的地国。2019年，我国出国留学人员共70.35万人，各类留学回国人员总数为58.03万人。截至2020年年底，我国有中外合作办学机构和项目2332个，其中本科以上1230个，我国高校也在探索走出国门举办境外合作办学机构和项目，不断为人类文明进步贡献智慧和力量，努力同各国人民一道努力，推动人类迈向更加美好的明天。

历史经验之七，坚持开拓创新：党领导人民披荆斩棘、上下求索、奋力开拓、锐意进取，不断推进理论创新、实践创新、制度创新、文化创新以及其他各方面创新，敢为天下先，走出了前人没有走出的路。

实践永无止境，创新永无止境，创新是一个国家、一个民族发展进步的不竭动力。中华文明在人类发展历史长河中生生不息，成为世界上唯一没有中断、发展至今的文明，缘于创新已成为最深沉的中华民族禀赋。曾经的兴盛靠的是开拓创新，未来的复兴也必然要靠开拓创新。

　　教育是文明脉络从古到今代代相传的关键链环，一直在创新中前行。百年来党和人民教育事业总是在逆境中开拓进取，在挫折中总结教训，在前进中锐意创新。革命战争时期，无论是干部军队政治文化教育还是工农群众扫盲，都因地制宜产生了十分丰富的创新经验。新中国成立以来，特别是改革开放以来，教育系统的体制改革和教学创新不断深化，顺应时代潮流，回应人民要求，为形成中国特色社会主义教育制度体系提供了重要支持。党的十八大以来，以习近平同志为核心的党中央坚持把开拓创新精神融入全面深化改革和治国理政各个方面，在诸多领域实现了整体性、重塑性、重构性、转折性的制度创新和体制改革，教育领域综合改革全面推进，一些长期制约教育事业发展的体制机制障碍得到破解，一大批基层改革创新的经验做法不断涌现，教育面貌正在发生格局性变化，中国特色社会主义教育制度体系的主体框架已基本确立，必将在开拓创新中继续健全。

　　历史经验之八，坚持敢于斗争：党在内忧外患中诞生，在历经磨难中成长，在攻坚克难中壮大，为了人民、国家、民族，为了理想信念，无论敌人如何强大、道路如何艰险、挑战如何严峻，党总是绝不畏惧、绝不退缩，不怕牺牲、百折不挠。

　　人类文明进步历程从来没有平坦的大道可走，人类就是在同困难的斗争中前进的。敢于斗争、敢于胜利，是党和人民不可战胜的强大精神力量。党和人民的百年史，就是一部党团结带领人民从黑暗中找到光明、从绝路中找到生路、从精神中找到力量的奋斗史，就是一部敢于直面一切考验与挑战、善于克服一切艰难险阻的奋斗史，教育奋斗史是其中重要一章。

新中国成立以来的教育普及和大规模扫盲，为社会主义革命和建设创造了重要条件。改革开放以来的普及九年义务教育、发展职业技术教育、扩招高等教育，为经济社会发展持续开发了人力资源。进入新时代，党领导人民打赢人类历史上规模最大、力度最强的脱贫攻坚战，提前10年实现联合国2030年可持续发展议程减贫目标，历史性地解决了绝对贫困问题，创造了人类减贫史上的奇迹，集中连片贫困地区全面实现义务教育有保障，不让贫困家庭学生输在起跑线上；在抗击新冠肺炎疫情斗争中，坚持人民至上、生命至上，取得重大战略成果，教育系统坚持停课不停学，复课复学也走在全球前列；加快推进教育现代化、建设教育强国，努力使绝大多数城乡新增劳动力接受高中阶段教育，更多接受高等教育，着力促进人的全面发展。党领导人民依靠斗争走到今天，也必然要依靠斗争赢得未来。

历史经验之九，坚持统一战线：建立最广泛的统一战线，是党克敌制胜的重要法宝，也是党执政兴国的重要法宝。党始终坚持大团结大联合，团结一切可以团结的力量，调动一切可以调动的积极因素，最大限度凝聚起共同奋斗的力量。

百年奋斗，征途漫漫。建立中国共产党、成立中华人民共和国、实行改革开放、推进新时代中国特色社会主义伟大事业，都是在斗争中发展壮大的，都在不断汇聚起实现中华民族伟大复兴的磅礴伟力。百年奋斗揭示了"中国共产党为什么能、马克思主义为什么行、中国特色社会主义为什么好"三个基本道理。百年前中国大地曾出现过300多个政党和政治组织，唯有中国共产党从"小小红船"发展到今天的"巍巍巨轮"，从50多名党员扩展为9500多万名党员，团结带领全国各族人民为争取民族独立、人民解放和实现国家富强、人民幸福而不懈奋斗，迎来了中华民族从站起来、富起来到强起来的伟大飞跃，其根本在于党坚定不移践行为中国人民谋幸福、为中华民族谋复兴的初心使命，在于持之以恒巩固和发展各民族大团结、全国人民大团结、全体中华儿女大团结。人心向背、力量对比是决定党和人民事业成败的关键，团结是凝聚党心、振奋民心、攻坚克难、成就伟业的强大力量。党和人民教育事业始终担负着增强中华民族凝聚力和向心力、铸牢中华民族共同体意识的重要使命，从学校教育的课程教材和教学实践，到学校家庭社会协同育人，都是弘扬和践行社会主义核心价值观的重要阵地。

历史经验之十，坚持自我革命：自我革命精神是党永葆青春活力的强大支撑。先进的马克思主义政党不是天生的，而是在不断自我革命中淬炼而成的。党历经百年沧桑更加充满活力，其奥秘就在于始终坚持真理、修正错误。

勇于自我革命是中国共产党区别于其他政党的显著标志，充分彰显了中国共产党的鲜明品格和独特优势，是党建设成为世界上最强大的长期执政的马克思主义政党的动力源泉。党的事业是前无古人的崇高事业，党坚持在领导社会革命的同时勇于进行自我革命，不断增强自我净化、自我完善、自我革新、自我提高的能力，始终保持党同人民群众的血肉联系，以伟大自我革命引领伟大社会革命。百年来党和人民教育事业取得辉煌成就，很重要的经验就是坚持党对教育工作的全面领导，不断加强和改进教育系统党的建设。教育系统全面贯彻党的教育方针、落实立德树人根本任务，必须坚持全面从严治党，全面推进教育系统党的建设，同一切弱化党的先进性、损害党的纯洁性的问题做坚决斗争，营造教育系统风清气正的政治生态，确保党在新时代坚持和发展中国特色社会主义教育事业中始终成为坚强领导核心。

中国共产党立志于中华民族千秋伟业，百年恰是风华正茂。过去一百年，党向人民、向历史交出了一份优异的答卷。习近平总书记对中国共产党百年奋斗历史经验做出了非常重要的论断："这十条历史经验是系统完整、相互贯通的有机整体，揭示了党和人民事业不断成功的根本保证，揭示了党始终立于不败之地的力量源泉，揭示了党始终掌握历史主动的根本原因，揭示了党永葆先进性和纯洁性、始终走在时代前列的根本途径。强调这十条历史经验是经过长期实践积累的宝贵经验，是党和人民共同创造的精神财富，必须倍加珍惜、长期坚持，并在新时代实践中不断丰富和发展。"

风云变幻百年路，扬帆起航新征程。党和人民共同奋斗百年，书写了中华民族几千年历史上最恢宏的史诗，绘就了人类发展史上的壮美画卷。当前，我们正阔步迈向本世纪中叶全面建成社会主义现代化强国的目标。我们坚信，新时代党和人民教育事业必将在开拓探索中开创新局，在创新创造中谱写新篇，赢得更加伟大的胜利和荣光。

（载《中国教育报》2021年11月25日第7版）

# 面向2030年的公共教育服务与供给侧改革

王烽

供给侧改革是经济学中的一个概念，用到教育领域就是：以结构调整和体制改革适应需求、创造需求和引导需求。进入21世纪第二个10年，教育面临的最深刻变革是需求的品质化、多样化，自由、个性、选择、适切等个人和家庭的教育价值追求不可避免地投射到教育体系，教育需求与教育供给之间的矛盾日益突出，原有的单一、僵化的教育体制受到越来越强烈的质疑和冲击。2015年，联合国教科文组织在第38届大会上发布了主旨为"迈向全纳、公平、有质量的教育和全民终身学习"的《教育2030行动框架》，倡导教育理念和教育体系的变革。以教育结构和教育体制改革重构教育体系，为全体公众提供有质量、多样化的终身学习机会，成为教育现代化的趋势和实现国家现代化的战略性、基础性工程，其中资源配置方式和教育治理改革是关键。

## 一、面向2030年的教育新理念和新目标

过去10年，随着"以人为本"等发展理念的传播，以及教育短缺和教育贫困的整体消除，社会上和教育领域兴起了对教育理念和价值进行反思的思想潮流，新的教育理念和与之配套的教育模式层出不穷。

从国家发展的角度来说，党的十八届五中全会关于"十三五"规划的建议提出了创新、协调、绿色、开放、共享五大发展理念，开启了关系到我国事业发展全局的一场深刻变革。笔者认为，今后一个时期，国家教育发展的主题主线仍然是"提高质量、促进公平、改革创新"。面向2030年，将"以人为本"的理念与改革发展的主题主线更好地结合，就是对"五大发展理念"的有效落实。

质量，是激发人的潜力和唤醒心灵的质量，而不是靠强迫、压制来提升的质量；是学习者成长发展过程中挥发出来的质量，而不是通过应试训练、拔苗助长而产生的质量；是每个孩子都获得全面、充分、有个性地发展的质量，而不是所有人都用同样的标准衡量的质量。在一个各级各类教育入学机会比较充分的社会中，教育质量的认定标准应当是多元的。这种多元的教育质量标准最终需要回归到人的发展上来。

公平，是以人民群众获得感为基础的公平。不仅要注重空间资源配置的公平，更要以精准的手段促进不同阶层和人群平等享受公共教育服务；不仅要注重优质资源分配的公平，更要让每个人都获得适合的教育；不仅要让每个人获得平等入学的机会，更要注重实际的教育获得，通过教育打好个体生存和发展的基础。

创新，是让每个人都富有创造力地学习。创新是人的全面发展、个性发展的最高表现形式，也是我国跨越中等收入陷阱的必由之路。创新必须建立在学校办学自主、教师专业自主、学生学习自主的基础之上，必须把学校从行政化管理中解放出来，把教师从过重的工作干扰和生存压力中解放出来，把学生从灌输和应试教育中解放出来。

在目标层面上，2030年的教育应当注重两个维度：

一是建立一个多元、开放、灵活的教育体系和全民学习、终身学习的学习型社会。

多元，就是多种办学主体、多种办学形式、个性化的质量标准；开放，就是学校和学习资源要向社会开放、向国际开放，同时，教育不再是教育系统自拉自唱、关起门来搞应试，而需要回归生活；灵活，就是适应学生多种需要，根据学习者的学习能力、意愿和基础提供适合的教育，打破僵化的条条框框。按照《国家中长期教育和改革规划纲要（2010—2020 年）》目标进程的要求，到 2020 年我国基本上实现教育的现代化，但与要在那时基本建成学习型社会的目标还有一定距离。然而，这两个目标是统一的，2020 年的教育现代化，指的就是建成一个全民学习、终身学习的学习型社会。

二是建立统一开放、公平有序的公共教育服务体系和多元参与、共建共享的现代教育治理体系。

统一开放、公平有序是党的十八届三中全会文件对建立完善市场体系的要求，我们把这种要求移植到公共教育服务体系也非常适切。统一开放，就是打破壁垒；公平是指教育权利的平等、基本公共教育服务的公平、规则的公平，有序是指基本制度规则大体定型并得到遵行。国家治理体系和治理能力现代化是全面深化改革的总目标，建立现代教育治理体系应当是教育体制改革的总目标。

围绕这两个目标，需要创新公共教育服务提供方式，建立统一开放的教育资源配置机制，形成共建共享的教育治理体系。

## 二、推动教育服务提供方式多元化

公共服务的概念是近些年在党和国家文件中出现的，涉及政府职能转变，也涉及公民教育权利与国家教育责任的关系。要以更加开阔的思路来看待公共教育服务。

（一）教育本身出现了社会化的趋势

主要表现在以下四个方面：一是办学主体多元化。改革开放以来，我国民间办学已有三四十年的历史。目前各级各类民办学校（幼儿园）共有15.25万所，形成了4000多万在校学生（在园儿童）的规模。但是教育政策所考虑的问题多数还是立足于公办学校的角度，民办学校及其学生对教育政策的诉求没有得到充分的反映，没有很好地应对民办教育给教育管理体制带来的挑战。二是学习方式多样化。校外教育和培训、虚拟学校和在线学习等教育形式的兴起和不断壮大，使得学习资源越来越社会化。好的学习资源不一定集中在公办学校，而是散布在社会各个层面和角落。三是全民学习、终身学习的热潮不断高涨。尽管终身教育的政策制度建设非常缓慢、艰难，但终身学习已经成为一个不断发展的事实存在，正在以多种形式和渠道进入人民的日常生活。政府举办的公办教育、传统的学校教育明显不能满足社会日益增长的教育需求。四是教育权利的转移。互联网给教育带来的最深刻的革命是教育权利的转换。教育的概念会逐渐被学习所取代。学习资源和学习机会的开放，使学习者有了自己选择学习内容和方式的机会，也具备掌握学习进度、构建自己知识能力体系的权利，不再是一味听从处于优势地位的校长、教师、长者的安排。学习更多地成为一个自主的过程，这是21世纪教育最深刻的变化。

（二）教育发生了面向公共服务的深刻变革

改革开放以来，我们从弥补政府教育经费不足出发推动了办学体制多元化，多元办学体制对教育服务的提供方式及政府职能的转变产

生了不可逆转的影响。一是教育提供主体的改变，从过去单一由政府
提供，转向由政府、非营利组织、私人合作提供。二是教育服务生产
主体的变化（政府提供的不一定是政府生产的），由过去只由公办学校
生产转向公办、民办、混合所有制学校及互联网平台等生产。三是政
府职能的转变，在提供方式和生产主体多元化的前提下，政府职能也
呈现多样化，由直接生产变为生产、购买、授权、监督，以及为这些
生产者提供服务。四是基本教育公共服务的概念也在拓展，过去只提
供免费的义务教育，现在则由义务教育向贫困生和特殊群体的资助、
普惠性的非义务教育（如对普惠性学前教育的资助）、学习资源共享平
台建设、学分积累转换等方面拓展。

（三）政府职能的有限性日益凸显

经济学用"政府失灵"来论证有限政府的必要性，分析政府职能
膨胀带来的种种不利后果。在改革开放以来的实践中，不管是经济领
域还是教育领域，限制政府权力成为一个艰难的博弈过程。但伴随期
间的是一个不可回避的事实：面对日益多样的社会需求和利益冲突，
政府的能力明显不足，公信力面临严峻考验。《中共中央关于全面深化
改革若干重大问题的的决定》明确指出，经济体制改革的核心问题是
处理好政府和市场的关系，使市场在资源配置中起决定性作用和更好
发挥政府作用，简政放权、转变职能成为每一级政府的任务。在教育
领域，政府的有限性也非常明显：一是政府财政能力的有限性。过去
很长时间，教育发展的历史就是一个解决教育资金短缺的历史。当前
经济已经进入新常态，提高教育质量、促进教育公平需要大量新增经
费，而很多地方财政已经捉襟见肘。二是在提供多样化、选择性教育
服务方面的有限性。直到20年前，我们发展教育采取的是一种"非均

衡"的思路，建设重点学校；在教育走向全面普及的背景下，政府职能更加注重保基本、促公平，非均衡发展的历史遗产是严重的择校问题和对教育公平的诘问。即便政府有能力提供多样化、选择性的教育服务，也会加重教育不公平。三是教育治理能力的有限性。在教育投入渠道多元化、办学主体多元化不断发展过程中，政府教育治理能力明显退化，面临多方利益诉求、积累的矛盾和新出现的问题，政府经常面临无所适从、进退维谷的尴尬局面，发了不少文件，起到的作用不明显。

《中共中央关于制定国民经济和社会发展第十三个五年规划的建议》提出，创新公共服务提供方式。推动供给方式多元化，能由政府购买服务提供的，政府不再直接承办；能由政府和社会资本合作提供的，广泛吸引社会资本参与，为解决政府在公共服务方面的有限性问题提供了方案。

## 三、建立统一开放的教育资源配置机制

经济改革和教育改革的相关性非常高，伴随统一开放的市场体系而来的，将是一个统一开放的教育资源配置机制。《中华人民共和国国民经济和社会发展第十三个五年规划纲要》指出，坚持权利平等、机会平等、规则平等，更好激发非公有制经济活力和创造力。废除对非公有制经济各种形式的不合理规定，消除各种隐性壁垒，保证依法平等使用生产要素、公平参与市场竞争、同等受到法律保护、共同履行社会责任。扩大金融、教育、医疗、文化、互联网、商贸物流等领域开放，开展服务业扩大开放综合试点。清理各类歧视性规定，完善各类社会资本公平参与医疗、教育、托幼、养老、体育等领域发展的政

策。扩大政府购买服务范围，推动竞争性购买第三方服务。要建成统一开放的教育资源配置机制，需要哪些条件？

### （一）需要一个统一开放的公共财政

当前已经存在公办、民办、公私合作等多种举办形式的学校，除公办义务教育学校外，即使在由单一主体举办的学校，教育举办的付费方式也已经多样化了。《中华人民共和国国民经济和社会发展第十三个五年规划纲要》提出，创新财政支出方式，引导社会资本参与公共产品提供；《中共中央关于全面深化改革若干重大问题的决定》明确提出，清理规范重点支出同财政收支增幅或生产总值挂钩事项，一般不采取挂钩方式。以后公共教育支出占 GDP 的 4% 不再可能成为政府的明确施政目标，而只是监督目标。王善迈教授提出，教育经费投入制度要定责任、定标准、定预算。关键在预算，因此，首先需要解决预算口径的问题。现在按照公办学校、公办校学生、编制内人员等来制定教育经费预算，对民办教育的经费资助或者没有，或者单辟出民办教育发展专项资金。公办、民办教育的财政资助泾渭分明。我们应当以适龄人口来准备教育经费预算，有了这样的参照系，我们的财政才是公共教育财政，而不是公办学校财政。比如 2016 年学前教育，公办园数占 35.7%，民办园数占 64.3%，而全国有将近一半的民办幼儿园没有或很少得到政府资助。政府对学前教育的资助应当让全体纳税人享用，特别是要让弱势阶层的学前适龄儿童享用，这就必须打破公办园和民办园的壁垒，加大对普惠性民办园的支持力度，创新财政预算和支出方式，建立以民办园为主体的公共学前教育服务体系。仅靠民办教育专项资金，无法形成稳定的公共财政支持机制。《中共中央关于全面深化改革若干重大问题的决定》提出五项制度，即"健全政府补贴、政府购买服务、助学贷款、基金奖励、捐资激励等制度，鼓励社会力量兴办教育"。我们提倡政府打破公办园和民办园界限，以向家庭发放学前教育券的形式，对儿童家庭进行资助，其主要的思路就是公共财政的公平和并放。

（二）建立统一开放的公共人事制度

《中华人民共和国国民经济和社会发展第十三个五年规划纲要》提出，统筹人力资源市场，实行平等就业制度。现在，民办学校好不容易培养出来的优秀教师很容易被公办学校挖走，原因就是体制内外分明的人事制度和就业市场不平等的存在。因此，必须首先实现人事制度的统一，改革编制管理和按编制支付教师工资的制度。在一个统一开放的教育公共服务体系下不应存在编制内外的沟壑，应逐步取消编制，政府按岗位支付报酬总额，经费包干，学校实行自主的岗位聘任。打破公办校教师编制管理模式，让民间的优秀教师成长起来，让社会力量办学发展壮大起来，在平等竞争、自由流动的基础上扩大公共教育服务供给和提高质量。目前，北京的一些高校正在试验取消编制管理制度，这是一个很好的开始。另外，还需要建立统一的但是经费来源不同的社会保障制度。目前，企业与机关事业单位在职工养老保险方面差距达30%～50%。据了解，民办教师向公办学校"跳槽"的主要原因也正是民办教师与公办教师在养老保障上的差异。要实现体制内外教师养老保险待遇水平上平衡，就要加快推进"并轨"进程，教师社保费用负担主体可以不同，但"盘子"要合成一个。目前，上海市探索建立民办学校教师年金制度和购买补充养老保险，将基本拉平编制内外教师的社会保障待遇，但教师跨体制流动、跨校流动、跨省流动的社会养老保险衔接仍是问题。2016年3月，党中央印发的《关于深化人才发展体制机制改革的意见》要求充分发挥市场在人才资源配置中的决定性作用和更好发挥政府作用，加快转变政府人才管理职能，保障和落实用人主体自主权，提高人才横向和纵向流动性，健全人才评价、流动、激励机制，最大限度激发和释放人才创新创造创业活力，使人才各尽其能、各展其长、各得其所，让人才价值得到充分尊重和实现，纠正人才管理中存在的行政化、"官本位"倾向，防止简单套用党政领导干部管理办法管理科研教学机构学术领导人员和专业人才。这是一系列非常重要的任务。

（三）建立统一开放的知识信息共享机制

知识和信息资源是教育核心资源，是具有强烈外部性的公共产品。发挥这些公共产品的最大效益，既要建立开放共享的机制，又要完善知识产权保护制度。一是政府主导建立统一开放的公共教育资源共享平台，让广大学习者、学校、教师低价或免费享用。这种平台可能不止一个，有区域性的、学科性的；有独立的，也有依托学校的。二是将优质的教育资源产品化、数字化，利用信息技术将已有的优质学习内容、课程、先进管理模式提炼、整合成为数字化教育产品，以便通过信息网络有效传播。三是建立开放的教育产品交易市场，把有特色的知识产权以及带有私人性质的优质教育产品和服务推向市场，形成市场激励和竞争机制，吸引更多社会资本加入到提供教育服务的队伍中。

（四）逐渐开放学校的边界

未来的教育应该让学校向社会开放，教育向生活开放。社会上存在丰富的资源和广阔的教育空间，需要学校与社会和社区合作、家校合作，构筑一个整体性、立体化、全方位的教育新生态。教师的成长环境也需要开放。调研发现，不少地方和学校都存在严重的教师职业倦怠，原因包括教师工资低，教学工作机械重复，责任大。除提高教师待遇外，要为教师提供更好的职业发展环境和精神食粮。大连有的中小学设立了教师社团，围绕教学和教师兴趣爱好等开展活动，吸引学生参加；在山东一些地方，通过中小学家长委员会组织的一些读书交流等活动，教师和家长、学生形成学习成长的共同体。同时，要开放各级各类教育的入学门槛，打通不同形式教育之间的壁垒。考试招生制度改革要基于高等教育大众化和基础教育普及化的背景，为每个人提供适合的教育。高中和高等教育的选拔标准需要多元化，除那些入学竞争激烈的学校外，要实行注册入学、"宽进严出"。随着信息技术和社会化学习的发展，多样的学习形式和丰富的教育资源将遍布社会每一个角落。打通普通教育、职业教育、继续教育之间的壁垒，降低学校设置和教育的准入门槛，建立教育评价和学分认可制度，建立国家资格体系，都是未来学习型社会不可或缺的。

## 四、形成共建共享的教育治理体系

《中华人民共和国国民经济和社会发展第十三个五年规划纲要》提出，完善社会治理体系，完善党委领导、政府主导、社会协同、公众参与、法治保障的社会治理体制，实现政府治理和社会调节、居民自治良性互动。教育是民生和社会事业，我们必须明确教育治理在社会治理中的定位，把教育治理作为社会治理的重要组成部分，遵循社会治理的规律和原则和公共教育服务发展趋势，推进教育治理改革。

一个好的教育治理体系，也就是现代教育的善治，要包括哪些要素呢？

一要有共同的愿景。各级政府、学校、教师、学生和家长对什么是好的教育以及教育改进的目标要有一致的看法。如果各方观念和目标差异很大，改革就无法往一处用力，改革的成效就无法呈现。在不同主体的各种教育诉求中，一个基本共识应该是回归到"以人为本"的教育理念中，一切从学生健康成长出发。二要有多元参与。教育本质上是一个师生互动、家长与教师互动、学校与政府和社会互动的过程，在互动过程中要体现各个主体的权利和意愿，只有政府、学校唱"独角戏"或者"对台戏"是不行的。三要有平等合作。好的思想、好的解决方案不一定必须掌握在政府手中。治理可以存在主导方，根据不同工作内容有不同的主导方，不一定必须是政府官员或校长。教育治理过程中，各方的角色不同但地位平等。要有开放灵活的合作机制，把各方的才智和资源充分利用起来。四要有法制和契约保障。再好的治理框架，没有好的规则就没有合理稳定的秩序，也就不会有成功的治理实践。法律、法规、规章、章程和契约，是形成良好治理秩序的基础。

如何形成这种"善治"？

一要划分清楚公与私的界限。

公共机构与私人机构在组织目标、运作规律、组织文化等方面都有本质差别。划分清楚公共机构与私人机构的界限是规则得以运行的基础，也是公与私开展合作的前提。公不仅仅指公办学校，也包括非营利教育机构。私就是指私人举办的营利性教育机构。按照国际经验，私人是无法直接举办非营利性机构的，非营利性机构必须通过基金会等非营利组织举办，或者注册一个非营利法人来吸纳捐赠资金。同样，公共机构也不能介入私人领域开展营利性活动。国际上的公私合作是指政府、非营利组织与私人组织的合作。而在我们国家这一概念变成政府机关和非政府机关、政府事业单位与民间力量的合作。我们的一大问题就是公私不分，导致教育举办者和办学者在分别适用于公共机构与私人机构的两套规则间游离。这种打"擦边球"状态持续，形成了民间教育参与者的"原罪"。要打破这种状态，就必须把民办教育分类管理作为一项重点任务，在无法将现有的民办学校一刀劈开的情况下，首先把捐赠办学和投资办学（包括幼儿园以外的非学历教育机构及少量学历教育机构）的制度建立起来。

二要厘清政府职能的边界。

《中华人民共和国国民经济和社会发展第十三个五年规划纲要》指出，建立健全权力清单、责任清单、负面清单管理模式，划定政府与市场、社会的权责边界。权力清单应当按照法律法规授权的范围内罗列，清单外的内容不在政府权力范围内，属于社会权利。如果将负面清单的概念扩展到非市场主体的准入，权力清单与负面清单应当是一致的。按照党的十八届三中全会精神，清单管理一方面是为了方便公众监督权力，一方面是为了限制政府权力。负面清单管理的基本思路是，政府要做到"法无授权不可为、法定职责必须为"，而对社会则是"法无禁止皆可为"。当然，在社会治理不规范、法律法规不健全的情况下，这还需要一个过程。对政府来说，权力清单和负面清单必须于法有据。责任清单有两层意义：一是与权力相对应的责任，二是政府要履行的公共服务责任。要把责任完整地承担起来，并完善监督问责机制。

三要厘清学校的权责边界。

学校权责没有清晰边界，学校就会承担很多无法承担的责任，而缺乏应有的自主权。任何上级部门都有权对学校发号施令，干扰教学秩序。《中共中央关于全面深化改革若干重大问题的决定》提出，加快事业单位分类改革，推动公办事业单位与主管部门理顺关系和去行政化，建立事业单位法人治理结构，完善学校内部治理结构。我们曾经把学校治理改革用"建设现代学校制度"的目标来概括。而从过去几年的改革经验中看，文件提出的政府主管部门与学校理顺关系，是建设现代学校制度的一个重要前提。理顺关系的一个重要表现，就是建立事业单位法人治理结构。对学校来说，法人治理机构的第一步是落实学校独立法人的地位。按照《中华人民共和国教育法》，学校从设立之日起就获得了法人资格（公办学校是事业单位法人，民办学校是事业单位法人或者民办非企业单位法人），但是事业单位法人并不具有独立性，在实践中仍是政府的附属部门。西方国家把学校作为独立行政法人的一种，日本、俄罗斯、新加坡等国家前些年也在大学进行了"独立行政法人改革"，给予学校更大的自主权和独立承担的责任。中小学与大学在这个方面既有相似之处，又有很大的区别。如何完善事业单位法人治理结构仍然是一个需要理清和探索的课题，取消学校行政级别应是一个突破口。第二步是学校理事会（董事会）的建立和组织。要建立一个学校与社会共生共育的生态，社会参与学校治理就要有一个正式的渠道。第三步是校长职业化和校长遴选制度改革。按照遴选行政干部的标准和程序是选不出优秀校长的，校长的专业能力和潜力需要业内同行的鉴定和认可，需要一个专业的和民主化的遴选过程。第四步是学校内部的民主管理和监督机制，包括健全党组织、校长办公会、教代会等。学校的权责边界，不仅体现在有关法律法规中，还要在学校章程和政府规范性文件中细化。

四要建立多元参与教育治理的机制。

社会参与教育治理是全方位的，政府和学校的权责边界之外的空

间要由社会组织来提供治理。同时，在政府和学校边界之内，也要引
入社会参与和监督。一是参与教育法律、教育标准、教育规划制定和
教育决策。社会参与不仅是一个民主过程，更是决策科学化的内在需
要。在目前的决策机制下，一些存在明显漏洞的教育决策未经充分论
证便匆忙施行，某些合理的建议得不到采纳，这就需要一个更加刚性
的决策程序，需要建立与咨询机构和专业人士反复沟通协商的机制。
二是参与建立和运行社区教育治理机构。在政府和学校之间，社区、
学区应是社会参与教育治理的中间机构。社区是社会治理的基本单位，
然而，目前社区的教育治理能力是缺失的。从北京市东城区和重庆市
綦江区的实践看，学区制管理在解决教育难点热点问题方面起到了不
可替代的作用。三是参与学校治理，如依托家长委员会等机构。要明
确家长委员会的法律地位、职能边界，允许不同地区和学校的家长委
员会各具特色地发挥家校共育的作用。四是参与教育评价和监督，包
括专业机构的教育评价监测和公众教育监督评价。要发展专业性的教
育评价组织，明确教育督导部门归口指导教育评价活动、购买教育评
价监测服务。

（载《中国高等教育评论》2017年第8期第3—14页）

# 中国教育2035深化改革要义

史秋衡　杨玉婷

加快教育现代化建设是党和国家的重要战略部署，也是国家现代化的有力支撑。在当代语境下，教育现代化建设面临紧迫局面，应加强教育的引领意识和担当意识，注重教育现代化建设优质、高效，促进国际化与中国特色教育现代化融合发展。

## 一、当代语境下，教育现代化建设面临紧迫局面

2035年基本实现社会主义现代化的建设目标对教育现代化产生倒逼效应，教育引领社会发展的重要地位面临被经济、科技的巨大推动作用边缘化的挑战，同时，国家现代化建设和教育自身发展过程中的难题仍需教育现代化加以解决。

### （一）2035年基本实现社会主义现代化的建设目标对教育现代化产生倒逼效应

从时间序列上来看，国家现代化建设进程的加速使得教育现代化建设面临巨大压力。2008年，胡锦涛在纪念中共十一届三中全会召开三十周年大会上提出，到新中国成立100年时基本实现现代化。2010年出台的《国家中长期教育改革和发展规划纲要（2010—2020年）》指出，要提高教育现代化水平，到2020年基本实现教育现代化，进入人

力资源强国行列。2017年10月，习近平总书记在党的第十九次全国代表大会上强调，建设教育强国是中华民族伟大复兴的基础工程，必须把教育事业放在优先位置，加快教育现代化，办好人民满意的教育。从现在到2020年作为全面建成小康社会的决胜期，从2020年到2035年，在全面建成小康社会的基础上，再奋斗十五年，基本实现社会主义现代化。从2035年到本世纪中叶，在基本实现现代化的基础上，再奋斗十五年，把我国建成社会主义现代化强国。国家顶层设计上无不体现出"教育优先发展"的战略思想。同时，面对2035年达成基本实现现代化目标的大势，教育现代化建设的任务迫在眉睫，落实教育优先发展，加速实现教育现代化成为唯一选择。

（二）教育引领社会发展的重要地位面临边缘化挑战

科技、经济的高速发展对我国社会现代化进程产生重要推动作用，"教育先行"的意义不断在实践中自行弱化，教育引领社会发展的角色重要性未能凸显。近年来，创新驱动发展战略大力实施，创新型国家建设成果丰硕，在一些重要领域已走在世界前列；经济保持中高速增长，在世界主要国家中名列前茅，稳居世界第二大经济体，对世界经济贡献率超过30%。科技和经济在推动社会发展的同时，也给教育现代化带来很大压力：一方面，国家层面的战略部署始终强调"优先实现教育现代化"的发展目标；另一方面，从实际来看，科技、经济推动力之巨大，使得教育对社会发展的引领作用似有空谈之嫌。教育尚未完成从适应向引领的角色转变，对社会发展提供智力、人才支撑的重要作用难以发挥，甚至会陷入教育是否真正能引领社会发展的质疑之中。

（三）国家现代化建设中的难题仍需教育现代化加以解决

党的十九大指出，中国特色社会主义进入新时代，我国社会主要矛盾已经转化为人民日益增长的美好生活需要和不平衡不充分的发展之间的矛盾。社会主义建设工作还存在许多不足，面临不少困难和挑战，发展不平衡不充分的一些突出问题尚未解决，发展质量和效益还不高，创新能力不够强等。这给教育提出了更高的要求，要加快实现教育现代化建设目标，为我国社会主要矛盾和各种问题的解决提供人才、技术、理念支持。同时，教育自身在现代化建设过程中面临的重要问题亟待解决。毋庸置疑，近年来，我国教育体制改革、提高教育质量方面取得很大突破，但还存在优质教育资源分配不均、教育质量问题凸显等普遍问题，面临着落实人才培养、深化教育综合改革、发展素质教育、推进教育公平等一系列重大任务。

## 二、加快教育现代化建设，实现教育引领社会发展

要顺利实现教育现代化，应加强教育的引领意识和担当意识，注重教育现代化建设的优质和高效，促进国际化与现代教育相融合发展。

### （一）加强教育的引领意识和担当意识

教育的特殊性决定了其如果不能在国家现代化建设加速中率先发展便会陷入被动，积极引领社会发展，是教育化被动为主动的必然选择，也是担起社会责任的有力体现。辩证唯物主义认识论指出，要用发展的眼光看待问题。从当今中国国情来看，经济高速发展，科技迅猛发展，但我国现代化建设事业不仅在于经济实力、科技水平，更依赖教育现代化程度所能提供的内驱力，这也是我国社会持续发展的后劲所在。必须正视教育在现代化建设中的引领作用，并促成教育率先实现现代化，进而实现社会发展中教育引领角色的有效发挥。如何快速实现教育现代化，成为当前我国现代化不可忽视的一大问题，更是

教育工作者，尤其是高等教育研究者的责任和担当。教育现代化建设需要以教育理论和教育研究的现代化为基础，抓住教育现代化建设的关键问题，重视教育现代化建设实践中问题意识和研究意识，从而形成教育现代化研究指导教育现代化实践，教育现代化实践引领社会发展的良性循环。

### （二）注重教育现代化建设的优质和高效

从教育大国向教育强国的转变，需要以教育现代化的优质和高效为基础。国家的高速发展需要教育发挥引领作用，面对党的十九大对现代化建设总体目标的规划，必须要加快教育现代化建设速度，完善教育现代化顶层设计，对教育率先实现现代化做出加速强化路线图，提高教育政策落实的效率，对重大教育问题有针对性和精准性地制定和推进具体的解决措施。同时，教育现代化建设应兼顾与强势发展的经济和科技的协同性。教育作为一项长远事业，必须保障其现代化建设的高质量，为社会发展提供人才和知识储备。当前正处于着力推进教育现代化的关键时期，更要提高人才培养质量，深入实施素质教育，以培养担当民族复兴大任的时代新人为教育目标。重视教育系统的结构性调整，优化各级各类学校系统结构、师资结构以及课程和专业结构；深化教育体制机制改革，改革办学体制、招生考试制度，促进教育保障性机制的建立，不断激发教育发展活力。加强教育质量监测评估，推进专业认证工作，完善教学质量报告制度建设等，引导教育建设成果的优质化发展方向。

### （三）中国教育现代化与高水平国际拓展融合发展

中国教育现代化已经成为世界教育发展进程中极为重要的构成部分，教育现代化建设是我国政府对世界的总体性承诺，也是对中国教育的全面规划和战略实施。以先进的学校教育理念和教学模式为基础，培养具有国际化视野和全球治理能力的人才，以积极姿态参与解决世界性教育问题，以扬弃态度对待国际先进教育实践和研究成果，加强人才培养和学术研究等方面的交流合作，推动我国教育现代化建设在国际环境中快速发展。全面加强国家间教育合作，推动学历学位互认协议制定和留学计划的实施等。同时，立足中国国情，打造国际化与中国特色相融合的现代教育体系。目前，我国已经实现由人口大国向人力资源大国的转变，新时期的建设目标是实现由人力资源大国向人力资源强国的转变。落脚于中国实际国情，加强教育系统党的建设，贯彻立德树人根本任务，坚持以人为本的教育思想，着力解决我国教育现代化建设中的现实问题，关注教育公平，切实缩小城乡、区域、校际、群体差距，促进教育资源的合理分配等人民关切的实际教育问题。

（载上海市教育综合改革专家咨询委员会秘书处编《教育决策参考》第466期，2017年12月20日）

# 服务属性分化及公共政策价值取向

张力

## 一、公共服务领域的"政府失灵"与"市场失灵"

健全的市场经济体制，完善的公共财政制度，是市场配置资源机制与政府宏观治理制度之间达致平衡的结果，理论上可以避免"政府失灵"或者"市场失灵"。改革开放30多年来，中国从计划经济体制转向社会主义市场经济体制，就是从破解两类"失灵"，尤其是"政府失灵"肇始的。经济体制改革取得实效后，公共服务领域体制改革仿佛有了新参照系。国家层面公共服务政策价值取向尚未出现显著变化时，实际上，为部分地区反思和创新公共服务提供方式留出了探索空间。

针对政府包办公共服务缺乏活力动力的困境与弊端，有些地方政府简单比照经济体制改革模式，将"产业化"或"市场化"引入公共服务领域，未经规范的决策程序，就将公办学校和公立医院等卖或送给私营机构，在财力拮据的地区变成"甩包袱"，公共服务机构转为民营后并未更多惠及中低收入阶层。本来治理的是"政府失灵"，却呈现"市场失灵"，呈现明显的双重失灵，这曾被部分媒体赞为改革先行经验，当然也引发社会不少争论。

世界银行2004年发布的《世界发展报告：让服务惠及穷人》认

为，当穷人处于服务提供的中心位置时，服务就能产生效益，因为他们可以避开不好的服务提供者，奖励好的服务提供者，决策者能够听到他们的意见，这就使服务提供者有了为穷人服务的动力。公共服务领域改革探索，在中国这样的人口众多的发展中国家，需要尽可能寻求覆盖困难群体的"帕累托改进"，也就是说，如不能有效增加困难群体利益，至少要做到不使他们原有利益过度受损，而且即使受损，也应有相应的修补机制。

因此，深化公共服务领域改革，需要注意避免政府借改革之名匆忙推卸法定责任，也要避免困难群体在"政府失灵"或"市场失灵"时的"失语"状态，以及社会舆论监督政府的"失措"局面。正确认识现代社会中的服务属性分化特点，并据此厘清公共政策价值取向和行为边界，也就成为建设法治政府、服务型政府的一个关键问题。这与当前中国政府简政放权与公益事业治理体系改革的关系十分密切。本文拟就此做一初步探讨。

## 二、现代社会中的服务属性分化

关于现代社会中的服务属性分化，是由于教育、卫生、养老等领域可纳入广义的服务（services）范畴，而服务可作为物品或产品（goods），可切分为公共（public）产品、准公共（quasi-public）产品和私人（private）产品的性质。从公共部门经济学视角来看，关于服务供给的模式，在全球范围内，既有"市场失灵"也有"政府失灵"的问题，其背后是"制度失灵"或"政策失灵"，但是各类"失灵"的边界似乎都不够清晰，原因在于"失灵"判定标准及社会共识度是模糊、弹性、变化的，与不同国家和地区的服务业市场规则设计、公共政策价值取向直接相关。

政策范畴上的服务属性，世界银行长期倾向于"两分法"，也就是"公共服务"与"非公共服务"，认为政府在服务提供方面有三种干预工具，即监管、付费和直接提供，它们分别适用于不同种类的市场失灵。一般来说，对公共服务，可以交替使用直接提供、付费（包括购买等）、监管等工具；对非公共服务，基本上就是"监管"。这里的启示是，服务从纯公共性到纯私人性之间似乎呈现一种连续谱系，并非仅有两端。

与世界银行的服务"两分法"和三类干预工具相关，政府至少可以采用四种政策手段：一是鼓励提倡手段，主要是理念导向、倡导、拨款、支持试点；二是直接支持手段，包括通过法律规章直接监管、拨款、审批项目、开展试点，与正面（权力）清单制度相近；三是明令禁止手段，主要是行政监管监测，负责处理公布相关信息，与负面清单制度类似；四是不禁止也不鼓励做什么的宽容手段。

多数政府在公共服务领域的责任，主要是沿着促进服务对象的权利公平、机会公平、规则公平的方向推进。围绕公共服务治理的政策手段，也有国际组织专家认为，仅仅允许政府当"裁判员"，在有的环境下是可行的，而在另外的环境下还不够，于是，需要为政府配置来自民间（第三部门）的"助理裁判员"，以便共同监督市场规则下的"运动员"行为。

中国政府对服务也曾用"两分法"，进入新世纪以来，立足基本国情的公共服务及其政策领域研究出现系列成果，并逐渐在政府决策层和社会各界中形成较大范围的共识，特别是在中共中央研究制定"十一五"规划（2006—2010年）和"十二五"规划（2011—2015年）

的文件中，相继明确了采取"三分法"的政策含义，将公共服务再分为基本和非基本两类。"三分法"的基本思路是：

**（一）基本公共服务**

作为纯公共产品，具有纯公益性、准公益性、非排他性，多由公共财政全额负担，免费或基本免费提供；

**（二）非基本公共服务**

作为准公共产品，具有半公益性、非营利性、部分排他性，由公共财政进行资助、补贴或选择重点购买，保持低收费水平，受益者分担适当成本，鼓励社会资本参与提供服务；

**（三）非公共服务**

作为私人产品，具有营利性、微营利性、排他性，财政不介入，由民间资本进入和经营，按成本或超成本收费并自主定价，可有营利（微营利）性框架下的多样化选择。

这种服务的"三分法"，与前述的公共服务、社会服务、私人服务存在相似之处，但政策含义有所不同。其中，再切分后的公共服务运行机制，也就是公共资源配置方式，在多数情况下需要由三个要素决定，即公共资源配置的主体、价值、规则。任何一项服务公共性或公益性质的认定，都取决于宏观制度设计和公共财政能力，在一定意义上，也是政府的政治承诺及其相关决策，在不同国家（地区）都表现出明显差异。

与此相关，世界银行一份报告从简化的供需关系出发，提出了"长线与短线"服务供需模型，也就是在政府、公民客户、服务提供者三者之间，如果客户通过选举、纳税把服务需求提给政府，政府再通过拨款、审批、委托、购买服务等契约方式传递给服务提供者，而服务提供者负责向公民客户服务，可称为"长线需求供给"。此外，还有些"短线需求供给"存在，就是由公民客户端直接向服务提供者提出需求，服务提供者不经过政府直接提供了服务。相应地，基本公共服务体现为长线供需关系，非基本公共服务兼有长线与短线供需的多重特点，非公共服务按短线供需关系运作。

### 三、国外公共政策的典型价值取向

综观近半个多世纪以来多数国家公共政策，较为典型的是三大价值取向：

（一）主张福利国家与保守主义的"老左派"

主要偏向于长线供需，就是用福利模式来提供公共服务，比如多数北欧国家和部分石油输出国，强化政府对公共事业的法定责任，纳税人在税后获得利益基本上无须附加交费。这一政策取向注重公共事业均衡发展，充分关照了社会不同群体机会公平，但不能完全照顾选择，社会福利负担过重，还会形成低效和惰性现象，弱势财政一般难以支撑。

（二）主张市场化、私有化、新自由主义的"新右派"

更多偏重于短线供需，认为财政支付的公共服务虽很公平，但是一种平庸的公平，缺乏效率，甚至失灵，这一政策取向看重的是，将能够民营化的公共事业逐渐民营化，以增加竞争活力和提高运行效率。但是，在减轻财政负担的同时，若议事程序与监督机制不甚健全，政府可能匆忙推卸公共服务的责任，忽视社会上弱势群体的公平，而出现公共政策的缺位。

（三）主张所谓"第三条道路"或"社会投资国家"的"新左派"

可能兼顾长短线供需，介于"老左派"和"新右派"之间，在公共服务政策同时注重基本公平和增加公众选择方面做出新的探索，英工党和美民主党执政期间就进行过类似的改革尝试。

上述三种价值取向，在不同国家公共政策中都有所反映，收到不同成效。其中，有三个因素值得注意：一是不同国家之间服务供给模式是难以复制粘贴的；二是政治体制导致多数国家政策不稳定，社会协调成本通常很大；三是若将"陷阱"界定为较长期处于停滞状态，低收入和中等收入陷阱普遍受到关注，高收入陷阱初见端倪。

在公共服务领域，新自由主义经济学派对英美和部分拉美国家政策的影响值得注意，不仅在经济领域，而且在公共事业方面，都曾尝试以竞争更充分的市场机制来克服"政府失灵"，从二十世纪六七十年代到世纪之交引发三次"民营化浪潮"。这些尝试在一些国家传统产业中收到一定成效，被扩展到基础建设领域，进而延伸到教育、卫生和社会福利等领域，在一定程度上促使部分福利国家反思和调整社会政策。如英、美、澳、日等国转变政府职能多年，主要意图是，政府不再是公共服务唯一提供者，将企业与社会组织引入公共服务领域。在政府付费方式方面，施行购买服务，以服务性质区分，而不再细分提供者，其领域涉及城市基础设施、邮电通信、自来水、城市绿化、消防、医院、治安、社区服务、养老服务和少量教育培训等。政府购买先后出现三种形式：合同承包、凭单制（发券）、政府补助。

总的看来，在全部"长线供需"类似于纯福利国家的服务模式中，基本上没有"短线服务"生存空间。但是，尽管基本公共服务能使所有人普遍受益，但有些群体和个人仍不满足，宁愿支付额外成本，拟购买基本公共服务本质上不具备的排他性。在长线需求供给的基础上，一旦增加排他性服务，滋生出允许通过收费选择服务的空间，就衍生成非基本公共服务，形成长线短线供需关系此起彼伏、互为补充、各有优势的格局。实际上，这比单纯的长线服务更能适应社会各界的个性化需求。

在非基本公共服务领域，政府要掌控的，不仅仅是促进权利公平和机会公平，更重要的是，要把握好长线短线供需关系中的规则公平。政府法定责任和宏观政策工具是确立成本核算标准，保障公共财政投入，提高经费使用效率（包括强化收支监督、探索购买服务等方式），稳定外部收费水平等，特别是为适应弱势群体需求，须在公共资源配置上予以倾斜。

同时，对非基本公共服务领域的部分短线需求供给，还要与非公共服务领域中的监管市场秩序、引入第三方监督评估、增进供需信息对称等政策措施有机结合。而属于短线需求供给的非公共服务，完全是客户与服务提供方之间的联系，是服务业中具有产业和市场典型属性的部分。

## 四、中国公共政策价值取向的选择

从中国的现状来看，国家层面的"十一五"规划确定了基本公共服务及其均等化或均衡发展的政策价值取向，"十二五"规划确认了非基本公共服务的改革导向。针对推进社会事业改革创新，2013年中共十八届三中全会文件指出，实现发展成果更多更公平惠及全体人民，必须加快社会事业改革，解决好人民最关心最直接最现实的利益问题，努力为社会提供多样化服务，更好满足人民需求。实际上，文件认定服务供需关系多样化的格局业已在中国社会形成，必须以多样化服务来满足多样化需求。而且，这一文件还首次确认推进金融、教育、文化、医疗等服务业领域有序开放，其政策导向，一是选择服务业若干重点领域，二是推进对内对外开放，三是开放将是有序的。

中国正在建设的法治政府和服务型政府，是依法行政、行为法定可预期的政府，为了适应服务属性需求分化的要求，目前正在推进"两个清单"制度。其中，"权力清单（正面清单）"约束的是政府非做不可的事情（现又增加责任清单，在实践操作中存在将权力清单放大或变形的政策倾向），坚持法定职责必须为；"负面清单"约束的是非政府方面不可以随意做的事情。在清单以外，政府法无授权不可为，非政府方面法无禁止可选择作为，但需健全相应监督制约机制。如果政府从行为无限责任边界变成有限责任边界，从行为不可预期到行为法定可预期，相应地，公共服务领域的政府责任和社会责任（包括服务供需各方）也须更为明晰。

下表简要列举了服务属性定位、服务供给机构类型、相应的公共财政、社会资本的投入方式，作为对以上国内外公共服务及政策的理论与实践的概括，仅供参考。

近期，中国政府在公共服务领域出台了一系列政策文件。2014年11月，国务院发布的一份文件要求，创新包括公共服务在内的重点领域投融资机制，鼓励社会投资，通过独资、合资、合作、联营、租赁等途径，采取特许经营、公建民营、民办公助等方式，鼓励社会资本参与教育、医疗、养老、体育健身、文化设施建设。完善落实社会事业建设运营税费优惠政策，改进社会事业价格管理政策，并首次确认建立健全政府和社会资本合作（PPP）机制。此后不久，国家发展改革委就出台了关于开展PPP的指导意见，鼓励和引导社会投资，增强公共产品供给能力。财政部、民政部、国家工商总局联合公布《政府

| 基本属性 | 下分类别 | 公办/公立服务机构 | | 民办/私立服务机构 | | 混合所有制服务机构 | | 公共财政 | 社会资本 |
|---|---|---|---|---|---|---|---|---|---|
| | | 公益一类 | 公益二类 | 非营利性 | 营利性 | 非营利性 | 营利性 | | |
| | 慈善性服务 | ★ | | ★ | ☆ | ★ | ☆ | 专项扶持、补贴 | 捐赠、基金资助 |
| 基本公共服务 | 纯公益服务 | ★ | | | | | | 全额拨款、购买服务、奖励 | |
| | 准公益服务 | | ★ | ☆ | ☆ | ☆ | ☆ | | |
| 非基本公共服务 | 半公益服务 | | ★ | ★ | ☆ | ★ | ☆ | 部分拨款、奖励、补贴、委托等购买服务、监管、信息服务、PPP | 参与提供服务、PPP |
| | 非营利服务/成本价服务 | | ★ | ★ | ☆ | ★ | ☆ | | |
| 非公共服务 | 微营利服务 | | | ☆ | ★ | ☆ | ★ | 市场监管、维护秩序、信息服务、奖励 | 投资服务业 |
| | 营利服务 | | | | ★ | | ★ | | |

注：★为法定功能，☆为自选功能。

购买服务管理办法（暂行）》，自2015年1月1日起施行。

　　鉴于PPP模式是政府为增强公共产品和服务供给能力、提高供给效率，通过特许经营、购买服务、股权合作等方式，与社会资本建立的利益共享、风险分担及长期合作关系，当前，应该重点探索不同服务领域混合所有制的多种实现形式。PPP只是其中一种，且近期多用于非基本公共服务，从长远来看，PPP也可以向基本公共服务和非公共服务两端延展。着眼于健全符合中国国情的公益服务事业，政府必须负起法定的主体责任，社会完全可以分担部分责任和义务，政府与社会将共同营造一些资源平台来资助弱势群体，包括合作培植慈善性事业，联手提升非基本公共服务的公益性和公平程度。近期财政部负责人在媒体上表示，PPP不是简单的融资手段，而是一种全新的管理理念，在运用PPP模式时，不要将其当成政府缓解债务压力"甩包袱"的手段。

　　按照中国政府新的部署，各地将因地制宜引导社会资金以多种方式进入公共服务领域，服务供需各方都须深刻思考服务"三分法"及政策含义，服务供给的体制架构、规则制定、财政拨款、运行监管等，还有必要继续调整，包括非基本公共服务领域通过委托、授权、托管等方式，进一步探索供给多样化。至于非公共服务，即使属于营利性运作，也无须自认为处于社会的"道德洼地"，民营资本既能以非公共服务为主业，也可兼顾基本或非基本公共服务供给，还存在提供慈善性公共服务的可能性。

　　未来的用户需求，将成为一切服务供给模式生存发展的基石。面对日益加剧的服务供给竞争，只有善用多种制度红利才能生存发展下去，关键在于精准地锁定、适应、引导、激发，甚至制造用户的需求。

政府将密切注视公共服务领域供需状况，有区别地选择直接提供、购买、资助、补贴或褒奖，在非公共服务领域则努力营造统一、开放、竞争、有序的法治化市场环境。

可以设想，条件逐渐成熟后，政府将不再强调服务提供方（机构）性质，而是看重服务性质，由服务性质来确定支持重点和干预方式。公共财政资助的是不同服务业态，而非不同类型机构，无论是纯公益组织、准公益组织，还是非营利组织（NPO）、营利组织（FPO），均可在提供不同类型服务时，得到差异化的财政支持和制度保障。即使是唯利是图的企业公司也能够参与慈善事业，享受税收优惠。

（载《中国机构改革与管理》2016年第1期第33—36页）

# 基础教育、职业教育

# 步入高质量发展阶段的基础教育新格局

张力

21世纪将开启第三个十年，当今世界正经历百年未有之大变局，我国转向高质量发展阶段，在此形势下，全面建成小康社会目标和"十三五"规划即将收官，党的十九届五中全会审议通过《中共中央关于制定国民经济和社会发展第十四个五年规划和二〇三五年远景目标的建议》（以下简称《建议》），确定"十四五"时期教育事业的主要目标是"建设高质量教育体系"，强调坚持教育公益性原则，深化教育改革，促进教育公平，推动义务教育均衡发展和城乡一体化，完善普惠性学前教育和特殊教育、专门教育保障机制，鼓励高中阶段学校多样化发展，对步入高质量发展阶段的基础教育新格局提出了更高的要求。从总体上看，有以下三个特点：

## 一、坚持教育公益性原则，深化教育改革，促进教育公平，是"十四五"时期建设高质量教育体系、形成基础教育新格局的重要指针

基础教育是国民教育体系的重要组成部分，包括学前教育、九年义务教育和普通高中教育，主要面向3岁至将满18岁的未成年人，是提高全体国民素质、促进人的全面发展、增强民族凝聚力创新力的关键阶段。党的十八大以来，以习近平同志为核心的党中央坚持以人民

为中心发展教育，在深化教育改革、促进教育公平、努力办好人民满意的教育方面做出了一系列重大决策，推动基础教育事业取得显著成就。根据党的十九大的战略部署，党中央、国务院先后印发《关于学前教育深化改革规范发展的若干意见》《中国教育现代化2035》《关于新时代推进普通高中育人方式改革的指导意见》《关于深化教育教学改革全面提高义务教育质量的意见》，对新时代基础教育改革发展做出系统设计。2019年，国务院召开全国基础教育工作会议进一步贯彻落实，充分体现了党和国家对基础教育事业的高度重视。

"十四五"时期，经济社会建设步入高质量发展阶段，根据《建议》关于建设高质量教育体系的新部署，按照健全"幼有所育、学有所教"等方面国家基本公共服务制度体系的总要求，形成基础教育新格局，就要坚持教育公益性原则，深化教育改革，促进教育公平。其中，坚持教育公益性原则，统领基础教育事业全局；深化教育改革，要全面实施、综合兼顾；促进教育公平，重点是保障权利公平、机会公平、规则公平。总的来看，就是在确保基本公共教育服务沿着普惠性、保基本、均等化、可持续方向有效供给的基础上，重点推进公共教育服务提供方式创新，适应和引导人民群众多层次多样化需求，探索公共教育服务提供主体多元化、提供方式多样化，秉持"努力让每个孩子都能享有公平而有质量的教育"的重要理念，夯实基础教育，为织就密实的民生保障网提供有效支撑。

## 二、推动义务教育均衡发展和城乡一体化，是"十四五"时期建设高质量教育体系、形成基础教育新格局的基础工程

政府依法办好义务教育阶段所有公办学校，既是义务教育的强

制、免费、普惠的法定属性，也是亿万人民群众的现实愿望。从1986年义务教育立法到2006年修法，在相当长一段时期义务教育发展不够均衡。世纪之交我国基本普及义务教育后，均衡发展开启新局面，从党的十七大到十九大及多次中央全会，都对促进义务教育均衡发展提出明确要求，党的十九大更是将"推动城乡义务教育一体化发展"提到新的政策高度。2019年，全国小学学龄人口入学率99.94%，初中阶段毛入学率102.6%，九年义务教育巩固率94.8%，义务教育普及状况稳居世界中上收入国家水平。同年，义务教育基本均衡督导评估认定县达2767个，完成了超过95%的2020年预期目标。按照国家脱贫攻坚计划，2020年已经实现全国农村贫困人口义务教育有保障目标。当前城乡和区域义务教育发展差距逐渐缩小，中西部和农村教育明显加强，农村学生营养改善计划深入实施，进城务工人员随迁子女和留守儿童受教育权利得到了更好保障。

　　义务教育具有显著的基本公共服务特征，受到国家立法和公共财政的全面保障，被列入"十三五"规划基本公共服务清单。"十四五"时期，《建议》把义务教育均衡发展和城乡一体化并列往前推，意味着有条件的地方可先试先行，在城乡一体化上取得实质性进展，其他地区扎实推进均衡发展，乃至优质均衡发展。推动义务教育均衡发展和城乡一体化，依据义务教育法，必须确保国务院和县级以上地方人民政府负起实施主体责任，合理配置公共教育资源，改善薄弱学校办学条件，缩小校际办学条件差距，继续保障农村地区、民族地区以及经济困难家庭和残疾适龄儿童按规定接受义务教育。许多地区在省域内全面巩固义务教育公办校标准化建设，在县域内强化公办校零择校、择校到非营利民办校、公办校和民办校同招等制度，多点划片，遏制学区房热炒现象，标本兼治实施城乡公办校校长教师刚性轮岗交流制度。有条件的地区正在从县域拓展到市域，并推广九年一贯对口招生、九年一贯制学校。今后实施的关键在于各级党政领导和教育行政部门统一对中央决策的认识，进而在学校、学生和家长、社会各界等方面达成更大范围的共识，确保全体适龄人口都能够接受公平而有质量的义务教育。

### 三、完善普惠性学前教育和特殊教育、专门教育保障机制，鼓励高中阶段学校多样化发展，是"十四五"时期建设高质量教育体系、形成基础教育新格局的关键措施

未成年人的健康成长，关系社会和谐稳定，关系民族和国家未来。以九年义务教育为基石，学前教育、特殊教育、专门教育、高中阶段中的普通高中教育，构成了"十四五"时期基础教育新格局的重要框架，成为建设高质量教育体系的关键措施，也是基础教育领域全面贯彻党的教育方针，坚持系统观念，着力固根基、扬优势、补短板、强弱项的必然要求。党的十八大以来，在以习近平同志为核心的党中央集中统一领导下，在各级党委政府、教育系统和社会各界的共同努力下，学前教育普惠健康发展，特殊教育稳步实施，专门教育受到更高重视，普通高中多样化发展正在探索试验，为未来五年基础教育新格局创造了有利条件。

"十四五"时期，《建议》要求完善普惠性学前教育保障机制，重点强化各级地方政府在普惠性学前教育制度建设和资源供给方面的主责，推行中西部农村"一村一园（或一站点）"策略，重视帮扶困难儿童。在确保公办园、民办园依法运作的同时，鼓励支持街道、村集体、

有实力的国有企事业单位、普通高校等举办公办园，为员工和居民的子女提供入园便利，也向社会提供普惠性服务。学前教育普惠健康发展，还必须遵循幼儿身心发展规律，实施科学保育保教，摒弃"小学化"倾向，完善法律法规，健全治理体系，阻遏部分民办园过度逐利现象。

特殊教育是基本公共教育服务制度体系的重要组成部分，2020年全国要基本实现市（地）和30万人口以上、残疾儿童较多的县（市）都有一所特殊教育学校。"十四五"时期，按照《建议》完善特殊教育保障机制的要求，各级政府将依法保障单设的特殊教育学校运作，同时落实好其他中小学幼儿园接收残疾儿童工作，全面推进融合教育，促进医教结合，确保2030年全国残疾儿童享有从义务教育到高中阶段的12年免费教育（已纳入2030年可持续发展议程中国国别方案），有条件的地区可走得更快些。

专门教育是对有严重不良行为的未成年人进行教育矫治的重要保护处分措施，是国家教育体系的组成部分。近年来少数地区校园欺凌、青少年沉迷网络、未成年人严重暴力行为等问题，引起未成年人及家庭担忧和社会广泛关注。中办、国办2016年发布《关于进一步深化预防青少年违法犯罪工作的意见》，2019年发布《关于加强专门学校建设和专门教育工作的意见》，明确了政策基点，也为十三届全国人大常委会2019—2020年两次会议审议《预防未成年人犯罪法修订草案》提供了重要依据。《建议》首次在中央全会文件层面要求完善专门教育保障机制，将明确政府主责，把专门学校建设纳入经济社会发展规划，与健全学校、家庭、社会协同育人机制相结合，充分体现了党中央对所有未成年人的关爱。

　　高中阶段教育在人力资源开发中是承上启下的枢纽，学校多样化发展以往在普通高中推进。《建议》要求"鼓励高中阶段学校多样化发展"，将"多样化发展"拓展到中职学校，在我国即将普及高中阶段教育的形势下，此举意义重大。2019年全国高中阶段毛入学率达到89.5%，随着越来越多青少年进入普通高中和中职学校学习，《国家中长期教育改革和发展规划纲要（2010—2020年）》《国家教育事业发展"十三五"规划》均提出推动普通高中多样化发展的举措。从《中国教育现代化2035》的部署看，即使普通高中升学目的明确，学生的学习水平、意愿和条件也会变动，高中阶段教育越是普及，普通高中越有必要关注学生需求分化，探索综合高中、特色高中、普职融合课等多种模式，促进学校特色发展，为学生提供更多选择机会。在这方面，许多发达国家的成熟做法可以借鉴。当前中职学校不仅面向应届初中毕业生招生，也为往届初中生、农民工、退役军人、个体户、专业户等提供注册就读机会，今后还应重点健全相关保障制度，结合落实《建议》关于"深化职普融通、产教融合、校企合作"的举措，在高中阶段职普融通层面开辟多样化发展的新路。

（载《中国教育报》2020年11月26日第6版）

# 中国学前教育发展战略转型研究：从快速成长到规范发展

高书国

中共中央、国务院印发的《中国教育现代化2035》是我国教育现代化的纲领性文件，是我国教育从大到强、建设教育强国的行动指南。先前印发的《中共中央国务院关于学前教育深化改革规范发展的若干意见》为我国学前教育发展指明方向、提供导航，成为指导未来一个时期学前教育发展的重要文件。我国学前教育正在进入发展关键期和重要转型期，这是我国学前教育的典型标志和阶段性特征。

## 一、中国学前教育实现快速成长

### （一）学前教育战略短板明显补齐

我国教育长期实施"分阶段发展策略"。1993年《中国教育改革和发展纲要》以普及九年义务教育和扫除青壮年文盲为重点，文件中几乎没有提到"学前教育"四个字。直至2010年《国家中长期教育改革和发展规划纲要（2010—2020年）》（以下简称《教育规划纲要》）发布之前，学前教育几乎成为国家教育发展的长期战略短板。

2010年之后，一系列规划和政策文件陆续出台，弥补了长期以来的学前教育发展战略短板。《教育规划纲要》明确提出，到2020年学前三年毛入园率达到70%。2011年，《国务院关于当前发展学前教育的若干意见》明确要求各省（自治区、直辖市）以县为单位编制实施学前教育三年行动计划，扩大学前教育资源，加强幼儿园教师培养培训。2014年，《教育部 国家发展改革委 财政部关于实施第二期学前教育三年行动计划的意见》提出，至2016年，全国学前三年毛入园率达到75%左右，初步建成以公办园和普惠性民办园为主体的学前教育服务网络。2018年，《教育部等四部门关于实施第三期学前教育行动计划的意见》提出，到2020年，基本建成广覆盖、保基本、有质量的学前教育公共服务体系，全国学前三年毛入园率达到85%，普惠性幼儿园覆盖率达到80%左右。

2018年11月15日，新华社受权发布《中共中央 国务院关于学前教育深化改革规范发展的若干意见》（以下简称《若干意见》），这是落实全国教育大会精神的一个重要行动，更是我国学前教育从以发展为重点到以改革为重点的重要行动。《若干意见》明确了未来几年学前教育发展的两个战略重点：一是深化改革，二是规范发展。从发展战略上说，这是我国学前教育发展战略重点转移的纲领性文件。

2019年2月，《中国教育现代化2035年》提出学前教育的发展目标是"普及有质量的学前教育。全面普及学前三年教育，建成覆盖城乡、布局合理的学前教育体系和科学保教体系，使适龄幼儿通过有质量的学前教育，养成良好的行为习惯，促进健康快乐成长"。2020年，学前教育毛入园率达到85%，2035年超过95%。

党中央、国务院以及各省、地、市、县，高频次、高强度发布学前教育目标规划和政策文件，使得我国学前教育战略与政策短板在一个相对短的时期内得到快速补齐，其目标体系、法律体系和政策体系逐步完善，为学前教育快速、健康发展提供了战略支撑。

### （二）学前教育发展短板快速补齐

2010—2018年是我国学前教育发展最快的时期，在国家和地方政府以及全社会的共同努力下，学前教育快速发展，幼儿园所持续增加，在园人数快速增长，学前教育发展得到比较快速的补偿性增长。

其一，学前教育入园场所迅速增加。《教育规划纲要》发布以来的时期，是我国学前教育快速发展的重要时期。2009年，全国共有幼儿园138209所，2017年达到254950所，增加116741所，增长84.47%，年均增速在10%以上。

其二，多主体办园的格局基本形成。多主体办园是我国学前教育发展的优良传统，不同办园主体参与共同支撑我国学前教育的发展。2009—2017年，教育部门办园从占比19.51%提高至29.60%，增加了10.09个百分点；其他部门办园基本保持稳定；部队和集体办幼儿园下降7.70个百分点；民办幼儿园占比虽然下降1.72个百分点，但仍然高达62.90%，居于首位。

需要指出的是，集体办幼儿园规模和比例下降，一部分原因是集体办幼儿园进入教育部门主办的幼儿园系列，另外大部分原因是集体办幼儿园的退出，集体经济的社会公共投入下降，社会公共责任减弱。

其三，学前教育入园率持续提升。2010—2018年是我国学前教育发展最为辉煌的时期。学前教育在园人数从2009年的2658万人增至2017年的4600万人，入园难问题得到相当程度的缓解。值得提及的是，教育部门主办的幼儿园在园幼儿人数从2009年的11988076增至2017年的16657082，增长38.95%。

### （三）学前教育资源不断丰富

教育资源主要包括人、财、物三个方面，除了上文谈到的幼儿园所不断增加、办园条件持续改善，从教师人力资源和教育经费资源来看，学前教育教师总规模从2009年的94.64万人增至419.29万人，增加了3.43倍，为学前教育发展提供了人力资源支撑。学前教师教育规模不断扩大，质量持续提升。学前教育专业在学规模稳定增长，专科、本科学生比例明显提升。更为重要的是，近年来学前教育经费显著增长。2016年，全国学前教育经费总投入为2802亿元，比2009年的244亿元增长10.44倍。学前教育经费占教育总经费的比例为7.21%，达到了我国学前教育发展的高点。

（四）学前教育制度短板逐渐补齐

制度建设是教育现代化的必然要求。近年来，学前教育发展坚持外延拓展与内涵发展相协调的原则。依托我国学前教育的后发优势，在学习和借鉴国际，特别是发达国家学前教育发展经验、战略和政策的基础上，不断进行发展模式创新和制度创新。扎根我国大地办教育，将地方学前教育发展经验在国家层面全面推广，将项目式的学前教育发展行动逐步转化为稳定的学前教育投资保障机制。

中央和地方政府学前教育制度建设不断完善，先后采取建立学前教育经费分担机制、鼓励社会资本发展民办学前教育的政策、持续提高政府对学前教育投入比例、构建学前教育教师培养培训机制和完善学前教育教师工资制度等多种方式，加强学前教育制度建设。学前教育办园标准、建设标准、管理标准和教师聘任标准逐步完善。更为重要的是，将法律建设摆上重要日程，全国妇女联合会会同教育部正在研究制定《学前教育法》，将为推进学前教育法治建设、提升学前教育现代化治理水平奠定法律基础。

然而，需要特别关注的是，不平衡不充分发展依然是学前教育发展的主要矛盾。这不但表现在办园条件和师资规模上，而且表现在制度建设和教师能力水平上。一是我国尚没有学前教育法，学前教育改革发展缺少必要的法律支撑；二是学前教育制度政策保障体系尚不完善，监管体制机制不健全；三是学前教育资源，特别是普惠性资源不足，优质教育供需矛盾依然突出；四是保教质量有待提高，"小学化"倾向依然较为严重；五是部分民办幼儿园过度逐利，扰乱了学前教育发展的正常秩序；六是幼儿安全问题时有发生，严重损害我国学前教育形象和质量；七是部分幼儿园存在西方化倾向，影响未来人才健康成长；八是学前教育研究基础薄弱，能力不强。

## 二、学前教育发展战略转型

教育在不同的发展阶段具有不同的特点，也需要不同的培养和管理模式。未来，中国学前教育将实现从公民责任到公共责任、从短缺供给到优质供给、从资本为王到质量为王的战略转变。

### （一）将学前教育作为国家未来发展的战略性投资，实现从公民责任到公共责任的战略转变

习近平总书记指出，教育是国之大计，党之大计。教育现代化是中国特色社会主义现代化的重要内涵和基础保障。《若干意见》强调要坚持政府主导。落实各级政府在学前教育规划、投入、教师队伍建设、监管等方面的责任，完善各有关部门分工负责、齐抓共管的工作机制。

将学前教育纳入公共教育服务体系，是当今世界发达国家学前教育发展的普遍趋势。公共责任是政府、公民和社会责任的总称，在目前的情况下，应更强调各级政府的公共责任。由于在发展学前教育中的不同认识，部分地区政府减轻和放松了在发展学前教育中的政府公

共责任，个别省、市、地、县的学前教育过度市场化，加大了家长在学前教育发展中的公民责任和家庭经济负担，学前教育发展面临责任风险、安全风险和质量风险。

要扭转过去几年过于强调市场力量、强化市场力量发展学前教育的错误做法，学前教育发展需要持续加大经费投入。要健全学前教育成本分担机制，按照党中央和国务院要求，从实际出发，科学核定办园成本，以提供普惠性服务为衡量标准，统筹制定财政补助和收费政策，合理确定分担比例。到2020年，各省（自治区、直辖市）制定并落实公办园生均财政拨款标准或生均公用经费标准，合理确定并动态调整拨款水平。根据办园成本、经济发展水平和群众承受能力等因素，合理确定公办园收费标准并建立定期动态调整机制。建立以幼儿园在园幼儿为基础的生均拨款机制、收费标准和资助机制，这是政府重要的公共责任。

（二）为所有儿童提供充裕、普惠、优质的学前教育，实现从补偿供给向优质供给的战略转变

《若干意见》提出，到2035年，全面普及学前三年教育，建成覆盖城乡、布局合理的学前教育公共服务体系，形成完善的学前教育管理体制、办园体制和政策保障体系，为幼儿提供更加充裕、更加普惠、更加优质的学前教育。《中国教育现代化2035》进一步明确，到2035年，全面普及学前三年教育，建成覆盖城乡、布局合理的学前教育公共服务体系，形成完善的学前教育管理体制、办园体制和政策保障体系，为幼儿提供更加充裕、更加普惠、更加优质的学前教育。

公办幼儿园是国家学前教育的脊梁，是落实学前教育国家责任的核心力量。公办幼儿园可以依靠其完备的培育体系、优质的师资力量、

先进的教学研究理念和完善的管理制度等优势，承担提供优质学前教育的核心责任，为办好人民满意的学前教育做出重要贡献。

发展普惠性幼儿园是保障学前教育公平和质量的重要手段。党中央和国务院进一步明确要求，要牢牢把握公益普惠基本方向，坚持公办民办并举，加大公共财政投入，着力扩大普惠性学前教育资源供给。无论是公办普惠性幼儿园，还是民办普惠性幼儿园，都要建立质量保障制度，高度重视和提升办园质量、育儿质量和教育质量。

民办幼儿园已有数十年的发展历程，涌现了一批办学效益好、教育质量高的幼儿园。实现发展模式转变将为民办幼儿园带来新的挑战和新的机遇，要主动放弃以规模为基础的粗放型发展模式，主动适应人民群众对优质学前教育的需求，促进特色办园、优质办园和多样化办园。

**（三）学前教育发展进入稳定发展时期，实现从快速成长到规范发展的战略转变**

2018年，学前教育毛入园率达到80%以上，其主要矛盾已经开始从规模增长转变为质量提升。《若干意见》明确提出，到2020年，全国学前三年毛入园率达到85%，普惠性幼儿园覆盖率（公办园和普惠性民办园在园幼儿占比）达到80%。广覆盖、保基本、有质量的学前教育公共服务体系基本建成，学前教育管理体制、办园体制和政策保障体系基本完善。投入水平显著提高，成本分担机制普遍建立。幼儿园办园行为普遍规范，保教质量明显提升。

从一个时期的快速成长，甚至部分地区的"野蛮生长"，到规范管理和规范发展，是学前教育发展实现战略转变的重要标志。在教育新时代到来之际，政府需要更多地承担发展学前教育的公共责任，需要进一步加快学前教育制度和标准建设，需要规范主办者、管理者和教育者的行为。

（四）民办幼儿园从超高回报进入规范发展阶段，实现从资本为王向质量为王的战略转变

社会资本进入学前教育的作用主要体现在三个层面：一是正能量，即社会民间资本进入学前教育为我国学前教育发展带来新资源、新活力；二是负能量，即社会资本的逐利本性，赢利超过50%以上，给学前教育带来不良的利益模式、管理方式和行动方式；三是混合作用，即社会资本在推进学前教育发展的过程中，混杂着强烈逐利行为，体现为"双重价值动力"。对任何国家来说，政府和市场都是教育发展的重要力量。在政府财政能力薄弱的情况下，依靠市场的力量大力发展民办学前教育，方向是对的，但学前教育具有的公共性、公益性和战略性决定了其普惠性的特点，对过度逐利的资本需要加强规范、管理和约束。而这种规范、管理和约束，不能也不应打压民办学前教育发展。

对民办幼儿园来说，未来发展将呈现三种可能：第一，部分民办幼儿园转为普惠性幼儿园，通过自身发展和国家支持持续健康发展；第二，部分民办幼儿园在民间资本冲击下被兼并，或因经营不善而退出市场；第三，部分资本实力雄厚、办园质量高的民办幼儿园，从超高回报转变为高于市场资本3～5个百分点的稳定教育投资回报，通过长期持续稳定健康发展，做大做强。实现从资本为王向质量为王的"华丽转身"，未来成为有特色、有品质、有质量的幼儿园。

## 三、学前教育规范发展的政策建议

（一）进一步落实学前教育发展规划

实施城乡统一标准、分类建设的学前教育基础建设。坚持贴近居

民、服务人民的思路，按照学前三年学龄人口占总人口4%～5%的比例预测。一方面，要建立以城乡人口和城市建筑面积为基数的学前教育设施建设标准，2000人以上的小区要配套建设幼儿园；另一方面，在农村地区，每500人口需要建设一所村级幼儿园。针对城镇化快速发展地区、农村边远地区和少数民族地区，加强学前教育规划布局，精准布局幼儿园，在更大范围内解决"入园难"问题。

（二）加强对学前教育办学行为管理

教育管理包括规划管理、过程管理和行为管理三方面，行为管理是其核心。加强学前教育规范管理，最为重要的是要加强对学前教育主办者、办学者和参与者的行为管理。一是要加强对办学主体的规范管理。制定民办园分类管理实施办法，明确分类管理政策，限期归口进行非营利性民办园或营利性民办园分类登记。二是要加强对资本流动的管理。所有民办园应依法建立财务、会计和资产管理制度，按照国家有关规定设置会计账簿，收取的费用应主要用于幼儿保教活动、改善办园条件和保障教职工待遇。民办园一律不准单独或作为一部分资产打包上市。三是加强对教育者的行为管理。加强幼儿园章程建设，健全完善各项管理制度，加强对办园者行为、管理者行为和教师教育行为的规范管理。对于有严重违法行为和对儿童伤害行为的教师，实行一票否决制度。

（三）加强学前教育教师队伍建设

深入落实《中共中央　国务院关于全面深化新时代教师队伍建设改革的意见》，建设一支政治素质过硬、业务能力精湛、育人水平高超的高素质学前教育教师队伍。要把师德师风作为评价教师队伍素质的第一标准。教师要以德修身，以德立学，以德施教，学为人师，行为世范。新时代学前教育教师要铸就大爱师魂，要成为儿童健康成长的指导者和引路人。

加强学前教育教师队伍制度建设。到2020年，基本实现幼儿园教师全员持证上岗。各地要认真落实公办园教师工资待遇保障政策，统筹工资收入政策、经费支出渠道，确保教师工资及时足额发放、同工同酬。逐步制定和实现省级统筹的学前教育教师工资标准。各类幼儿园依法依规足额足项为教职工缴纳社会保险和住房公积金。

促进学前教育教师专业发展。各地要根据学前教育特点和幼儿园教师专业标准，完善幼儿园教师职称评聘标准，畅通职称评聘渠道，提高幼儿园教师高级职称比例。进行大规模的幼儿园园长和教师培训，重点加强师德师风全员培训，促进教师持续学习、终身学习。要建立一支与学前教育事业发展和监管任务相适应的专业化管理队伍，促进学前教育治理现代化。

（四）促进民办幼儿园规范发展

对于民办幼儿园，要规范，更要发展，规范的目的是促进民办幼儿园持续健康发展。一是要实施营利性与非营利性民办幼儿园分类管理；二是要遏制部分民办幼儿园过度逐利行为，按照《若干意见》规定，社会资本不得通过兼并收购、受托经营、加盟连锁、利用可变利益实体、协议控制等方式控制国有资产或集体资产举办的幼儿园、非营利性幼儿园；三是要在控制民办幼儿园资产、资金和资本转移的基础上，确定民办幼儿园的一个大体营利范围，鼓励民办幼儿园将更多的经费用于提高办园质量和教师待遇；四是要对于民办幼儿园的教育教学内容和教师行为予以规范，严格掌握审批条件，严格执行"先证后照"制度。

## （五）建立学前教育科学研究体系

科学研究是实现科学发展的重要基础，也是目前我国学前教育发展的短板。首先，要建立学前教育研究体系。我国目前在园的4500万儿童是2050年现代化强国的建设者和接班人。从一代又一代儿童健康发展的战略利益出发，笔者建议成立"中国学前教育研究院"，研究现代儿童的心理特点、发展规律和培养科学。各省（自治区、直辖市）都可以建立相应的学前教育研究机构，完善学前教育科学研究、教材开发和质量评估体系。其次，要针对我国学前教育发展的热点和难点问题开展研究。为落实《中国教育现代化2035》纲要，建议设立专门研究项目，研究制定《中国学前教育2035》发展规划。再次，运用互联网、大数据等现代信息化手段，开展符合中国儿童特点的科学研究。重点开展儿童安全问题研究，提升人防、物防和技防能力，建立全覆盖的幼儿园安全风险防控体系。最后，加快学前教育法立法调查研究。师范院校和学术团体要主动配合教育部开展学前教育法立法研究，做好立法所需要的理论准备、学术支撑和文本起草工作，争取早日补齐学前教育发展的法律短板。

（载《教育科学研究》2019年第6期第5—9+16页）

# 关于研制规范和促进中小学办学的地方规章的建议

范国睿　孙勇

在深化教育领域综合改革过程中，上海基础教育改革取得突破性进展，但是，受社会的功利化追求与应试教育大环境的影响，基础教育办学仍存在种种不规范现象。今年以来，在市委、市政府的领导下，在市区校三级层面，加大规范义务教育秩序力度，在规范民办学校办校秩序、规范教育培训机构市场秩序、规范义务教育学校内部教学秩序等方面收效明显。着眼于基础教育事业的长期健康发展，建立和完善各级各类学校依法自主办学的管理制度和监督办法，推动学校依法依章治校，是深化教育综合改革的必由之路。而随着基础教育综合改革的深入推进，中小学校办学主体日益凸显，进一步规范义务教育秩序，更是对学校内部治理结构提出了新的要求。

为此，我们认为，作为国家教育综合改革的试点单位，应充分利用"一市两校"教育综合改革试点、教育管办评分离改革的成功经验，制定本市中小学工作条例或类似的以中小学校为主体的政府规章，进一步规范义务教育秩序，建设依法办学、自主管理、民主监督、社会参与的现代学校制度，推进教育治理体系和治理能力现代化。

## 一、两个借鉴

### （一）20世纪60年代的全日制中小学工作条例

我国以政策、规章规范中小学办学的历史，可以追溯到20世纪60年代。1961年，中央就责成教育部起草中小学工作条例。1963年3月，中央同时颁布《全日制中学暂行工作条例（草案）》和《全日制小学暂行工作条例（草案）》，并指出两个条例还不够成熟，先作为草案发给各地讨论和试行，对外不公布，不登报。《全日制小学暂行工作条例（草案）》分为总则、教学工作、思想品德教育、生产劳动、生活保健、教师、行政工作、党的工作和其他组织工作等8章共40条，又称"小学40条"。《全日制中学暂行工作条例（草案）》分为总则、教学工作、思想政治教育、生产劳动、体育卫生和生活管理、教师、行政工作、党的工作和其他组织工作等8章共50条，又称"中学50条"。中小学工作条例是在总结1949年中华人民共和国成立后13年，特别是1958年以后中小学教育经验的基础上制定的符合中国国情的一整套中小学工作制度。条例对办好中小学做了具体而明确的规定，在当时对建立健全教育规范与秩序发挥了重要作用。1978年，出于"拨乱反正"、恢复和重建教育秩序的需要，教育部对中小学条例进行修订，更名为《全日制小学暂行工作条例（试行草案）》和《全日制中学暂行工作条例（试行草案）》，对推动改革开放之初的教育事业发展发挥了重要作用。

### （二）新时期的《青岛市中小学校管理办法》

2017年2月4日，经青岛市十五届人民政府第128次常务会议审议通过，青岛市政府以市政府令第252号发布《青岛市中小学校管理办法》。这是全国首部地方"学校法"，它的最大的创新之处在于以构建现代学校制度为目的，对青岛市中小学内外部关系规范化，通过地方立法强化学校管理，巩固现代教育制度改革成果，推进依法行政、依法办学、依法执教。

### 1. 明确中小学校办学职责

课程实施方面，中小学可自主开发学校课程，开展课程和教学改革。招生方面，义务教育学校招生以免试就近入学为基本原则。教师选聘与管理方面，中小学校可以在核准的进人计划内，自主招聘紧缺专业和高层次人才。中小学校招聘教师时，可以在笔试前先行对报考人员进行面试筛选。中小学校可以通过购买服务的形式，配备中小学教学辅助人员、工勤人员和中等职业学校兼职教师。中小学校在核定的内设机构数量、职数、岗位总量和结构比例内，自主设置内设机构，按照规定选任机构负责人。经费管理方面，中小学校依法自主管理预算开支内的具体事项，依法自主采购货物、工程、服务。合作办学方面，中小学校根据教育教学需要，自主开展与国内学校、企事业单位或者机构的教育合作、交流与培训，按照规定实施中外合作办学、开展对外交流合作活动等。

### 2. 完善中小学校内部治理结构，积极推动多元治理机制建设

中小学校实行校长负责制，校长可以按照规定提名、聘任副校长。校务委员会由校长和党组织负责人、教师、家长和社区代表等人员组成。学校章程、发展规划、年度计划、重要的教育教学事项，应当经校务委员会审议后，提交校长办公会审定；学校可以成立学术委员会，审议学校教科研发展规划和管理制度，评定教育、教学、科研成果，评议教师学术水平等。学校应当定期听取家长委员会意见建议，并对未采纳的意见建议做出说明，学校应当为家长委员会开展工作提供便利。

### 3．强化督导与考核评价，构建多维度评价体系

建立学校自评、政府督导、第三方评价相结合的学校评价机制。市、区（市）教育督导机构应当将学校章程和发展规划作为教育督导的重要内容；督导报告作为对学校及其主要负责人进行考核、奖惩的重要依据。建立中小学校办学绩效年度考核评价制度。年度考核等次优秀的中小学校，经人力资源社会保障部门核定，绩效工资总量可以按照一定比例上浮。可以通过购买服务的方式确定社会组织对中小学校办学水平、教育质量等进行监测和评价。

### 4．完善保障机制

围绕学校经费保障和教师需求，机构编制部门会同教育、财政等部门每三年核定一次区域内中小学校教师编制总量，并根据生源变化和教育教学改革需要进行动态调整；建立生均公用经费和教师公用经费定期增长机制。同时，明确有关部门开展与中小学校有关的评审、评比、评估、竞赛、检查等活动的，应当于每年11月底前向教育行政部门提报次年计划，由教育行政部门编制目录并于次年年初向学校公布。


## 二、指导思想与基本原则

### （一）指导思想

高举中国特色社会主义伟大旗帜，以邓小平理论、"三个代表"重要思想、科学发展观为指导，深入贯彻党的十八大和十八届三中、四中、五中、六中全会精神和习近平总书记系列重要讲话精神，围绕完善和发展中国特色社会主义教育制度、推进教育治理体系和治理能力现代化这一总目标，以落实学校办学主体地位、激发学校办学活力、规范办学秩序为核心任务，制定本市中小学工作条例或类似的以中小

学校为主体的政府规章，明确不同利益相关主体参与基础教育办学的权责关系，落实学校办学主体地位，明确办学责任，规范学校办学与教育教学秩序，维护健康教育生态与公平正义，促进中小学生健康快乐成长，率先形成政府依法管理、学校依法自主办学、社会各界依法参与和监督的基础教育公共治理新格局。

（二）基本原则

1．顶层设计与基层探索相结合

充分发挥各级党组织的教育领导作用，充分发挥市、区两级政府、教育行政部门和相关党政涉教部门的教育领导、统筹、支持与保障基础教育改革与发展的作用，充分调动政府、学校、社会参与基础教育办学的创造性，及时总结提炼上海市教育治理改革经验，将成功的经验上升、固化为制度；同时，留下改革与发展空间，引导其不断改革与探索。

2．放管服结合

依法明晰政府、学校、社会权责边界，聚焦体制机制改革，该放的坚决放下去，该管的切实管住管好，构建系统完备、科学规范、运行有效的制度体系，全面做好简政放权、优化服务、放管结合，形成决策、执行、监督相互协调、制约的教育治理结构。

3．问题导向与制度建设相结合

围绕教育治理现代化目标，从当前基础教育改革与发展过程中根本性的、带有制度建设意义的问题出发，聚焦力量，重点突破，形成制度建设的长效机制。

4．融通中外教育经验

继承和发扬我国优秀教育传统，深度挖掘上海教育经验，立足中国国情和上海本土特色，吸收世界先进办学经验，坚定不移地走中国特色社会主义基础教育发展道路。

## 三、具体建议

### （一）厘清教育管理与办学权责，构建政府、学校、社会之间新型关系

政府和学校的关系是建设现代学校制度的核心命题之一。深化清单管理改革，推进依法行政，形成政事分开、权责明确、统筹协调、规范有序的教育管理体制。以进一步简政放权、改进管理方式为前提，加快建设法治政府和服务型政府，完善各级政府之间纵向与政府内部各部门间横向沟通与联系的稳定机制，明确各级政府管理基础教育的权力与责任，主动开拓为学校、教师和学生服务的新形式、新途径，完善监督制约机制，切实做好事中事后监管；厘清基础教育学校的办学权利与责任，加快健全学校自主发展、自我约束的运行机制。

### （二）进一步完善学校治理结构

政府放权是管办评分离改革的前提，但放权并不必然会带来学校办学活力和实际成效。只有学校成为真正独立的权责主体，才能接好、用好政府让渡的职责。因此，中小学校要在完善学校章程建设的基础上，进一步完善内部治理机构，完善多元参与的学校治理机制，健全中小学校长负责制，探索新时期学校发挥党组织作用的路径和保障机制。探索校内外监督机制，加强校务委员会、教职工代表大会、学术委员会、家长委员会等治理机构建设，不断健全自主权有效行使的自律机制，确保学校权力在阳光下运行。

### （三）进一步落实教师招聘与管理自主权

当前的中小学编制标准是20世纪90年代制定的，已很难适应当下

办学需求；尤其是随着高考改革的落实，师资短缺问题日益突出，而囿于编制及岗位设置等因素，吸引教师，尤其是高水平教师入职困难，从而出现一方面因编制不足教师难以引进，另一方面现有公办学校中不合格教师占用学校正常教师编制难以清退等现象。目前，珠海市已经出台《珠海市教师编制和岗位聘用管理改革实施意见》，规定由编制部门核定教职员编制总数，人社部门核准各类各级岗位总额，教育部门在不突破编制总额和岗位总额的前提下统筹配置师资力量。为此，建议进一步落实学校教师招聘与管理权，把学校中层干部的任免权交给校长，把教师的招聘权还给学校。中小学校可以根据国家和上海市规定的学校用人标准和相关政策，根据学校的办学定位和发展愿景，自主招聘所需教师，优化学校师资的年龄结构、性别比例、学科结构等。同时，探索公办中小学校长遴选制度，改变单纯的校长行政任命方式，在部分公办中小学探索校长遴选聘任制。

（四）进一步落实学校课程设置和选择自主权

课程与教材建设是事关未来的战略工程、基础工程；课程教材建设要坚持党的教育方针，体现国家意志，把握正确方向和价值导向，尊重教育规律和学生成长规律，提升教材的思想性、科学性、时代性。建议进一步以坚持社会主义办学方向和立德树人为导向，规范和促进地方中小学教材建设，服务学生德智体美全面发展，为培养中国特色社会主义事业合格建设者和可靠接班人提供有力保障。在全面落实义务教育学校逐步使用教育部直接组织编写的"部编本"教材以及规范、监督、约束学校开齐开全规定课程基础上，允许学校根据学校发展特色以及学校实际情况，因地制宜地完善国家课程的校本化实施过程，自主选择、研发、开设校本课程，自主选择开设方式、时间安排以及评价方式，促进学校不断丰富和发展校本课程。鼓励民办学校在遵循国家课程标准的基础上，引进、消化、吸收国际先进的课程和教材内容，开展教育教学方式的改革探索。

（五）进一步完善中小学校发展保障机制

建议编制部门及时修订相关编制标准，定期核定编制总量，根据实际情况进行动态调整。人社和财政部门进一步完善本市基础教育绩效工资制度，建立与本市经济社会发展战略相衔接、符合基础教育特点的收入分配制度，增强教师职业吸引力。同时，建议允许学校根据自身发展特点和办学实际，在规定的额度内，自主使用经费和配置资源。此外，调研发现，中小学校另外一个较为突出的问题就是教育行政部门、食品安全、消费安全、精神文明、城市综合治理、环保绿化等部门会议多、检查多，学校疲于应付，建议政府相关部门积极营造学校自主办学制度环境，减少不必要的检查评比项目，减少不必要的会议以及刚性的行政性指令或命令，使学校，尤其是学校校长专注于提升教育教学的管理，用心于提高教育教学质量。

（六）强化教育督导在学校考核评价监督中的作用

认真执行《上海市教育督导条例》，切实履行"督政、督学、评估监测"三位一体督导职责，杜绝教育督导流于形式，浮于表面，强化督导结果运用，建议将督导结果纳入政府年度考核目标，纳入学校党政班子、学校年度目标绩效考核，并作为评先评优的重要参考，充分发挥教育督导在学校考核评价监督中的作用。

（载上海市教育综合改革专家咨询委员会秘书处编

《教育决策参考》2017年总第434期）

# 新时代教育集团跨学校教师团队组织分析

李孔珍　刘超洋

党的十九大做出了我国已经进入中国特色社会主义新时代的重大判断，社会主要矛盾已经转化为人民日益增长的美好生活需要和不平衡不充分的发展之间的矛盾，人民对公平而有质量的教育的向往更加迫切。基础教育阶段公办学校集团化办学正是旨在通过集团成员校之间优质资源共享、名校带弱校等方式，促进教育优质均衡发展和教育公平。教育发展的关键资源在于师资，2018年1月20日《中共中央国务院关于全面深化新时代教师队伍建设改革的意见》（以下简称《意见》）发布，这是新中国成立以来第一次以党中央名义专门印发的加强教师队伍建设的文件，具有里程碑意义和战略意义。《意见》指出，教育大计，教师为本，兴国必先强师，要坚持把教师队伍建设作为基础工作，造就党和人民满意的高素质专业化创新型教师队伍。然而，集团化办学背景下教师管理还存在诸多问题，例如名校优秀教师不愿意承担额外"传帮带"任务，教师管理权与使用权的分离。带教教师积极性不足，对教师关怀的"缺席"，对教师权利的"漠视"以及教师民主参与的缺失等，严重影响着集团化办学的成效。

在新时代背景下，教育集团内部的跨学校教师团队组织，即教育集团内部不同成员校之间多样化的教师团队组织，作为实现教育集团优质资源共享的重要途径和教师队伍建设的重要方式之一，在解决上述问题方面有着独特的优势。这种优势的发挥建立在对两个基本问题的认识上。第一，新时代教师的身份特征。教师的身份定位为教师的工作性质和立场定下了基调，也对集团化办学中教师团队组织建设提出了要求。第二，集团化办学中跨学校教师团队的特征及管理理念。集团化办学中的跨学校教师团队组织不同于单个学校的教师团队组织，其目的、作用、工作特征、类型、组织边界等存在诸多区别。同时，基于新时代教师的身份特征和集团化办学中跨学校教师团队的特征，跨学校教师团队组织应有自己独特的管理理念，这种管理理念支配着团队组织的结构特征和组织管理特征。

## 一、新时代教师的身份特征

身份作为个体或群体的属性特征，是个体或群体标识自己区别于他人或其他群体的特有品质，"反映了其所从事职业的特定属性和社会赋予的期望和约束"。对"身份"的分析是有效解释某一身份所应具有的权利、义务、责任、地位等的重要工具，也是理解并优化其行为的重要途径。探讨教师队伍建设、理解集团化办学中的跨学校教师团队组织建设首先需要理解教师的身份特征。制度变迁、自我重构和社会期望是分析教师身份认同的基本路径，"教师"身份不仅是一种政策法律规定的"教师应该怎么样"的制度身份，也是一种教师作为个体或者群体需要认同"作为教师要怎么样"的个体或群体身份，还是一种社会"期望教师怎么样、认为教师怎么样"的社会身份。

（一）"教师"制度身份的特征

从政策法律的制度规定看，"教师"作为一种职业身份本身的特有品质，与其他个体或群体的差异性主要表现在两个方面：一是公共属性，一是专业属性。《意见》从战略高度谋划教师队伍建设的布局，指出公办中小学教师属于国家公职人员，要求公办中小学教师要切实履行作为国家公职人员的义务，强化国家责任、政治责任、社会责任和教育责任。这一规定突显了教师的公共属性。政策规定教师是公职人员，意味着成为教师就要接受公职人员基本的行为或行动模式，要站在国家的立场行事，为公共利益服务。《教师法》总则第3条明确了"教师是履行教育教学职责的专业人员"，从法律上确认了教师的专业人员身份。《教师法》第10条规定："国家实行教师资格制度。"教师的专业属性在国际上也得到了强调，早在1966年，联合国教科文组织就通过了《关于教师地位的建议》，指出教育工作应被视为专门职业。这种职业是一种要求教员具备经过严格而持续不断的研究才能获得并维持专业知识及专门技能的公共业务。教师是专业人员，意味着获得教师身份需要具备一定的资格，拥有专业知识和专门技能，即所教学科的知识和教育教学能力。

（二）"教师"个体或者群体身份认同的特征

首先，教师的个体或者群体身份涉及的是教师个体或者群体对自身身份的认同，体现了教师个人及教师群体的自主性。教师身份认同是教师赋予自己各种意义，以及在这种意义基础上产生的要如何通过自己的行为履行自己公职人员和专业人员的职责的一套价值观念和追求，例如如何看待学生、教育、学校、教师等，并致力于与之一致的行动。教师的身份认同直接为其在教育教学过程中"如何定位""如何行动"提供了框架。

其次，一般而言，教师对自己个体或者群体身份的认同是一个不断积累、成熟的过程。职前教师对教师身份的理解主要来自学习书本、倾听他人的经验介绍、体会课堂观摩等，对教师身份的认识主要停留在抽象思维阶段，并对自己将来成为教师充满期待。新任教师在各种培训和学习中用心体会，不断摸索，在专业方面越来越成熟，也更加深刻地认识到自身所承担的国家责任、社会责任、教育责任等，直至成为一名合格教师，进而成为成熟教师。成熟教师已经能够娴熟地运用教育教学技巧在学校教育场域的实践中独当一面。成熟教师已经形成一套在自己多轮实践研究基础上的、卓有成效并得到他人认可的教育教学策略，逐渐成为资深教师和名师。在专业发展的过程中，教师对自己的专业水平越来越肯定，对自己作为教师身份的责任、担当、权利等的认识越来越清晰和明确。

最后，教师的个体或群体身份认同主要是在所处学校组织和跨学校组织（例如教育集团）中确立的。教师所处的学校和跨学校组织环境直接影响到教师对"我是谁？""我是怎样的教师？""我有哪些权利和责任？""学生是什么样的？""教育是什么？"等问题的看法，进而促成教师的行动，使这些行动演变成日常生活和工作逻辑。这种对身份的认识具有一定的稳定性，同时又可以转变。教师身处的不同学校氛围支配和约束着教师的思想和行为，使得教师在不同情境下的教育实践中对自己身份的认同存在差异，为自己的工作赋予不同的意义，从而使其在工作中呈现出不同的状态。教师有着怎样的身份认同向外可以影响教师发展怎样的能力，做出怎样的行为，向内则关系教师的使命感。跨学校组织的形成为促进教师朝着更为积极的方向认同自己的身份开辟了新的道路。在跨学校组织中，优质学校带动薄弱学校，通过联合行动或者一体化行动，浸润着教师对教育教学的美好向往。

### （三）"教师"社会身份的特征

教师的社会身份是指社会对教师权利、职责、专业能力等的认识，既包含社会对教师这一职业的期待、感受，即希望教师如何工作，如何教育学生，如何教学，如何与家长沟通等，回答的是在家长等社会群体看来"教师是谁""某某是怎样的教师"等问题，也包含了教师这一身份在家长等社会群体心目中的地位，家长等社会群体认为教师在社会系统中所处的位置，即是否承认教师是在履行公职、秉承着爱心和公平，是否认可教师的专业地位，是否尊重教师教育教学的权利。

在对教师这一身份本身的认识上，社会对教师身份有着美好称谓，诸如教师是燃烧自己照亮别人的"蜡烛"，是人类灵魂的"工程师"等这些称谓表达了社会对教师身份的希冀，对教师奉献精神的赞扬和对教师教育教学能力的认可，倾诉了教师在人们心目中的精神地位，意味着教师担负责任的重大。在对教师个体教育教学具体行为的认识上，不同的教师个体被社会认可的程度是不同的。

教师的身份特征与一定时期的教育政策和制度对教师身份和角色的规定、教师作为个体或者群体对"我是谁"自我概念的理解、家长等社会群体对教师身份的认识等有着密切关系。教师的制度身份规定了教师的政治地位、社会地位、福利待遇，同时也表明了教师的责任和义务；教师作为个体或者群体的身份认同决定着教师的教育信念、对待学生的态度、教育教学方式和专业发展；社会对教师身份的认识、期待和对待教师的方式则强烈影响着教师的教育教学行为。

## 二、集团化办学中跨学校教师团队组织的特征

集团化办学要求集团的成员校之间能够资源共享、一体化发展，

而教师是学校教育的第一资源，资源共享、一体化发展就意味着不同成员校之间的教师有组织地展开互动，真正互帮互助。因而跨学校教师团队组织的构建和管理是集团化办学目标实现过程中无可替代的重要途径。集团化办学中跨学校教师团队组织之所以有着如此重要的作用，与其所具有的特征密不可分，而分析集团化办学中跨学校教师团队组织首先需要分析集团化办学的办学形式。

（一）集团化办学的特征

我国从 21 世纪初开始在公办学校中出现教育集团，近二十年来，公办学校集团化办学已经在各地普遍存在。从已有的基础教育集团看，我国集团化办学的特点在于：第一，在组成单元上，集团化办学是一种由多所学校联合发展的办学形式，一个教育集团往往汇集了多所成员校，成员校位于不同的地址。例如，北京市首都师范大学附属中学教育集团十年来基本形成了以总校首师大附中为核心，辐射门头沟、海淀、大兴、昌平、通州、房山的"六区十校"格局。第二，在管理模式上，成员校之间存在同一法人、派出法人、独立法人等不同的联合发展模式。第三，成员校在管理上均具有一定的独立性。例如，在同一法人、一校多址类型的集团中，有的校址负责小学一、二、三年级的教育教学，有的负责四、五、六年级；在派出法人、名校办分校类型的集团中，名校和分校之间往往各自有自己的管理理念、文化传统和组织结构形式。第四，在历史传统上，集团所辖不同的成员校有各自的历史文化特点、所处的地理环境特点和家长群体特点。本部往往是远近闻名的有着优良传统的优质学校，有的成员校是新建住宅小区的新建校，有的是薄弱校转变而来的分校，有的所有成员校则具有相近的社会声望。第五，在办学目标上，集团化办学的目标是实现优质资源的共享、辐射，推进教育机会公平，让老百姓在家门口就能上好学校，有更多的获得感。第六，集团化办学为师生在不同校区之间广泛的交流活动提供了契机，形成了跨学校的师资团队。例如，不同校区或者分校在同一学科上组成了集团层面的教研团队、"传帮带"团队、课题研究团队等。与一般的交流活动相比，团队活动目标性更强，计划更长久，规则更正式，效果更容易突显。第七，每个成员校都是集团这个大系统下的一个子系统，其独立运行和相互交流、碰撞构成了集团大系统。基于集团化办学的特征，其跨学校教师团队组织也形成了自己独有的特征。

### （二）集团化办学中跨学校教师团队组织的特征

集团化办学中跨学校教师团队组织首先是一种正式的组织。切斯特·伯纳德（Chester Barnard）把正式组织定义为"两个或更多人有意识的协调行动或力量体系"，由此而言，与单所学校的教师团队组织相比，基于集团化办学的特点，集团内部跨学校教师团队组织的特征主要表现在几个方面：

一是在跨学校教师团队组织性质方面：第一，集团化办学是一种大规模多层次组织形态，跨学校教师团队组织是集团中技术层次的基层组织，是一种教师专业团队，承担的是专业活动，体现的是教师的专业身份，关注的是具体的教育教学任务，具有自主研究能力，是学校办学理念与教师教育教学思想行为之间相互转化的关键组织。第二，每个教育集团都有多种跨学校教师团队组织：一方面，跨学校教师团队组织是教育集团一种类型的子系统，自成体系；另一方面，这些团队又是联系各个成员校的纽带，正是因为有了这样的纽带，集团内部的成员校才能够更为紧密地联系在一起，成为一个紧密结合的大系统。

二是在跨学校教师团队组织组成成员方面：第一，跨学校教师团队组织是跨学校的，人员来自集团内不同的成员校，但这种跨学校是属于一个集团内部的跨学校。第二，跨学校教师团队组织，成员可以是跨年级的，也可以是同年级的，可以是跨学科的，也可以是同学科的；探讨的问题可以是教学方法层面的，也可以是教材内容层面的，还可以是学生层面的；可以由各个成员校中某个年级的全体成员组成，也可以由各个成员校中某个年级的部分成员组成；组成的缘由可以是在某些方面有共同的教育教学兴趣，也可以是基于共同的教育教学问题；可以由跨教龄段、跨专业发展阶段的教师组成，例如由初任教师、合格教师、名师等组成的名师工作室，也可以由同教龄段、同专业发展阶段的教师组成，例如均由初任教师组成，使他们结伴成长。

三是在跨学校教师团队组织运作方式方面：第一，整个团队归属于集团层面的上级指导，例如北京市首师大附中教育集团组织校领导和资深专家成立了"学科发展指导团"来进行评估指导。第二，团队成员需要接受双重规制同时享有双重机会，既要在工作上接受本成员校的领导并获得相应的成长机会，又要在完成团队任务的过程中接受跨学校团队的规则和获得跨学校的资源。第三，团队成员面对面交流需要统一安排，因为很难随机遇到对方并就团队事务进行交流。不过不同校区并不影响团队成员通过微信群、电脑网络平台等随时进行联系和讨论。第四，团队有一定的自主性和独特性。团队需要建立自己独特的工作制度，这种工作制度完全可以由全体成员民主决策，不必刻意模仿其他团队。如果某个团队相对稳定，可以持续多年，那么团队独有的规范和价值观就会形成，会按照某些习惯的行为准则、见解和沟通方式行事。第五，团队教研成果的具体运用具有多样化特点，因为一个集团内部不同学校的历史文化、所处的地理环境、家长和生源不同。例如，就一项教学改革而言，团队即使在整体上研究出了大家都认可的成果，但是由于要在集团内部不同类型的成员校实施，针对不同的成员校特点，在很多情况下就需要做出调整。

四是在与教育集团的内外关系方面：跨学校教师团队首先属于集团内部的团队之一，大部分时间致力于集团内部的教研活动、任务和项目，也会关注集团外部的环境影响，例如区里组织的集体教研、新的教育改革思潮的影响等，它会吸取外部新的改革策略，从而通过专业发展壮大自己的力量，也会把自己的教研成果在适当的场合公开出来，甚至宣传出去，通过这种方式扩大所在集团的外部影响，提高集团的声誉。

## 三、新时代集团化办学跨学校教师团队组织的管理模式

跨学校教师团队组织是一种新型组织，这种新型组织需要新的管理模式，而一定的管理模式需要建立在一定的组织管理理念基础之上，配之以相应的组织结构和组织管理特征。

### （一）依据新时代教师身份特征和集团化办学特征设计团队组织管理理念

集团化办学跨学校教师团队组织的管理理念需要针对新时代教师的身份特征和集团化办学跨学校教师团队组织的特征来构建。同时，跨学校教师团队组织的管理理念又要为集团化办学的目的服务，既有助于教师的权利保障和专业成长，又有助于增强教师优质资源共享的积极性。因而其管理理念应主要体现在如下方面：

1．公职人员和专业人员意识

跨学校教师团队组织管理需要根据教师的公职人员和专业人员身

份特征强调强烈的国家责任意识和高标准专业要求预期。从新时代教师的制度身份和跨学校教师团队是一种专业的基层组织看，《意见》指出，教师承担着传播知识、传播思想、传播真理的历史使命，肩负着塑造灵魂、塑造生命、塑造人的时代重任，这阐明了教师作为公职人员所承担的国家责任和作为专业人员所承担的社会责任和教育责任。教师需要认识到作为公职人员和专业人员的教育教学行动有着特殊的意义，公职人员就要坚定地站在国家的立场上，肩负国家的重托和责任，树立正确的历史观、民族观、国家观、文化观，立德树人。专业人员就要不断加强专业学习、爱岗敬业、教书育人，遵守团队、学校、集团的教育教学纪律，不忘初心，牢记使命。

2. 团队组织的集团归属意识

集团层面的管理要整体营造宽松、适宜的团队氛围，促进不同跨学校教师团队组织在教师身份认同上求同存异，增强教师归属感。从新时代教师的个体或者群体身份认同和跨学校教师团队组织的性质、成员来源和运作方式看，教师身份认同是教师主动构建的结果，是一个不断积累、成熟的过程。团队组织是集团的一个子系统，团队成员来自各个集团成员校，均归属于集团层面领导，同时又具有自主性和独特性。因此，为了使员工的身份与组织紧密结合，给员工提供远景和含义是我们需要进行的一项意义深远的活动。集团负责人要把集团内全部成员的自我身份认同作为集团管理的重要任务，致力于形成集团内部教师特有的身份认同特征，使其具有同样的愿景和在同一规则下的做事方式，对内均是教育集团的一分子，对外有着同样的身份地位和角色。拥有同样的标识，即属于某个教育集团。教师跨学校团队组织要通过制订周密的计划来实现团队共同的身份认同。同时，既然身份认同是教师主动构建、不断积累和成熟的过程，那么就要给予集团内由不同学校的教师组成的教师团队组织一定的时间来认识自我、认识团队、认识集团。

### 3. 优质资源跨学校共享意识

跨学校教师团队组织是通过指挥和协调不同成员校教师的行动而密切合作的一个团体，团队本身就是支持或动员其他资源而形成的基本集体资源，"最明显的集体资源是那些由个人资源集中起来服务于共同目标的资源"。从集团层面看，跨学校教师团队组织是集团化办学中一种结构化的教师队伍管理方式，有利于保证集团中各个成员校之间优秀师资的共享和建设性合作的开展。例如，集团所设名师工作室广泛吸纳成员校的初任教师参与，借助名师的力量把教师们集合起来开展"传帮带"专业发展活动，发挥了名师的带动和引领作用，使名师的经验得到共享。

### 4. 团队组织的社会形象意识

集团及其跨学校教师团队组织需要促进教师在社会上随时随地通过自己的言行举止树立并宣传教师的美好形象。从社会对教师的期待和团队组织的对外关系看，社会一方面对教师的希冀总是用无比美好的称谓来表达，另一方面又发现有时候有些教师也会有不良行为，有些家长在教育孩子方面并不相信教师的专业能力，而更加相信自己的判断，一些著名教师在社会中的地位非常高，而另一些教师则地位一般。面对这种情况，跨学校教师团队对内要加强教师的职业理想教育、思想政治教育，通过"传帮带""师徒制""名师工作室"和各种培训等促进教师的专业发展，加强教师的实力；对外要有宣传意识，向社会大力宣传教师的高尚品德和好人好事，以增强社会对教师的信任。

## （二）新时代集团化办学中跨学校教师团队组织的结构特征

### 1．跨学校教师团队组织是集团化办学中一种关键的组织管理方式

美国政治学家丹尼斯·朗（Dennis H. Wrong）认为，权力或权威有三个特性：广延性、综合性和强度。广延性是指遵从掌权者命令的权力对象数量很多；综合性是指掌权者能够调动权力对象所采取的各种行动种类很多；强度是指掌权者的命令能够推行很远而不影响遵从。组织理论则认为，群体越大，成员活动的差别越大。在集团单个成员校组织结构中往往有两类团队：一类是由校长、副校长牵头的管理团队；一类是教师团队，例如学科备课组、学科教研组、年级组、课题组、班级教师团队等。单个学校每种团队人员规模都比较小，权力或权威的广延性、综合性和强度相对容易达到较为理想的状态。教育集团包含多所成员校，与单所学校相比，人员规模庞大，权力对象众多，充分发挥顶层权威，促进资源共享，不仅需要集团整体系统建立跨学校的管理团队，例如由某个成员校的主抓德育的副校长牵头、由其他所有成员校德育主任组成的德育管理团队，还需要尊重每个学科教师的自主权，同时要避免教师们单打独斗，成立集团跨学校教师团队组织，把教育教学研究、改革和攻克难关的任务分配给不同的跨学校教师团队，以增强集团层面权威的广延性、综合性和强度。如此，既实现了从单个学校的教师团队到形成由多所成员校组成的教师团队的生态转变，还有助于促进跨学校教师团队作为集团这一庞大组织中的小系统，实现教师之间跨校区的畅通的交流。

### 2．跨学校教师团队组织是一个开放的系统

这种开放表现在两个层面。一是指跨学校教师团队组织可以独立与集团外部进行信息交换，包括以团队名义参加区级培训、教育教学

研讨论坛等活动，以团队整体形象参与社区活动、为学生家长答疑解惑等。以集体的名义在社会上行动时，就代表了一种有力的社会资源，可以为社会提供能量，也可以获得社会支持。二是跨学校教师团队也对集团内部开放，它促使成员校之间信息交流更为畅通和密集，也促使教师以团队的名义和集体的力量在集团管理中更容易行使自己的权利，在建设现代学校制度中，充分保障教师参与集团决策的民主权利，维护教师职业尊严和合法权益。

### 3．以组建灵活为团队基本特征

集团化办学中的跨学校教师团队不同于集团设立的组织部门，它比随意的合作更正式，比成立的专门机构更灵活，是集团组织结构中既坚硬又柔软的部分。大规模的团队内部往往根据所探讨的问题分解为几个小规模的团队，问题的解决意味着小规模团队的解散，解散的小规模团队的成员可以穿插到其他小规模团队中，也可以重新组成一个小规模团队。正是因为有了团队组织，集团成员校之间的联系才更为细腻、密切和有章可循，沟通通道更为密集和通达，而且促使团队成员拥有集体身份感。

### 4．以合作教研为主要工作机制

跨学校教师团队组织的类型可以千差万别：按团队组建的目的可以分为解决问题型团队、过程改进型团队、项目团队、教研团队等；根据组成成员可以分为由大学教授、教研人员和集团中骨干教师组成的公关团队，由集团同年级同学科的初任教师组成的学习团队，由对某一课题的教育教学问题感兴趣的集团内任何教师组成的课题团队；根据成员之间的关系可以分为师徒工作室、名师工作室、乡村工作室等。无论哪种类型的团队都以联合教研为主要工作方式，它的基本特点是：团队成员通过在联合教研中共同努力，互相启发、互相帮助、互相激励，从而产生积极的协同作用，使得团队的绩效水平远大于各个成员绩效的总和。

**（三）新时代集团化办学中教师跨学校团队组织的组织管理特征**

有研究表明，组织主要由目标、参与者、技术、权力结构等四个要素组成。跨学校教师团队组织在这四个要素上也应展现出其独有的特征。

**1．以解决教育教学问题、促进教师专业发展和增强优质师资资源跨学校共享为目标**

有效的团队具有所有成员均渴望追求且有意义的目标，它能够为团队成员指引方向、提供动力，让团队成员愿意为它贡献力量。从教师个体看，必须依靠团队的力量，无论是名师工作室，还是项目式的团队，都是以解决团队教师在教育教学中遇到的问题为目标来展开活动的，基于真实的问题，深入学科，关照课堂。跨学校教师团队正是在解决教师们工作中遇到的问题的过程中，通过合作、对话和分享等活动促进教师专业的共同成长，从而实现优质资源共享。需要注意的是，要使每个团队成员清晰地了解团队的目标是什么，最终要取得怎样的成果，如何把个人目标与团队目标有效地衔接起来，在团队目标实现的同时成员个人的目标也得以实现。

**2．以由具有专业技术身份的人员（具有独特的教育教学技术的教师）组成的专业组织为标识**

专业组织是具有共同思想或志趣的人组成的团体或协会，目的是共同解决专业领域的问题。跨学校教师团队组织作为专业组织，意味着其参与者必须是专业人员。有研究认为，专业人士在工作进程以及参与决策方面应有自主权，并且有义务同专业同僚一起维持工作的高水平标准。在作为专业组织的跨学校教师团队组织中，课堂教学改革的主导权在每一位教师手中，尽管集团和学校可以确定课堂教学的基本原则和价值追求，但在具体方式方法上，只有教师或者同学科的教师才能在教学策略上提出更有针对性的建议。因为学科教学是教师的专长所在。与教师独自判断问题、思考问题、解决问题相比，团队有助于促进教师教育教学能力的提高，每个教师在团队中可以提出自己的疑问、困惑，为对方提出解决问题的思路和策略，相互促进，不断碰撞出新的思路和火花，团队作为专业组织给了教师们更广阔的天地，为教师工作积极性的提高提供了强有力的支撑。

### 3．以领导角色的分享和成员动态化的分工为权力结构的核心

团队的每一位教师都有可能根据自己的能力和环境条件的变化动态地分享领导角色。多数教师有追求成功的强烈愿望，愿意在自己擅长的领域有所成就，只要获得机会，便能在特定时间、特定任务中成为特定的领导者。团队中每个成员都承担自己所负责任务的领导角色，对这项任务负有计划、协调、控制等责任，其他成员有义务接受他的咨询并给予帮助。而领导角色更替的依据是任务特点和成员能力的匹配程度，如擅长写作的教师是教研报告撰写的负责人，擅长口头表达的教师是教研论坛发言的负责人。的确，教师团队建设需要名优骨干教师担当领头人，但不是只依靠仅有的几个领头人，而是要创造更多机会让每个教师都得到适当锻炼，培养更多的领头人。

### 4．以网络式沟通作为权力结构的支撑来体现团队成员间的平等参与

由于领导角色的分享和动态的分工，团队在权力上不存在自上而下的行政力量，不存在等级关系，每个教师的专业性都得到承认，因

而沟通呈网络式，覆盖全体成员，贯穿全过程。在任何一个环节，从最初的计划安排，到过程中随时的协商和讨论，一直到最终结论的形成和成果的展示，每个成员都可以平等地与其他所有成员交流思想、研讨问题。网络式沟通保障了团队工作的透明与连续性，支持了团队成员之间的公正与平等。网络式沟通并不是杂乱无章的，在运作方式上，团队需要清楚地阐明每个成员之间的相互协作关系，每个成员都知道自己的角色和定位，明确应该并且能够给予他人提供什么帮助，能够从团队其他成员那里得到什么帮助，每个成员的责任和义务是什么。每个成员都要清楚地知道某个问题研讨或者某个项目的进展情况，知道在什么时候任务完成到什么程度，知道遇到哪种类型的冲突和困难时应该向谁报告，找谁协商。教师团队还要有固定和随机的咨询专家，专家与团队教师的关系不是命令和服从关系，而是平等的关系，这种关系往往能够提供理论的指导，带来新的分析思路。团队本身能够为每个教师提供展示自己的机会，整合团队的智慧，推出优秀成果。

（载《首都师范大学学报（社会科学版）》
2020年第6期第164—171页）

# 充分发挥职业教育和培训在建设知识型、技能型、创新型劳动者大军中的重要作用

杨进

　　党的十九大的胜利召开标志着中国特色社会主义进入新时代。我国的经济正处在转变发展方式、优化经济结构、转换增长动力的关键时期，迫切需要进一步坚定实施科教兴国战略、人才强国战略、创新驱动发展战略。党的十九大报告号召我们："解放和发展社会生产力，是社会主义的本质要求。我们要激发全社会创造力和发展活力，努力实现更高质量、更有效率、更加公平、更可持续的发展！"按照马克思主义的观点，人是生产力中最活跃的、具有主导作用的因素。党的十九大报告指出，建设知识型、技能型、创新型劳动者大军，弘扬劳模精神和工匠精神，营造劳动光荣的社会风尚和精益求精的敬业风气。

　　马克思主义的观点还告诉我们，教育是劳动力再生产的必要手段。教育可以使人掌握文化科学知识和技术，成为各行各业所需要的劳动者。这样的劳动者在生产过程中，就能不断地促进生产力的发展。在整个教育事业中，职业教育和培训与经济发展的关系更为密切、更为直接，职业教育和培训在建设知识型、技能型、创新型劳动者大军中具有不可或缺的重要作用。职业教育和培训的发达与否，标志着一个国家和地区的经济发展水平和教育现代化水平。世界各国经济发展的

速度与水平，无不与大力发展职业教育和培训相关，造就高素质劳动者。我国是人力资源大国，目前仍处在工业化过程中，职业教育和培训具有不可替代的作用。党的十九大报告在阐述优先发展教育事业、加快教育现代化时明确指出，完善职业教育和培训体系，深化产教融合、校企合作。

党的十八大以来，在党中央、国务院的高度重视下，我国职业教育和培训改革发展成绩显著，现代职业教育和培训体系建设取得重要进展，大规模培养培训技术技能人才的能力基本形成，正在探索一条有中国特色的职业教育和培训发展道路，为国家经济发展、促进就业和改善民生做出了不可替代的重要贡献。但是，不容忽视的是，职业教育和培训仍然是我国整个教育体系中的突出短板，既不能满足决胜全面建成小康社会对高素质劳动者的迫切需要，也不能适应办好人民满意的教育的需要。贯彻党的十九大精神，完善职业教育和培训体系，发挥职业教育和培训在建设知识型、技能型、创新型劳动者大军中的重要作用，必须扎扎实实地落实以下方面的任务。

## 一、提高认识，保持定力，重视发挥职业教育和培训在建设知识型、技能型、创新型劳动者大军中的重要作用

早在1985年，《中共中央关于教育体制改革的决定》就明确指出，社会主义现代化建设不但需要高级科学技术专家，而且迫切需要千百万受过良好职业技术教育的中初级技术人员、管理人员、技工和其他受过良好职业培训的城乡劳动者。没有这样一支劳动技术大军，先进的科学技术和先进的设备就不能成为现实的社会生产力。但是，30多年后的今天，劳动技术大军没有得到应有的尊重，肩负培养劳动

技术大军的职业教育和培训事业仍然是我国整个教育事业最薄弱的环节。一些地方政府和部门在实际工作中没有把职业教育和培训与普通教育、高等教育同等对待，对发展职业教育和培训没有主动性和积极性，甚至在推动整个教育事业发展中"拆了东墙补西墙"，不断损伤职业教育和培训发展的元气。例如，在发展高等教育中，大部分多年积累建成的优质中等职业学校升格或并入高等学校；在扩大本科教育规模时，把优质、骨干高等职业学校升格为本科院校，造成职业教育和培训的骨干力量不稳定。

存在上述问题的一个重要原因就是一些地方的政府及其相关部门，在贯彻党的方针政策过程中出现了认识上的偏差。有的地方和部门，把党的干部政策中提出的"革命化、年轻化、知识化、专业化"简单地执行为"高学历化"，忽视劳动技术大军在实施科教兴国战略、人才强国战略、创新驱动发展战略中的重要作用，不够重视劳动技术大军的培养，没有深入考虑经济发展需要和劳动力市场需要。还有的地方和部门没有在做大做强职业教育和培训、增强职业教育和培训吸引力上下功夫，而认为基础教育和普通高等教育是人民群众需要的、欢迎的教育，简单地迎合群众子女的升学要求，在工作中重普教、轻职教，以普教为重点、以升学为核心，在教育经费投入、教师职称评聘、招生等向普教倾斜，甚至把职业教育和培训放在可有可无的位置上。

从近年来全国劳动力市场监测结果所显示的情况看，一方面，劳动力市场的用工需求总体上已经比较稳定地超过了求职需求。另一方面，市场对劳动力的技术技能等级和综合职业能力要求继续提高，特别是对高级工、技师和高级技师等的中高端技术技能人才需求日益迫切。然而，面对这种现实需求，作为培养技术技能人才主渠道的职业教育规模不但没有增长，反而有逐渐缩小的趋势，这应当引起各级政府和各有关部门的认真反思。就全国而言，如果不认真坚持大力发展职业教育和培训的方针，那么职业院校面临的困难局面会进一步加剧，"硕士博士满街跑，技工技师无处找"所反映的大学毕业生找不到工作，而用人单位却高薪请不到技术工人、技师的问题就会更为严重。长此以往，可能会直接导致教育结构与人力资源需求结构的错位，教育就难以有效满足经济升级、产业结构调整的人才需求，进而使我国经济健康持续和整个社会的繁荣稳定受到影响。

以习近平同志为核心的党中央高度重视建设劳动技术大军。2013年4月28日，习近平总书记在全国总工会同全国劳动模范代表座谈上指出，工业强国都是技师技工的大国，我们要有很强的技术工人队伍。2014年6月，习近平总书记在对职业教育工作的重要批示中要求，各级党委和政府要把加快发展现代职业教育摆在更加突出的位置，更好支持和帮助职业教育发展，为实现"两个一百年"奋斗目标和中华民族伟大复兴的中国梦提供坚实人才保障。他还强调指出，必须高度重视、加快发展。2015年4月，他在庆祝"五一"国际劳动节暨表彰全国劳动模范和先进工作者大会上的讲话中指出，要实施职工素质建设工程，推动建设宏大的知识型、技术型、创新型劳动者大军。2016年5月，中共中央、国务院印发的《国家创新驱动发展战略纲要》指出，倡导崇尚技能、精益求精的职业精神，在各行各业大规模培养高级技师、技术工人等高技能人才。党的十九大报告号召努力形成人人渴望成才、人人努力成才、人人皆可成才、人人尽展其才的良好局面，让各类人才的创造活力竞相迸发、聪明才智充分涌流。

　　发挥职业教育和培训在建设知识型、技能型、创新型劳动者大军中重要作用的当务之急，就是要把思想认识统一到以习近平同志为核心的党中央的明确要求上来。面对日趋激烈的国际竞争，我们不仅需要科学技术人才和管理人才，也需要大量的技术技能人才。许多技术创新只有适应一线生产实际的需要，被一线劳动者和技术技能人才所掌握、所应用，创新的意义和价值才能真正得到实现。党的十九大报告和习近平总书记所倡导的人才观念和高度重视、加快发展职业教育和培训的重要论述，凸显了职业教育和培训工作的重要性，坚定了我们发展职业教育和培训事业的信心。

## 二、科学把握，准确定位，培养决胜全面建成小康社会需要的各级各类技术技能人才

　　科学把握发展方式转变和产业转型升级所需要的技术技能人才结构，是完善职业教育和培训体系的重要出发点。当前，新一轮科技革命和产业变革方兴未艾，人工智能、移动互联、大数据、新型传感器、3D打印等新技术持续演进，智能制造成为信息化与工业化深度融合、走新型工业化道路的切入点和主攻方向。但是，需要指出的是，与发达国家在工业3.0基础上迈向4.0不同，我国制造业还有相当一部分停留在3.0，甚至2.0，只有少部分领先行业可比肩4.0。在推进新型工业化的进程中，必须处理好2.0普及、3.0补课和4.0赶超的关系，强化工业基础能力，提高综合集成水平，以推广智能制造为切入点，培育新型生产方式，推动制造业数字化网络化智能化。

　　最近几年，媒体上经常有"机器换人"的报道，但是我们千万不能忽略的一个基本的事实，就是要实现"机器换人"最最需要的还是

人——这就是高质量的技术技能人才，包括现场编程人员、机器人安装调试与维护人员、生产线安装改进与维修人员、工作站开发人员、工作站方案工程师，以及销售、生产线运营与管理人员，而职业学校在培养和造就这样的人才中具有不可替代的重要责任。笔者承担的马克思主义理论研究和建设工程重大项目"深化教育领域综合改革研究"子课题3"新型工业化背景下人才需求结构与培养模式研究"一项调研表明，工业机器人应用产业发展对中职、高职和应用型本科相关专业毕业生的需求分别为31%、39%和30%，经过系统培养的职业院校毕业生可以胜任工业机器人应用岗位的需要。

发展方式转变和产业转型升级所需要的人才结构，为合理确定各级各类人才培养培养规模和目标提供了重要依据。职业教育和培训体系要坚持面向市场、服务发展、促进就业的办学方向，科学确定各层次各类型职业教育培养目标。一是要巩固提高中等职业教育发展水平，保持普通高中和中等职业教育招生规模大体相当，切实发挥中等职业教育在现代职业教育体系中的基础作用，培养生产和服务一线岗位从事基础技术性的操作工作、具有中等技术水平的技术技能人才；发挥高等职业教育在优化高等教育结构中的重要作用，培养生产、服务和管理岗位从事技术性操作、技术开发应用及管理工作，具有中、高等技能水平的技术技能人才；发展应用技术型本科，适应经济社会发展和新产业、新业态、新技术发展的需要，培养专业基础扎实、技术开发能力强的应用技术型人才。二是探索建立各行业技术技能人才需求预测机制，引导学校围绕科技创新和经济社会发展需要设置和调整专业。还需要指出的是，随着技术变革的加速，工业4.0将更加强调技术技能人员在多样的工作环境中不断适应变化、学习新技能和手段的能力，这就需要发展多种形式的培训。

## 三、注重内涵，深化改革，切实提高职业教育和培训的质量

世界经济论坛在《未来工作报告》中指出，到2020年工作世界对从业者所提出的最重要的十项能力是：复杂问题解决能力，批判性思维能力，创造能力，人员管理能力，人际协调能力，情商，判断力和决策能力，服务导向，谈判能力和认知灵活性。这对职业教育提出了很高的要求。在我国，新一代信息技术与制造业的深度融合以及新一轮工业革命带来的制造业技术突破性的发展，推动着生产方式、生产过程和生产组织形式的变革，进而对企业的岗位结构设置和从业人员能力要求产生深刻的影响。一些操作简单、重复率高的熟练工种工作逐渐被智能设备代替，工作任务逐渐从具体任务（体力任务）转向抽象任务（脑力任务），从业人员需要提高心智技能水平才能胜任越来越复杂的设备操作工作。同时，新一轮科技和产业革命促进生产方式向小批量、定制化、柔性化方向发展，越来越多的企业开始采用团队式工作方式，这对各岗位从业人员的综合素质提出了更高要求，包括既懂理论又擅长实践，既懂设计又懂工艺，具有较强的团结协作、沟通协调、问题解决等能力。

当前，我国职业院校人才培养与行业企业对技术技能人才的要求都存在明显差距。笔者承担的马克思主义理论研究和建设工程重大项目"深化教育领域综合改革研究"子课题3"新型工业化背景下人才需求结构与培养模式研究"结果表明，职业院校人才培养目标定位不准确、教学与生产对接不紧密、专业教师缺乏生产实践经验、综合素质培养欠缺的问题依然存在。这些造成毕业生既难以胜任技术开发岗位

的要求，也达不到技术应用和操作岗位的要求，企业用人满意度不高。同时，受访企业普遍认为，职业院校毕业生还存在创新能力不足、意愿不强，缺乏工匠精神等突出问题。可以看出，职业教育和培训质量的现状，不能适应建设知识型、技能型、创新型劳动者大军的现实需要。职业教育和培训体系迫切需要注重内涵，深化改革，提高质量。

在职业教育的专业设置上，应面向工业化、信息化整合背景下的产业链、产品线和价值链，依据区域产业经济、行业企业发展，结合新兴职业岗位或技术领域开发专业领域。依据区域产业经济及行业企业发展需要，科学规划专业设置。要拓宽专业面向，精减专业数量，合理规划人才培养结构与规模。建立专业设置动态调整机制，关注并回应区域产业在新型工业化背景下的发展态势。

在课程建设上，应基于工作岗位任务对综合职业能力的要求进行课程设置与开发，克服长期以来学科本位的弊端。注重课程的融合、整合，减少课程门类和数量，开展项目教学，推行理实一体化课程，对技能要求较高的专业应加强专门技能训练。课程设置相对灵活，及时适应区域经济发展对人才培养目标变化的需要，为学习者提供多种选择。根据行业企业生产技术变化，及时调整、更新，突出学习指导材料的开发与运用，丰富课程内容。同时，要在专业课程中融入综合职业能力、创新创业能力和绿色技能。

在教学实施中，坚持以学习者为主体，教师的角色要转变为学习指导者，促进学习者学习，发挥学习者的主体作用。建立基于现代信息技术和灵活多样的教学方法的教学环境。合理规划班级或课堂规模与进度，帮助学习者实现个性化与差异化的学习目标。要将企业管理模式与企业文化融入实训，整合校内外实习实训教学安排，工学交替进行，充分实现"做中学""学中做""边学边做""边做边学"。

　　在教师队伍的建设上，在要求教师具有一定学历水平的同时，专业课教师至少需要3～5年行业企业实际工作经验。要打通企业技术技能人才进入职业院校任教的通道，鼓励在职教师到企业实际工作岗位进行技术实践。教师要根据行业企业生产技术变化组织教学，骨干教师参与专业建设和课程开发的全过程。以实际专业能力与教学能力水平作为教师考核评价的主要依据，鼓励教师进行技术研发和创新。建立激励机制，教师要成为终身学习者，不断提高专业能力与教学能力。

　　在教学资源和条件的改善上，教材种类丰富多样，反映生产一线新技术、新工艺和新方法，与现有教学设备、教学方法同步更新。鼓励院校、教师根据企业生产技术变化开发使用校本教材、工作页等多种形式的教学材料。丰富教学材料形态，鼓励开发使用适合学习者学习需要的电子教材和网络教学资源。建立基于典型生产环节和工作任务的真实教学环境，并根据教学需求配置教学设备，并进行合理利用和维护更新。

## 四、面向人人，促进公平，进一步保障困难群体接受职业教育和培训的权利

　　党的十九报告在阐述提高就业质量和人民收入水平时提出，提供全方位公共就业服务，促进高校毕业生等青年群体、农民工多渠道就业创业，使人人都有通过辛勤劳动实现自身发展的机会。在阐述坚决打赢脱贫攻坚战时指出，坚持精准扶贫、精准脱贫，注重扶贫同扶志、扶智相结合。这些论述，对职业教育和培训面向人人、促进公平指明了方向。职业院校和培训机构应对有这样那样困难或有特殊需要的群

体提供特别的关注和支持，帮助基层人民群众子女接受职业教育，获得就业创业能力。多年来，我国中等职业学校招收的学生大多数来自农村。2015年，高职院校91%的毕业生为家庭第一代大学生，52%的毕业生家庭背景为"农民与农民工"。这充分说明职业教育和培训在稳就业、促公平中直接发挥着重要作用。

按照十九大报告的要求，要进一步发挥职业教育和培训在精准扶贫、精准脱贫中的作用，使发展的成果更好地惠及最广大人民群众。通过实施职教圆梦行动计划，确保建档立卡贫困家庭子女接受职业教育，让他们至少掌握一门实用技能，提升贫困家庭增收能力和自我发展能力。经济较发达地区的政府和职业学校，要树立大局意识，积极接收经济欠发达地区贫困家庭初中毕业生接受职业教育。进一步保障困难群体职业教育权利，逐步分类推进中等职业教育免除学杂费，使更高比例的中职和高职学生享受更高水平的国家助学金的资助。职业学校还要进一步发挥自身优势，拓展服务功能，争取农业、人力资源和社会保障、科技、扶贫开发等部门的支持，面向农民、农村转移劳动力，对未升学初高中毕业生、在职职工、失业人员、残疾人、退役士兵等开展职业教育和培训，为建立人人可学、时时可学、处处可学的学习型社会做出贡献。

## 五、增加投入，优化布局，提升职业教育和培训的基础能力

近些年来，随着经费投入的增加，全国职业院校的办学条件有了明显改善。然而，职业教育优质资源依然严重不足。全国200所国家示范骨干高职院校仅占高职的16%，1000所国家示范中职学校仅占中职的8%左右，覆盖的地市不足半数。由于各级政府以及部门的条块分

割等多种原因，职业院校重复办学、办学小而全、专业同质和低水平建设现象比较严重，办学资源分散等情况，致使有限的资源分散配置，甚至浪费。全国多数中职学校存在基本建设陈旧、教学设备简陋等情况，农村地区、贫困地区和民族地区的中职办学水平普遍达不到国家基本办学标准要求。这种状况，一方面造成职业教育和培训基础能力的缺乏，难以真正适应建设知识型、技能型、创新型劳动者大军的实际需要，另一方面损害了职业教育和培训的形象和社会声誉。

因此，在落实党的十九大精神过程中，要强化地市级人民政府对中职的统筹规划，根据城镇化和产业布局调整完善职业学校布局，提高培养知识型、技能型、创新型劳动者大军的基础能力。在人口集中和产业发展需要的贫困地区建好一批中等职业学校，重点支持贫困地区建设好符合当地经济社会发展需要的中等职业学校。新增高等职业学校主要向中小城市、产业集聚区布局。根据各主体功能区的定位，推动区域内职业学校科学定位，使每一所职业学校集中力量办好当地经济社会需要的特色优势专业（集群）。在重点改善贫困地区和薄弱职业学校基本办学条件、提升基础能力的同时，支持100所左右高等职业学校和1000所左右中等职业学校建设，改善基本办学和实习实训条件，强化国家重点领域产业和区域支柱产业相关专业建设，重点提升学校服务学历教育、社区教育、职工教育培训等能力，建成一批人才培养、科技创新、专业建设与产业融合发展的高水平职业学校，带动整个职业教育和培训体系基础能力的提升。

## 六、产教融合，校企合作，加快实现职业教育和培训治理能力现代化

教育与生产劳动相结合是马克思主义教育观的核心内容。产教融

合、校企合作是马克思主义教育观在职业教育领域的重要体现。与普通教育不同，职业教育承担"使无业者有业，有业者乐业"的使命，是以就业为导向的教育类型，职业教育必须通过产教融合、校企合作的方式与产业发展和就业市场相适应。实际上，从新中国成立初期一直到20世纪90年代，行业主管部门和企业在发展职业教育中发挥了非常重要的作用。然而，在世纪之交，非常令人痛心的是，受政府机构改革和国企改革等多因素的影响，行业指导作用弱化，国有企业在剥离社会责任时简单地把密切服务生产的职业院校与普通中小学、幼儿园同等对待，一大批原来由行业企业举办的职业院校未经认真论证就被划转给地方教育部门举办，有的合并到大学或其他机构，行业企业目前继续举办的职业院校在得到财政经费支持、教师福利待遇等方面面临不少困难，出现了与国家法律法规和职业教育规律不一致的现象，直接损伤了产教融合、校企合作的元气，直接影响到我国职业教育和培训发展的全局。

2014年，习近平总书记在对职业教育工作的重要批示中明确指出，职业教育要坚持产教融合、校企合作，坚持工学结合、知行合一。国内外的实践证明，推进产教深度融合是提升职业教育人才培养水平最有效也是最根本的途径。党的十九大报告明确要求，职业教育要"深化产教融合、校企合作"。只有切实落实这些明确要求，建立职业教育校企合作双主体办学的治理体系和实现途径，才能为职业教育和培训服务于建设知识型、技能型、创新型劳动者大军提供体制机制上的保证。

2012年联合国教科文组织在上海召开的第三届国际职业教育大会上提出，良好的治理是对职业技术教育与培训系统进行成功改革的一个明确先决条件。职业教育良好治理的关键是如何改进协调，让行业企业等各个利益相关者参与职业技术教育与培训并且根据充足的信息确定优先事项和确保问责。现代治理理论关注多元主体参与，构建形式多样的制度与规则，重视并平衡多元主体的利益需求，使得共同的事业获得可持续发展。应当从治理的视角认真审视校企合作中同样具有主体地位的学校和企业之间的关系和互动，明确政府、学校和企业应该承担的发展职业教育的责任和权利，探索不同利益主体资源共享、彼此依赖，形成互惠互利和相互合作的动力机制。

政府应当抓紧出台职业教育校企合作条例，建立推进职业教育与产业融合发展、推进校企协同育人新机制，使行业企业真正成为办学主体，发挥它们在制定培养目标、专业设置、课程计划、评估标准，以及开展实践教学、就业实习等教育教学过程中的主导作用。有条件的地方和行业，应当开展确定具有职业教育和培训职能的教育性企业的工作。通过这样一些新机制，把行业企业的举办职业教育和培训的主体作用落到实处，切实把工作世界的新技术、新工艺和新方法纳入职业教育教学内容，有效促进职业教育教学与生产实践、技术推广、社会服务紧密结合，提高劳动技术大军的就业创业能力。

进一步完善院校治理体系，加强现代学校制度建设，是促进高等院校、职业院校适应新型工业化需要的重要保证。构建政府、学校、社会新型关系，加快形成政府依法管理、学校依法自主办学、社会各界依法参与和监督评价的教育公共治理新格局，建立真正意义上的第三方评价制度，支持职业院校建立政府、行业、企业、社区、教职工和学生及家长代表等共同参与的学校理事会或董事会，完备院校法人治理结构，加快实现院校治理能力现代化。扩大各类院校在招生、专业设置和调整、教师评聘、资源配置、收入分配、校企合作等方面的办学自主权，提升院校适应经济社会发展的能力。

总之，完善职业教育和培训体系，发挥其在建设知识型、技能型、创新型劳动者大军中的重要作用是一项系统工程。落实十九大报告的相关明确要求，首先需要从根本上提高对劳动者大军在我国政治、经济和文化生活中重要地位的认识，切实重视发挥职业教育和培训体系的重要作用，这是建设知识型、技能型、创新型劳动者大军的根本前提。科学把握，准确定位，注重内涵，深化改革，确保提高教育与培训的质量是完善职业教育和培训体系的核心任务。增加投入，优化布局，产教融合，校企合作，提升基础能力，实现治理能力现代化，是发挥职业教育和培训体系在建设知识型、技能型、创新型劳动者大军中重要作用的基本保证。在这一系列任务面前，职业教育和培训战线更应当振奋精神、坚定信心、勇于开拓、敢于担当，踏踏实实推进各项改革，在浓墨重彩书写好教育系统"奋进之笔"中做出"职教人"应有的贡献。

（载《中国职业技术教育》2017年第34期第12—17页）

# 京津冀职业教育协同发展政策文本研究

韩琼玉　李孔珍　高向杰

## 一、引言

京津冀职业教育协同发展对京津冀协同发展战略具有重要作用。近年来，国家层面和京津冀三地颁布了系列相关政策，在一定程度上推动了京津冀职业教育协同发展。但是，由于京津冀三地职业教育发展水平存在较大差距，在协同发展中还面临着共识度低、内部驱动不足、行政壁垒严重、缺乏健全体制机制等困境，需要有效的政策体系来保障。本研究通过对选定的政策文本进行分析，探讨京津冀三地职业教育协同发展政策文本的外在属性特征，发现京津冀三地政策发文的数量特征、变化趋势及政策发文单位特征等，以了解京津冀职业教育协同发展政策在发文时间和数量上的适宜性、协调性，各部门的参与度和政策效力如何。运用社会网络分析法对政策文本内容进行分析，探讨三地政策的关注点是否契合各自实际发展定位，以及三地间政策的关注点是否协同。同时，以罗思韦尔（Roy Rothwell）和泽格维尔德（Walter Zegveld）划分的"供给型、环境型和需求型"三种政策类型为分析框架，探讨京津冀职业教育协同发展政策中政策工具的运用情况、存在问题，最后提出相应的对策和建议。

## 二、样本选择与样本属性分析

### （一）样本选择

京津冀职业教育协同发展政策，包括国务院办公厅、教育部等中央机构颁布的与京津冀职业教育协同发展相关的法律、条例、规定、决定、办法、细则、意见、答复、纲要、通知等，以及京津冀三地省级政府及其直属教育、财政等部门颁布的相关战略规划、地方规范性文件、地方政府规章等。整理有关京津冀职业教育协同发展的政策发现，省级以下相关部门颁布的政策是对上级政府出台政策的具体贯彻落实，因此研究样本主要包括省级以上政府和部门出台的相关政策文件。经过搜集、整理、研读、剔除等过程，选出2010—2018年共69份相关政策文件，其中国家层面22份，北京市11份，天津市14份，河北省22份，保证了所选样本的全面性、代表性和准确性，并将这些政策文本的政策名称、发文时间、发文字号、发文单位的名称及其层级等进行了分类标注，形成了政策文本分析的基础材料。

### （二）样本属性分析

对2010—2018年国家层面和京津冀三地政府颁布的有关京津冀职业教育协同发展政策文本的属性进行计量分析。

从政策发文时间和数量看，大体上呈现出逐年增多的趋势。把政策发文数量和发文时间联合起来看，三地发文数量存在不均衡性。国家层面共有22份，且多为就人大会议建议的答复，政策类型单一，2017年发文最多；在京津冀三地层面，北京市相关政策文本总数为11个，2018年发文数量最多；天津市政策文本总数为14个，2016年发文数量最多；河北省政策文本数为22个，河北省发文数量总量最多，且主要集中在2017年。

从政策发文单位来看，京津冀职业教育协同发展政策颁布在整体上呈现出发文单位结构单一的特征，国家级和京津冀三地的政策发文机构主要是教育部门，占京津冀职业教育协同发展政策文本总数的69.57%，财政部、人力资源和社会保障部、农业部等其他相关部门参与度较低。（表1）

表1　京津冀职业教育协同发展政策发文单位来源统计

| | 国务院及省市级人民政府 | 教育部及教育厅/局（教育委员会） | 联合发布 | 备注：联合部门 |
|---|---|---|---|---|
| 国家 | 2 | 19 | 1 | 国家发展改革委、财政部、人力资源与社会保障部、农业部、国家扶贫办 |
| 北京 | 1 | 7 | 3 | 1. 中共北京市委教育工作委员会、北京市教育委员会、北京市人民政府教育督导室<br>2. 北京市教育委员会、北京市人力资源和社会保障局<br>3. 北京市教育委员会、北京市发展和改革委员会、北京市财政局、北京市人力资源和社会保障局、北京市人民政府教育督导室 |
| 天津 | 8 | 5 | 1 | 天津市教委、天津市财政局 |
| 河北 | 4 | 18 | 0 | 无 |

## 三、基于社会网络分析的京津冀职业教育协同发展政策文本分析

本研究运用社会网络分析方法，利用ROSTCM6统计软件提取京

津冀三地颁布的京津冀职业教育协同发展政策文本内容的高频词，并分析其所体现出的关注点的共性与差异；以高频词为"点"，利用社会网络分析软件UCINET分别构建京津冀三地的政策高频关键词网络，通过对网络规模的分析，探讨京津冀三地政策关注点范围的差异；进行关键词网络个体中心度的计算，分析京津冀三地政策分别关注的重点。

（一）京津冀三地高频词内容异同分析

本部分运用ROSTCM6统计软件获得京津冀三地分别颁布的京津冀职业教育协同发展政策高频词的统计结果，并把高频词中与职业教育有关的主要名词，包括"职业""教育""京津冀"等剔除，同时将"教委""人民政府""通知""意见"等对政策关注点无明显影响的词剔除，分别筛选出北京、天津和河北三地职业教育政策中前20位高频有效词（见表2）。

表2　京津冀职业教育协同发展政策前20个高频有效词汇统计

| 按词频排序 | 北京市 | | 天津市 | | 河北省 | |
|---|---|---|---|---|---|---|
| | 词　汇 | 词　频 | 词　汇 | 词　频 | 词　汇 | 词　频 |
| 1 | 发展 | 50 | 建设 | 100 | 发展 | 153 |
| 2 | 人才 | 27 | 发展 | 97 | 学校 | 74 |
| 3 | 服务 | 26 | 创新 | 63 | 协同 | 71 |
| 4 | 协同 | 24 | 改革 | 60 | 合作 | 58 |
| 5 | 培养 | 20 | 机制 | 54 | 院校 | 56 |
| 6 | 学校 | 19 | 院校 | 50 | 创新 | 52 |

| 按词频排序 | 北京市 | | 天津市 | | 河北省 | |
| :---: | :---: | :---: | :---: | :---: | :---: | :---: |
| | 词　汇 | 词　频 | 词　汇 | 词　频 | 词　汇 | 词　频 |
| 7 | 加强 | 16 | 学校 | 47 | 资金 | 46 |
| 8 | 首都 | 16 | 国家 | 44 | 人才 | 41 |
| 9 | 战略 | 15 | 协同 | 44 | 推进 | 38 |
| 10 | 计划 | 14 | 合作 | 43 | 建设 | 37 |
| 11 | 资源 | 14 | 人才 | 40 | 建立 | 37 |
| 12 | 改革 | 14 | 技能 | 40 | 开展 | 35 |
| 13 | 质量 | 14 | 推进 | 38 | 高等 | 35 |
| 14 | 教学 | 13 | 项目 | 38 | 培养 | 35 |
| 15 | 需求 | 13 | 建立 | 36 | 中等 | 34 |
| 16 | 合作 | 13 | 制度 | 35 | 交流 | 31 |
| 17 | 建设 | 13 | 资源 | 34 | 技术 | 30 |
| 18 | 院校 | 13 | 示范区 | 34 | 服务 | 30 |
| 19 | 提升 | 12 | 培养 | 34 | 计划 | 29 |
| 20 | 技能 | 11 | 服务 | 33 | 推动 | 29 |

京津冀三地政策关注点的内容存在共性。政策的高频词体现了政策的集中内容，在一定程度上体现了政策的关注点。在三地相关政策的高频词中"协同""发展"等词均位于前列，说明三地都将"协同发展"作为政策的关注点；高频词"学校"或"院校"位于河北省政策

高频词中的第二和第五位，北京市政策高频词的第六位，天津市政策高频词的第六和第七位，"人才""培养"均是京津冀三地的高频词，说明京津冀三地政策都关注到"职业学校（院校）"和"人才培养"在京津冀职业教育协同发展中的基础作用；天津市和河北省政策高频词中都出现了"创新"一词，分别在第三位和第六位，说明津冀两地政策都将"创新"作为关注点。可以看出，"协同发展""院校""人才培养"等词汇是三地政策共同的关注点，"创新"也受到津冀两地的较高关注，体现了京津冀对于职业教育协同发展有共同的追求，有利于形成协同发展的政策合力。

京津冀三地政策关注点的内容也存在区别。北京市政策高频词中"人才""服务"和"培养"出现频次较高，分别为27次、26次和20次，反映出北京市政策注重职业教育人才的培养，并强调"服务"的作用；天津市政策高频词中"建设""改革"和"机制"出现频次较高，分别为100次、60次和54次，反映出天津市政策对建设职业院校、职业教育培训基地等较高的关注度，并强调了改革和建立长效机制的重要性；河北省政策高频词中"合作""资金"和"人才"出现频次较高，分别为58次、46次和41次，反映出河北省政策更强调通过"合作"来实现京津冀职业教育协同发展，也反映出其对于资金和人才的需求度和重视度。京津冀三地政策关注点的不同在一定程度上有助于避免忽视、无视差异，导致最终的附属、依附发展，甚至两极发展。

京津冀三地政策关注点的集中性也存在差异。通过词频统计发现，北京市颁布的京津冀职业教育协同发展政策文本的关键词中词频在10次及以上的高频关键词有27个，其总频次为429次，平均频次约为16次，高频词析出需字数为13（每13个字出现一个频次为10次以上的高频词）；天津市颁布的京津冀职业教育协同发展政策文本高频词中词频在10次及以上的共有105个，其总频次为2323次，平均频次约为22次，高频词析出需字数为6；河北省颁布的京津冀职业教育协同发展政策文本高频词中词频在10次及以上的共有129个，总频次为2579次，平均频次约为20次，高频词析出需字数为6。比较而言，北京市政策关注点的集中性较低，天津市和河北省较高。

**（二）京津冀三地高频关键词网络规模比较分析**

将前文经过ROSTCM6软件所生成的高频词形成共现矩阵，导入UCINET社会网络分析软件中，构建高频关键词的可视化组织网络图（图略），显示了高频关键词间的连接方向和关系的紧密度，能够从总体上观察其网络规模和结构，政策的高频关键词及其之间的关系代表着政策中各个关注点及其之间的关系。

京津冀三地政策高频关键词的网络规模存在差别，北京市政策高频关键词网络中包含19个主体关键词，故其规模为19；天津市政策高频关键词的网络规模为30；河北省政策高频关键词网络规模为24。由于网络结构形成的前提是各个点之间形成相对稳定的关系，因此高频关键词网络规模越大，说明其高频关键词之间形成的相对稳定的关系越多，从而反映出政策关注点之间形成的关系越多，政策关注点的范围越大。由于高频关键词组织网络是由多项政策内容凝结出来的网络图，因此网络中存在的细微差异实际上意味着其背后的庞大政策内容的较大差异。

政策高频关键词网络规模的大小反映了政策关注点范围的大小，由此可知：北京市高频关键词网络规模较小，涵盖范围较为集中，政策关注点范围也较为集中；天津市高频关键词网络规模较大，涵盖范围较大，政策关注点范围较大；河北省高频关键词网络规模、涵盖范围和政策关注点范围均介于中间。

### （三）京津冀政策关键词的中心度与政策任务的比较分析

中心性分析是权衡组织网络中个体重要程度的重要指标，常表示为度数中心度（Degree Centrality）。某个节点的绝对中心度是指与此点进行直接连接的点的个数，某节点的相对中心度是指其绝对中心度与其他最大的可能的度数比。本部分使用 UCINET 的中心性分析功能进行计算，将三地具有明显共性的词汇"京津冀""职业教育""协同发展"等剔除，分别筛选出北京市、天津市、河北省颁布的京津冀职业教育协同发展政策关键词度数中心度较高的词汇。中心度越高的词汇表明与该词汇相互联系的关键词越多，其在所有的政策关注点中越重要，是该地区政策的关注重点。（见表3）

北京市颁布的京津冀职业教育协同发展政策关键词的绝对中心度最高的是"人才"，高达143，处于绝对中心地位；其次为"培养""技术"和"技能"，绝对中心度分别为81、66和65。这说明政策文本中与"人才"一词相联系的关键词最多，其在政策网络中最重要；"培养""技术""技能"三词的重要程度也较高，反映出北京市政策以"培养技术技能人才"为关注重点，这与北京市当前面临缺乏适应现代产业发展与外迁企业的职业教育人才的现实困境存在一致性，体现出政策的关注重点与其教育和社会发展需求相适应。

天津市颁布的京津冀职业教育协同发展政策关键词处于绝对中心地位的是"机制"，绝对中心度为18；其次是"建设""创新"和"改革"，绝对中心度分别为17、17和11，说明天津市政策以这几个词为关注重点。这与天津市协同发展的主要任务一致，即突出重点领域，

表3　京津冀职业教育协同发展政策部分有效关键词度数中心度

| 北京市 | | | | 天津市 | | | | 河北省 | | | |
| --- | --- | --- | --- | --- | --- | --- | --- | --- | --- | --- | --- |
| 词汇 | Degree | Nrm Degree | Share | 词汇 | Degree | Nrm Degree | Share | 词汇 | Degree | Nrm Degree | Share |
| 人才 | 143.000 | 3.533 | 0.104 | 机制 | 18.000 | 10.227 | 0.089 | 学校 | 16.000 | 8.939 | 0.079 |
| 培养 | 81.000 | 2.001 | 0.059 | 建设 | 17.000 | 9.659 | 0.084 | 开展 | 7.000 | 3.911 | 0.035 |
| 技术 | 66.000 | 1.630 | 0.048 | 创新 | 17.000 | 9.659 | 0.084 | 合作 | 7.000 | 3.911 | 0.035 |
| 技能 | 65.000 | 1.606 | 0.047 | 改革 | 11.000 | 6.250 | 0.054 | 创新 | 7.000 | 3.911 | 0.035 |
| 改革 | 60.000 | 1.482 | 0.044 | 合作 | 11.000 | 6.250 | 0.054 | 中等 | 6.000 | 3.352 | 0.030 |
| 服务 | 60.000 | 1.482 | 0.044 | 项目 | 9.000 | 5.114 | 0.045 | 推进 | 6.000 | 3.352 | 0.030 |
| 办学 | 42.000 | 1.038 | 0.031 | 深化 | 7.000 | 3.977 | 0.035 | 人才 | 6.000 | 3.352 | 0.030 |
| 战略 | 42.000 | 1.038 | 0.031 | 国家 | 7.000 | 3.977 | 0.035 | 办学 | 6.000 | 3.352 | 0.030 |
| 建设 | 41.000 | 1.013 | 0.030 | 天津 | 3.000 | 1.705 | 0.015 | 院校 | 5.000 | 2.793 | 0.025 |
| 需求 | 40.000 | 0.988 | 0.029 | 交流 | 3.000 | 1.705 | 0.015 | 质量 | 5.000 | 2.793 | 0.025 |
| 学校 | 22.000 | 0.543 | 0.016 | 企业 | 3.000 | 1.705 | 0.015 | 我省 | 5.000 | 2.793 | 0.025 |
| 水平 | 19.000 | 0.469 | 0.014 | 推进 | 3.000 | 1.705 | 0.015 | 提升 | 4.000 | 2.235 | 0.020 |
| 现代 | 19.000 | 0.469 | 0.014 | 院校 | 3.000 | 1.705 | 0.015 | 建设 | 4.000 | 2.235 | 0.020 |
| 提高 | 18.000 | 0.445 | 0.013 | 加强 | 3.000 | 1.705 | 0.015 | 加强 | 4.000 | 2.235 | 0.020 |
| 资源 | 9.000 | 0.222 | 0.007 | 人才 | 2.000 | 1.136 | 0.010 | 培养 | 3.000 | 1.676 | 0.015 |

注：表中，Degree 为绝对中心度，Nrm Degree 为相对中心度，Share 为份额。

构建和完善京津冀协同发展重点领域的产教对接平台，形成京津冀协同发展职业教育对话交流合作机制、项目协同创新机制、校企合作联动机制，建立共研、共建、共享、共用、共赢的协同机制和交流平台，推动环渤海职业教育协同发展。还与其进行职业教育发展的基本目标"到2020年高水平建设国家现代职业教育改革创新示范区"一致性强。

河北省颁布的京津冀职业教育协同发展政策关键词处于绝对中心地位的是"学校"，绝对中心度为16；其次是"开展""合作"和"创新"，绝对中心度均为7，故其政策以这几个词为关注重点。这与河北省进行职业教育协同发展的主要任务一致，即积极推动京津冀三地间的职业教育合作与交流：推动三地优质职业院校间的共建共享，展开多种形式的合作办学；探索开展中高职衔接试点、校长和干部层的交流挂职以及专业教师的交流工作；鼓励多主体与职业院校共同组建跨区域的职业教育集团、专业教学联盟等。

京津冀三地政策文本关键词网络个体中心性反映出三地在各自关注范围内最根本的关注重点。将京津冀三地政策关注重点分别与其各自发展的主要任务、目标、现实困境进行对比，发现一致性较强，同时回应了现实需求，是根据实际情况认真考量的结果。

## 四、政策工具视角下京津冀职业教育协同发展政策文本分析

### （一）政策分析单元的确定和编码

对2010—2018年京津冀三地省级政府及其直属教育、财务等部门出台的有关京津冀职业教育协同发展的政策文本，采用统一编码的人工编码方式，将政策文本内容中与政策工具运用有关的内容条文编码为不同的分析单元。为了确保编码的准确和科学，在编码和分类过程

中对类目设置多次修订和重复评判，取得了可以接受的信度。从47个政策文本中随机抽取10个文本，发现8份政策文本的编码结果是相同的，其平均相互同意度是0.8，信度是0.89，故具有较高的可靠性。

### （二）政策工具的类型

罗思韦尔和泽格维尔德在《工业创新和公共政策：为20世纪80年代和90年代做准备》（Industrial Innovation and Public Policy: Preparing for the 1980s and the 1990s）中提出，供给型政策工具主要是指政府提供资金、人才、信息、技术等资源保障，起到一种直接推动作用。需求型政策工具强调政府通过刺激市场繁荣或是培育新兴市场，降低市场进入门槛，引导社会资源的参与，与政府形成合力，起到一种直接拉动作用。环境型政策工具则是通过创设外部环境条件和配套设施，提供环境支撑，起到间接影响作用。依据这一政策类型划分方式，经过全面衡量政策产生的影响，并结合实际，归纳了三种政策工具的子类型。

供给型政策工具子类型包含七个方面：一是人才培养，指拓宽人才培育渠道，深化培养模式改革，加强人才交流互动；二是资金投入，指对京津冀职业教育协同发展的资金拨付，包括对各方面提供的"直接投入""专项资金""资金补助"等；三是基地建设，指对职业教育实训基地、实习基地和教育园区进行建设；四是科技支持，指加强职业教育的科技现代化水平，并使职业教育与区域发展的科技服务对接；五是教学改革，指创新职业教育课程教学内容，开展京津冀产学研合作；六是优化结构，指优化区域内各级各类职业教育结构布局，形成高度契合产业布局的职业教育；七是整合资源，指通过搬迁、办分校、合并、协同办学、托管等形式对职业教育资源进行整合与优化，并积极推动现代职业教育集团和示范校建立。需求型政策工具子类型包含两个方面：一是政府购买政策，指政府引导企业、教育机构及其他社会组织参与京津冀职业教育协同发展；二是海外交流，指踊跃引进海外的先进经验和资源来提高京津冀职业教育国际化的水平，加强与海外知名职业院校的合作与交流。环境型政策工具子类型包括四个方面：一是目标规划，指对京津冀职业教育协同发展的各个方面做出统筹的目标规划或行动计划；二是规范管理，指通过对相关机制的完善以达到规范管理的政策；三是金融支持，指鼓励各种力量对京津冀职业教育协同发展进行投资，为其提供金融支撑；四是策略性措施，指为实现既定目标而采取的有针对性措施，如举办全国性职业院校技能大赛、国际论坛等。

（三）京津冀三地政策工具的统计分析

基于以上对政策工具的分类，将政策文本的分析单元进行分类统计，最终得到编码表4、表5、表6和表7。

北京市政策工具的运用情况如表4所示：供给型政策工具的运用较普遍，占政策总数量的78.26%；环境型政策工具占比17.39%；最少的是需求型政策工具，占比4.35%。供给型政策工具子类型中的人才培养、优化结构较多，均占全部政策数量的26.09%；其次是整合资源（21.74%），再次是基地建设（4.35%），可见北京市京津冀职业教育协同发展政策工具以供给型为主，注重对人才、基地等方面的直接支持，通过结构优化和资源整合为京津冀职业教育协同发展提供直接动力；资金投入、科技支持和教学改革方面欠缺。需求型政策工具运用较少，仅包含一个海外交流的政策工具，占比为4.35%，对京津冀职业教育协同发展的拉力不强；环境型政策工具也比较少，子类型中规范管理

表4　北京市政策工具运用编码统计表

| 政策工具类型 | 工具名称 | 条文编码 | 小计 | 百分比（％） | 总占比（％） |
|---|---|---|---|---|---|
| 供给型 | 资金投入 | | 0 | 0.00 | 78.26 |
| | 人才培养 | 2-4，3-1，5-2，6-1，7-2，8-1 | 6 | 26.09 | |
| | 基地建设 | 1-2 | 1 | 4.35 | |
| | 科技支持 | | 0 | 0.00 | |
| | 教学改革 | | 0 | 0.00 | |
| | 优化结构 | 2-5，4-1，6-2，9-1，11-1，11-2 | 6 | 26.09 | |
| | 整合资源 | 1-3，2-2，2-3，5-1，5-3 | 5 | 21.74 | |
| 需求型 | 海外交流 | 7-1 | 1 | 4.35 | 4.35 |
| | 政府购买 | | 0 | 0.00 | |
| 环境型 | 目标规划 | 2-1， | 1 | 4.35 | 17.39 |
| | 规范管理 | 1-1，6-3，10-1 | 3 | 13.04 | |
| | 金融支持 | | 0 | 0.00 | |
| | 策略性措施 | | 0 | 0.00 | |
| | 总　　计 | | 23 | 100.00 | 100 |

占比为13.04%，目标规划占比为4.35%，金融支持、策略性措施欠缺，总体上对协同发展的影响作用不明显。

天津市政策工具的运用情况如表5所示。环境型政策工具运用最

表5  天津市政策工具运用编码统计表

| 政策工具类型 | 工具名称 | 条文编码 | 小计 | 百分比（%） | 总占比（%） |
|---|---|---|---|---|---|
| 供给型 | 资金投入 | | 0 | 0.00 | 40.58 |
| | 人才培养 | 13-3，14-3，14-4，14-5，18-1，19-13，19-14， | 7 | 10.14 | |
| | 基地建设 | 12-3，12-4，15-4，15-2，15-7，16-1，19-2，21-1，21-4，21-2，21-7，22-1，23-2 | 13 | 18.84 | |
| | 科技支持 | 12-2 | 1 | 1.45 | |
| | 教学改革 | 20-1 | 1 | 1.45 | |
| | 优化结构 | 12-5 | 1 | 1.45 | |
| | 整合资源 | 13-2，14-2，15-3，15-5，16-3 | 5 | 7.25 | |
| 需求型 | 海外交流 | 12-1，18-2，19-12，22-2 | 4 | 5.80 | 8.7 |
| | 政府购买 | 18-3，25-1 | 2 | 2.90 | |
| 环境型 | 目标规划 | 14-1，23-1，24-1 | 3 | 4.35 | 50.73 |
| | 规范管理 | 12-6，13-1，15-1，16-2，19-1，17-1，19-3，19-4，19-5，19-6，19-7，19-8，19-9，19-10，19-11，19-15，19-16，19-17，19-18，19-19，19-20，19-21，19-22，21-5，22-3 | 25 | 36.23 | |
| | 金融支持 | 21-3，21-6 | 2 | 2.90 | |
| | 策略性措施 | 12-7，15-6，18-4，21-8，23-3 | 5 | 7.25 | |
| 总　　计 | | | 69 | 100.00 | 100 |

多，占政策总数量的50.73%，其政策工具子类型中规范管理政策工具占36.23%，金融支持、目标规划和策略性措施等方面明显不足。供给型政策工具占政策总数量的40.58%。其中，基地建设最多，占比18.84%，其次是人才培养（10.14%）、整合资源（7.25%），科技支持、教学改革和优化结构占比均为1.45%，说明天津市对京津冀职业教育协同发展的支持多体现在职业教育基地建设、人才培养和整合资源方面，而对科技支持、教学改革和优化结构政策工具的运用较少，在资金投入方面尤为不足。需求型政策工具占比8.7%，在三类政策工具中占比最少，其中海外交流政策工具占比5.80%，其次是政府购买（2.90%），表现出天津市政策注重为协同发展提供直接推动力和良好的环境，但拉力不足。

河北省政策工具的运用情况如表6所示：供给型政策工具运用最多，占政策总量的63.01%。其中，整合资源占比为19.18%，其次是人才培养（15.07%），然后依次是资金投入（9.59%）、优化结构（8.22%）和基地建设（6.85%）；另外，教学改革占2.74%，科技支持占1.73%。可见，河北省更注重对京津冀职业教育资源整合和人才培养以满足自身诉求，而在资金投入、优化结构、基地建设、教学改革和科技支持方面关注有限。环境型政策工具占政策总量的28.77%。其中，规范管理政策工具占比16.44%，目标规划占比10.96%，策略性措施较少（1.37%），缺乏金融支持。需求型政策工具运用最少，占比8.22%，以政府购买（6.85%）为主，海外交流政策工具运用不足。这说明河北省对职业教育协同发展的直接推动力较强，但环境影响力和提供的拉力较弱。

表6　河北省政策工具运用编码统计表

| 政策工具类型 | 工具名称 | 条文编码 | 小计 | 百分比（%） | 总占比（%） |
|---|---|---|---|---|---|
| 供给型 | 资金投入 | 30-3，33-4，36-2，38-1，41-2，42-1，43-1 | 7 | 9.59 | 63.01 |
| | 人才培养 | 26-3，26-4，27-2，27-3，27-4，29-3，39-1，39-3，44-1，45-4，46-3 | 11 | 15.07 | |
| | 基地建设 | 27-9，28-2，29-1，46-2，46-4 | 5 | 6.85 | |
| | 科技支持 | 39-6 | 1 | 1.37 | |
| | 教学改革 | 27-6，40-1 | 2 | 2.74 | |
| | 优化结构 | 27-8，30-1，31-1，31-2，33-3，46-1 | 6 | 8.22 | |
| | 整合资源 | 26-2，26-5，27-11，27-10，30-2，32-1，33-2，32-5，34-1，35-1，38-3，39-5，39-2，45-3 | 14 | 19.18 | |
| 需求型 | 海外交流 | 26-1 | 1 | 1.37 | 8.22 |
| | 政府购买 | 27-7，39-4，40-2，40-3，46-5 | 5 | 6.85 | |
| 环境型 | 目标规划 | 27-1，36-1，37-1，41-1，42-2，45-1，45-2，47-1 | 8 | 10.96 | 28.77 |
| | 规范管理 | 27-5，27-12，29-2，28-1，32-2，32-3，32-4，32-6，33-1，39-8，39-7，38-2， | 12 | 16.44 | |
| | 金融支持 | | 0 | 0.00 | |
| | 策略性措施 | 27-13 | 1 | 1.37 | |
| 总　　计 | | | 73 | 100.00 | 100 |

## （四）三地政策工具的比较分析

对京津冀三类政策工具运用情况的比较分析和京津冀三地政策工具的比较分析，有利于更为深入地认识三地政策工具运用情况。如表7所示。

表7　京津冀职业教育协同发展政策工具编码统计表

| 政策工具类型 | 工具名称 | 北京市 | 天津市 | 河北省 | 所占比例（%） | 所占比例（%） |
|---|---|---|---|---|---|---|
| 供给型 | 资金投入 | 0 | 0 | 7 | 4.24 | 55.77 |
| | 人才培养 | 6 | 7 | 11 | 14.55 | |
| | 基地建设 | 1 | 13 | 5 | 11.52 | |
| | 科技支持 | 0 | 1 | 1 | 1.21 | |
| | 教学改革 | 0 | 1 | 2 | 1.82 | |
| | 优化结构 | 6 | 1 | 6 | 7.88 | |
| | 整合资源 | 5 | 5 | 14 | 14.55 | |
| 小计 | 数量 | 18 | 28 | 46 | | |
| | 百分比（%） | 19.57 | 30.43 | 50 | | |
| 需求型 | 海外交流 | 1 | 4 | 1 | 3.64 | 7.88 |
| | 政府购买 | 0 | 2 | 5 | 4.24 | |
| 小计 | 数量 | 1 | 6 | 6 | | |
| | 百分比（%） | 7.69 | 46.15 | 46.15 | | |
| 环境型 | 目标规划 | 1 | 3 | 8 | 7.27 | 36.36 |

| 政策工具类型 | 工具名称 | 北京市 | 天津市 | 河北省 | 所占比例（%） | 所占比例（%） |
|---|---|---|---|---|---|---|
| 环境型 | 规范管理 | 3 | 25 | 12 | 24.24 | 36.36 |
| | 金融支持 | 0 | 2 | 0 | 1.21 | |
| | 策略性措施 | 0 | 5 | 1 | 3.64 | |
| 小计 | 数量 | 4 | 35 | 21 | | |
| | 百分比（%） | 6.67 | 58.33 | 35 | | |
| 总　　计 | | 23 | 69 | 73 | 100.00 | 100.00 |

## 1．京津冀三类政策工具运用情况比较分析

总体而言，供给型政策工具（55.77%）最多，然后是环境型政策工具（36.36%），需求型政策工具（7.88%）最少。供给型政策工具中，以人才培养（14.55%）、整合资源（14.55%）和基地建设（11.52%）为主，优化结构（7.88%）和资金投入（4.24%）为辅，科技支持（1.21%）和教学改革（1.82%）偏少。对资金、科技和教学等方面的关注较少有可能导致在京津冀职业教育协同发展过程中因这些方面的保障力度较小而难以实现突破。在需求型政策工具运用上，海外交流（3.64%）和政府购买（4.24%）两项政策工具运用都比较少，且仅有这两种需求型的政策工具，较为单一，从整体上反映出政策对京津冀职业教育协同发展的拉力不足。环境型政策工具方面，规范管理政策工具较多，占总数量的24.24%；其次是目标规划政策（7.27%）；而策略性措施（3.64%）和金融支持（1.21%）的政策工具运用都很少，不

利于创设稳定而良好的协同发展政策环境。总之，不同类型的政策工具分布上存在不均衡性，京津冀职业教育协同发展政策呈现出政策直接推动力较强、环境支撑力适中、拉力不足的状态。

2．京津冀三地政策工具运用情况比较分析

河北省运用的政策工具子类型在数量上最多，有73个，占政策工具总数量的44.24%；其次是天津市，数量是69个，占比41.82%；而北京市的政策工具数量为23个，占比13.94%。在供给型政策工具上，河北省运用了46个，占比50%；天津市和北京市分别运用了28个和18个，占比分别是30.43%和19.57%。虽然，河北省在京津冀三地职业教育发展程度上相对迟缓，但其加快了发展的步伐，加强了政策供给，尤其在资金投入方面表现出很大的支持力度，而北京市和天津市政策中对资金的支持则有限。在人才培养和整合资源方面，河北省表现出很高积极性；而天津市除在基地建设政策工具的运用上关注较强外，其他供给型政策工具运用较少，体现了政府对建设职业教育基地的政策倾斜；北京市供给型政策工具子类型的政策工具运用较少。在需求型政策工具方面，京津冀三地均较少，北京市为1个，占比7.69%；天津市和河北省均是6个，占比46.15%。在政策工具子类型方面，天津市在政府购买政策工具的运用上有欠缺，河北省缺少海外交流政策工具的运用，北京市在这两方面均有限，因此京津冀三地均应积极引导其他力量参与京津冀职业教育协同发展，并加强京津冀职业教育的对外开放程度，提升职业教育的国际化水平。在环境型政策工具上，天津市运用的政策工具数量为35个，占比58.33%，河北省21个（35%），北京市4个（6.67%）。天津市表现出对改善环境以间接影响京津冀职业教育协同发展的重视。在政策工具子类型中，天津市对规范管理政策工具运用的数量比京冀两地要多，对职业教育环境的规范和管理关注更强。河北省在金融支持和策略性措施政策工具运用上略有欠缺，但在目标规划政策工具方面的力度较大，反映出政府比较关注对职业教育的整体布局。北京市在环境型政策工具中各个子类型政策工具的运用都稍显欠缺。

（五）政策工具的问题分析

一是京津冀职业教育协同发展政策工具总体上运用不协调。

京津冀职业教育协同发展政策工具的运用整体上表现为，以供给型政策工具（55.77%）为主，需求型政策工具（7.88%）较少，环境型政策工具（36.36%）总量介于中间，可见政策直接推动力较强，环境支撑力适中，拉力严重不足。而且，整体政策工具的内在组成不协调，供给型政策工具中多关注对职业教育的人才培养、资源整合、基地建造，对优化结构、资金投入、科技支持和教学改革政策工具运用较少，如在三地如何协调经费投入和是否选用统一教材等方面缺乏引导与规范，在遇到困难时没有相应政策的指导，导致利益相关者常常在揣度前进的边界，在这个过程中造成了一定的效率损失。环境型政策工具方面的策略性措施和金融支持政策工具运用较少，需求型政策工具方面的海外交流和政府购买政策工具运用也不足。

二是京津冀三地之间政策工具运用不协调。

在供给型政策工具的运用上，北京市占比19.57%，天津市占比30.43%，河北省占比50%。河北省为加快发展步伐，注重增强供给、补足资金、强化人才培养和资源整合，北京市和天津市对这些方面政策工具子类型的运用则稍显不足，难以与河北省政策焕发出的直接推动力相协调。基地建设方面，天津市体现了较大的政策倾斜，京冀的政策供给力度则稍显不足。另外，在优化结构等供给型政策工具子类型的运用方面，京津冀三地也没有体现出很好的协调性。在需求型政策工具运用方面，京津冀三地均运用较少，没有体现出强劲的拉力；在环境型政策工具运用上，天津市（58.33%）运用较多，河北省（35%）介于中间，北京市（6.67%）则较少。

三是京津冀三地各自内部的政策工具运用不协调。

北京市供给型政策工具（78.26%）较多，环境型政策工具（17.39%）和需求型政策工具（4.35%）占比较少。运用的人才培养、优化结构、整合资源和规范管理等政策工具较多，在基地建设、资金投入、科技支持、教学改革、海外交流、政府购买、目标规划、金融支持和策略性措施等方面的政策工具稍显不足。天津市的环境型政策工具（50.73%）、供给型政策工具（40.58%）占比较多，需求型政策工具（8.7%）占比较少。以基地建设、人才培养、规范管理等政策工具为主，整合资源、科技支持、教学改革、优化结构、资金投入、海外交流、政府购买、目标规划、策略性措施和金融支持等政策工具运用略少。河北省的供给型政策工具（63.01%）占比较多，环境型的政策工具（28.77%）次之，而需求型政策工具只占8.22%。以整合资源、人才培养、规范管理和目标规划等政策工具为主，在资金投入、优化结构、基地建设、教学改革、科技支持、政府购买、海外交流、金融支持和策略性措施等方面稍显不足。

## 五、相关建议

### （一）完善政策体系

一是健全政策体系，制定京津冀职业教育协同发展的纲领性和法规性政策和法规，如出台与完善经费投入政策、税收支持政策、就业与用人的保障政策等各项配套政策。二是提高政策的强制约束性，对答复类政策内容进行充分分析和完备整理，使其体现在规范性政策中，并制定细则规定，提高政策可执行性。三是增强京津冀三地颁布政策的统筹性，推动国家层面颁布统一规范性政策，国家和京津冀三地颁布的政策应避免过于空泛，增强政策发文目的、内容和意义的指向性和针对性，提高政策的明确性和可执行性。

（二）协调三地政策

由于京津冀三地职业教育发展程度不同、面临问题不同，三地相关政策多以本地发展为主，协同性政策不足，影响职业教育协同发展的进程。因此，京津冀三地在制定政策时要从促进三地职业教育协同发展的角度，增强政策的统筹协调性，由相关职能部门做好三地政策颁布前的规划与协调，增强协同政策的广度和深度；京津冀三地制定政策时既要以国家颁布的政策为指导，体现政策的纵向顺承，又要发挥积极主动性，制定切合本地实际、具有发展性、利于三地协同的政策文件；三地政策关注重点的确定与调整，要结合职业教育协同发展的任务和目标，在协调政策关注重点的同时，也要协调政策的各个关注点的联系，提高政策关注点的集中性，为协同发展创设稳定统一的政策环境，形成政策合力。

（三）加强政策工具的协调性

京津冀职业教育协同发展政策需总体强化政策工具的运用。整体上继续加强供给型政策工具运用，优化内部结构，加大资金投入工具的运用，对京津冀三地之间财政投入的协调与分配进行科学的政策规划，加强对科技、教学改革方面的政策支持以加强政策推动力。着力加大对需求型政策工具的重视，强化对京津冀职业院校与海外进行交流的政策支持，并着重加大政府购买力度，激发社会力量的活力，对职业教育协同发展过程中做出利益牺牲的地区给予合理补贴，积极发挥需求型政策工具的拉力。强化环境型政策工具的运用，积极鼓励金融产品及服务支持京津冀职业教育协同发展，同时要多颁布针对性的策略性措施，增强政策环境支撑力，突破当前京津冀职业教育协同发展内驱力和吸引力不足的困境。

（载《职业技术教育》2021年第18期第53—60页）

# 高等教育、终身学习

# 新时代中国高等教育结构调整的战略研究

高书国　李捷

教育进入新时代，标志着我国教育从大到强，进入建设教育强国的新时代、教育服务于经济高质量发展的新时代、全国人民享受世界水平现代化教育的新时代、教育走向世界舞台中央的新时代。2018年中国高等教育毛入学率达到48.1%，中国即将进入高等教育普及化时代，高等教育地方化趋势更加明显，新兴城市兴起对于高等教育布局结构调整的需求更加强烈，"双一流"建设对于高等教育层次结构提升的要求也更加迫切。在2018年9月10日召开的全国教育大会上，习近平总书记强调指出，要对加快推进教育现代化、建设教育强国做出总体部署和战略设计。因此，在进入建设教育强国的新时代，在即将基本实现教育现代化的背景下，伴随着城镇化和高等教育普及化的推进，探讨我国高等教育结构调整的总体目标和战略思路具有十分重要的意义。

## 一、新时代中国高等教育结构调整的机遇与挑战

教育结构是教育体系的结构性框架，是教育存在样态和结构类型的总和。高等教育结构包括布局结构、层次结构、类型结构和专业结构等诸方面。目前，我国已经成为名副其实的高等教育大国，但高等教育大而不强，传统的高等教育结构受到国家产业布局、区域经济布

局和区域文化优势的影响，缺乏对人口规模和区域均衡发展的考量。《中国教育现代化2035》提出要"建成中国特色、世界一流的高等教育体系，高等教育普及程度达到发达国家水平"。面对建设教育强国的总体部署和战略设计的要求，我们应该，也必须对高等教育结构调整面临的动力与阻力进行具有战略意义的重新思考。

**（一）经济高质量发展是高等教育结构调整的产业动力**

当前，我国已进入全面建成小康社会决胜阶段，中国经济正在由高速增长阶段转向高质量发展阶段。在国家持续实施科教兴国战略人才强国战略、创新驱动发展战略、区域协调发展战略的背景下，未来10～15年，中国依然是世界经济最重要的增长极和发展最快的国家。随着经济社会发展的转型升级与国家创新驱动发展战略的实施，我国经济将保持中高速发展，产业将迈向中高端水平，先进制造业将加快发展，服务业比重将持续提升，新产业、新业态将持续成长，科技进步将不断加快，创新能力和竞争能力将进一步提升；人民生活水平和生活质量会不断提高，中等收入人口规模比例会持续扩大，消费水平和消费质量也会得到提升。"一带一路"倡议以及京津冀、长江经济带、粤港澳大湾区等国家区域协同发展战略，更是引领区域经济协调和高质量发展的强劲引擎。

国家经济高质量的发展迫切要求高等教育适应区域产业结构布局，顺应当前全球范围内知识创新速度加快、科技变革加剧的发展态势，调整类型结构，优化布局结构，提升区域经济创新能力，培养新时代需要的、能够更好适应经济社会发展的高质量人才，将教育人口覆盖面优势转化为高素质人才竞争力优势，为全面建成小康社会提供数量足够的高层次人才和持续不断的创新动力。

### （二）区域发展不均衡是高等教育结构调整的板块推力

区域人口、空间和布局结构是高等学校布局结构的重要载体，区域结构与高等学校布局结构互相作用。长期以来，政策资源、财政资源、人才资源供给不平衡、不充分，严重制约着中西部高等教育发展，造成我国高校空间布局结构不平衡，呈现东部经济发达地区资源密集、中西部稀疏的"东高西低"格局。高等教育资源空间配置在东、中部省会城市较为均衡，而在西部，除昆明、西安等几个城市外，其他省会城市高校数量较少。在高等教育资源向地级市的扩散中，西部地级市高校的发展与东、中部相比较为缓慢，办学资源存在严重的区域失衡现象。区域之间优质的高等教育资源也呈现一定的不平衡：在2017年9月入选"双一流"建设的高校中，东部87所，占绝对优势，而中西部共有53所；入选"一流学科"的高校数在区域间差距更为悬殊，东、中和西部高校入选学科数分别为331个、83个和51个。从近年我国内地高校进入世界大学四大排行榜的情况来看，西部高校不仅数量稀少，且进入世界大学排行榜的均位于300名以后。

高校资源的匮乏带来区域人才资源的层次差别，以每十万人口在校大学生数来测算，2017年全国平均每十万人口在校大学生达2642人，东部平均为3003人，中部平均为2580人，西部平均为2243人。省、市之间的比较中，北京市在全国居首，每十万人口有在校大学生5300人，青海省最少，仅有1391人。高端人才的配置也呈现出区域发展的不平衡。以"长江学者"为例，截至2016年，东部高校入选教师占全国高校入选"长江学者"总人数的67.48%，北京大学、清华大学等一些部属院校入选者更是超过250人，而西部地区有的重点高校入选仅三四人。我国高等教育资源分布的不均衡不利于我国区域协调发展战略的实施。优化高等教育区域结构，缩小地区差距，已成为新时代高等教育结构调整的现实紧迫任务。

### （三）高等教育普及化是高等教育结构调整的内在驱力

高等教育普及化是一种世界趋势，也是国家教育发展水平的重要标志。从精英化到大众化，再到普及化，高等教育普及水平越高，与之相适应的高等教育体系结构越优化，制度就越加成熟，地方经济文化功能也就越加明显。普及化的重要指标是高等教育毛入学率，其与学龄人口规模呈反比例关系。中国正处于人口结构的快速调整变化时期，从2015年到2035年，0～14岁人口占总体人口的比例将下降2.13个百分点（2015年为2.27亿人，2035年预测为2.06亿人）。2015年平均每个年龄有1621万人左右，随着"二胎"政策的全面实施，2016年新生人口数量为1786万，2017年为1723万，所以未来每年新生人口数量将维持在1700万～1800万，未来的高等教育招生规模大体可以按照此人数规模加以计划。学龄人口规模相对稳定，并有小幅下降，这有利于高等教育实现普及化。

根据对未来高等教育毛入学率和高等教育入学人口的预测，我们可推算出我国高等教育普及化进程：2020年高等教育毛入学率达到50%，实现高等教育普及化，全国人口中受过高等教育的人口规模超过1.2亿；2025年，高等教育毛入学率达到55%，高等教育普及化水平进一步提高，全国人口中受过高等教育的人口规模达到1.5亿；2030年高等教育毛入学率接近或达到60%，高等教育进入高水平普及化发展阶段，人均受教育年限达到11.90年，劳动力人口中受过高等教育的比例达到35%左右；2035年高等教育毛入学率稳定在60%～65%，高等教育普及化成果得以巩固，劳动力人口中受过高等教育的比例进一步提升。[①]

伴随着高等教育普及化进程的推进，我国高等教育重心将会逐渐下移，普及化阶段的高等教育布局结构更加凸显现代化、地方化的特点。随着高等教育的地方化发展，高等教育将更贴近民众，能更有力地服务于地级市、县（区）域产业结构转型升级，满足区域经济发展对高等教育的需求；也可以有效地改变高等院校过分集中在省会城市和直辖市的布局状况，在获得更为宽阔办学空间的同时，促进高等教育在城市间的均衡布局。目前，经济发达地区的一些地级市，甚至县（区）正逐步成为新建高校的集聚地。高等教育的普及化与地方化正共同驱动我国高等教育结构优化调整。

**（四）新兴城市快速发展是高等教育结构调整的外部拉力**

城市是国家现代化的先行者，城市发展中人口的聚集和流动、产业的集聚和升级，都会对高等教育布局调整产生较大影响。2017年，全国有663个城市。随着经济发展、产业布局变化和城市综合实力的提升，中国城市的区域影响力持续扩大。目前，中国许多城市经济实力已经相当于一个国家，如上海经济实力相当于泰国，青岛相当于卡塔尔，烟台相当于安哥拉。《华尔街见闻》整理的2016年中国部分城市生产总值数据表明，中国顶级城市的经济体量和一些国家平起平坐。当一个城市"富可敌国"的时候，其经济增长、生产要素、社会结构和人民群众对教育的需求都将发生根本性的变化。发达国家的经验表明，城市化程度越高，对高等教育发展的要求就越迫切，高品质的城市需要高品质的教育。

---

① 参见教育部教育发展研究中心"教育结构调整战略问题研究"课题组相关资料。

进入"十三五"以来，尤其是在"双一流"建设的推动下，我国优质高等教育资源开始向经济发达区域聚集。以深圳和青岛为代表的一些经济发达城市，依托地理、经济、政策等优势，高强度吸纳优质高等教育资源，调优调强高等教育结构，以创新方式实现了城市高等教育发展新格局。未来，更多经济实力雄厚的城市将展开引进优质高等教育资源的竞争，我国将会形成一批新的高等教育区域中心。

同时，伴随着城镇化的深入推进，人口向城市不断聚集，我国的一些经济不是很发达的地级城市也在不断兴起壮大。新兴城市的发展必然要求高等教育为其提升核心竞争力、完善城市功能和提高城市文化品质培养出更多的区域高层次人才。但是，在经历了1953年、1965年、1998年和2010年几次高等教育结构调整后，目前我国高等学校布局中，优质高等教育资源大部分集中在传统的行政中心或经济中心城市和地区。在一些转移人口数量比较多的城市，高等教育的发展水平较低，高等教育规模与经济发展不相协调，城市发展缺乏高等教育足够的智力服务与科技创新支撑。2017年，全国平均每52万人口拥有一所普通高等学校，这在宏观上相对合理，但是从微观上分析，许多新兴城市拥有的高校数量与人口规模不相匹配。《中国城市统计年鉴2017》相关数据显示，在一些人口超过千万、规模相当于一个欧洲小国的新兴城市，平均几百万人口才拥有一所高等学校。例如：周口市总人口为1259万，有3所高等院校；临沂市总人口为1124万，有3所高等院校；邯郸市总人口约1051万，有5所高等院校；阜阳市总人口约1062万，有6所高等院校。还有一些城市辖区内只有一所普通高等院校，远远不能满足区域经济和社会发展需要，如玉林市（771万人）、揭阳市（697万人）、渭南市（557万人）、梅州市（551万人）、绥化市

（540 万人）、濮阳市（433 万人）等。从新兴城市的发展趋势和需求分析，现有的高等教育结构难以适应和满足需要。未来十几年，在快速推进城镇化的进程中，我国城市和城市群的增长必然要求区域高等教育进行体系创新、重构，补齐城市高等教育资源短缺的短板，形成具有新兴城市特色的高等教育布局。

（五）"两级管理、两级办学"局限性是高等教育结构调整的体制压力

高等教育管理体制是国家教育体系和政策的重要方面，对教育，特别是高等教育发展发挥着重要的制度支撑和政策保障作用。经过多年的发展，我国高等教育体制基本上形成了国家统一领导、两级管理，以省级统筹为主的体制。随着高等教育大众化和普及化的发展，现有的办学体制和管理体制已不相适应，省级政府管理权限过于集中，例如，江苏、广东、河北、浙江、四川等12个省份管理的高等学校数量超过100所，管理幅度、管理难度和财政支撑力度不断增大。

同时，随着地方经济实力的增长、社会发展需求的增加和中心城市的兴起，市级政府对发展高等教育的需求越来越迫切，传统的"两级管理"体制逐渐成为制约。我国大部分省份的高等教育条例是20世纪90年代中期制定的，其中有些省份制定了有关"三级管理"的文件，但因没有具体的配套政策而难以实施。市级政府虽然拥有综合进行土地、财税、金融等资源有效配置的保障条件，也拥有持续扩大高等教育规模与提升高等教育水平的内在动力，但目前的管理体制还无法给予城市在高等教育地方统筹中更多的权限，无法为高等教育结构调整提供更有利的制度环境，新兴城市经济社会发展与传统高等教育布局结构之间发展不平衡、不充分的矛盾愈加尖锐。在提升高校治理

能力、落实高校办学自主权过程中，政府过多干预始终是需要破解的难题。我们必须探索和改变原有的高等教育管理体制和办学体制，下移管理重心、下放管理权力。

## 二、新时代中国高等教育结构调整的思路与战略目标

新时代，高等教育发展在区域、城乡布局，层次结构，学科结构等方面存在着不平衡和不充分的矛盾，直接影响到我国高等教育的质量。《中国高等教育质量报告（2016年度）》预计，到2019年，高等教育毛入学率将达到50%以上，这意味着我国高等教育将完成从大众化教育向普及化教育的过渡，基本解决"有学上"的问题，而"上好学"的需求却日渐凸显。党的十九大制定了我国决胜全面建成小康社会的总体发展要求，着眼于"两个一百年"奋斗目标，我们应紧紧把握新时代我国社会主要矛盾，以实现国家教育现代化和建设高等教育强国为引领，坚持实施科教兴国战略和人才强国战略，对未来高等教育结构调整进行战略规划和总体设计。

高等教育结构调整是建设高等教育强国的基础性工程，针对高等教育结构不平衡、不充分的突出问题，未来高等教育结构调整的基本思路如下：更加紧密地结合区域经济发展需要和人口结构变化需求，努力适应高等教育普及化时代的新特点，以区域产业布局为依托，以人口布局为主要依据，实现从"粗放型的省域布局"到"精细化的市域布局"的转变，构建多层次区域高等学校布局体系；加强专业结构和科类结构调整，适当提升人才培养层次结构；发挥中央与地方两级政府的积极性，改革管理体制；到2035年，我国基本形成与教育强国相适应、具有中国特色的现代化高等教育结构体系。

　　新时代，高等教育布局结构调整要实现以下战略目标：一是高等学校数量与人口规模结构基本合理；二是各大区域之间高等学校数量基本平衡；三是高等学校布局结构与城市发展大体相适应；四是高等教育层次、结构类型与国家经济发展基本相匹配；五是教育制度体系更加成熟定型，教育服务能力更加强大。

## 三、新时代中国高等教育结构调整的战略任务

　　《中国教育现代化2035》提出，到2035年，我国总体实现教育现代化，迈入教育强国行列。围绕新时代中国高等教育发展的基本思路和战略目标，未来10～15年我国高等教育结构调整的主要任务包括以下几方面：

　　（一）构建与国家经济发展相适应的高等教育类型结构

　　在人工智能、互联网背景下，高等教育应适应科技、产业发展以及产业分工从价值链中低端向中高端转变的人才需求变化，全面深度融入经济社会发展和产业升级，加强对产业结构调整和劳动力市场发展趋势的研究；结合新兴产业、新兴学科发展，调整国家和地方高等学校类型结构，推动一批地方本科高校加快转型发展，积极发展本科层次的职业教育，使普通高等教育与职业高等教育的人才培养比例更加合理，为产业提质转型、经济高质量发展提供人才支撑和技术成果。

　　（二）构建与区域人口结构相适应的高等教育布局结构

　　人口规模与分布是确定教育结构的重要依据。新时代，我国应遵循高等教育"以人为本"的原则，合理布局区域高等教育资源，到2035年基本形成与人口布局和国家经济规划布局相适应、促进人口健康可持续发展的高等学校布局体系。如果按照2035年人口规模14亿、

每50万人口一所高等学校计算，我国需要有2800所高等学校，考虑到特定地区、特殊行业和特定专业的需要，为保证学校布局的弹性和适应性，普通高等学校规模控制在3000～3100所为最佳（2018年普通高等学校数量为2663所）。

**（三）构建与创新型国家建设相适应的高等教育层次结构**

未来经济社会发展的竞争归根结底是人才的竞争，经济和社会发展需要更多的创新型人才，尤其是顶尖科学家和工程师。新时代，我国要充分发挥高校在国家和区域创新体系建设中的重要作用，推进我国的知识创新、科学创新、技术创新；加快一流大学和一流学科的建设，构建高层次、高水平学术人才培养体系，提高中国高等教育整体学术能力和学术水平，构建与中国大国地位相适应的高等教育层次结构体系，支撑并促进创新型国家建设。

**（四）构建与现代产业结构对接的高等教育学科专业结构**

随着产业的转型升级，我国需要各层次复合型人才，因此高等教育的学科专业结构必须做出相应调整以服务现代产业。高等学校应结合所在区域产业发展特点进行特色发展，对接国家战略、地方产业发展需求，组合优势资源，突出办学特色。具体而言，高等学校应追踪前沿科学，建设新兴学科和综合学科，增加应用学科专业的比重，改进甚至淘汰落后专业和落后学科，构建以学科专业对接产业行业、以专业群对接产业链的高等教育学科专业结构。

**（五）构建面向教育现代化的高等教育治理体系**

为适应国家和地方综合实力的提升，适应区域人才培养的需要，我国应明确划分中央与地方政府管理高等教育的权限，采取集权管理与分权管理相结合的方式，下移高等教育办学和管理重心，探索形成以国家、省级和地市相结合的"三级"高等学校办学体系，调动地方举办高等教育的积极性，形成比较稳定成熟的现代化高等教育办学和管理体制。

## 四、新时代中国高等教育结构调整的对策建议

中国特色社会主义进入新时代，高等教育发展和结构调整需要有新思想、新战略、新谋划，更要有新举措。社会需求是高等教育发展的动力源，高等教育要持续健康发展，人才培养的规模、结构就要与劳动力市场、产业结构升级、国家战略相协调。着眼于2020年到2035年国家经济社会发展以及人民对高质量、高层次教育的需求，文章拟对未来中国高等教育结构调整和服务能力提升的战略提出以下对策建议。

### （一）紧密结合区域发展和人口数量布局高等学校

首先，对于区域一体化、都市圈和城市群，高等教育结构调整不能将视野局限于省域、城市之内，而要拓展到更大的省际区域，形成合理的人才培养结构体系，为整个区域培养通用性、复合性和高层次人才。我国区域高等教育一体化趋势正在逐渐形成，"一带一路"倡议涉及我国18个省份和43个节点城市，京津冀协同发展战略包含我国2个直辖市和11个地级市，长江经济带战略覆盖了2个直辖市和9个省，粤港澳大湾区涉2个特别行政区和9个城市。因此，我国应按照区域发展总体要求，统筹和优化高等教育资源配置，全方位、宽领域、多渠道加强区域间的交流合作，形成互动合作、优势互补的高等教育动力机制。

其次，对于人口总量大而高等教育资源缺乏的新兴城市，可结合城市经济社会发展、人口发展和教育发展程度，以人口大省为目标、

人口大市为重点，以需求为导向，以省级为单位，按照每50万人口一所高等学校进行重新布局，特别是对于经济实力增长迅速且有良好未来预期的城市，可以通过新建、新增、合建、搬迁等方式合理分配国家优质高等教育资源。一些老百姓接受高等教育需求难以满足的地区，特别是新兴城市发展进程中政府意愿强烈的地区，可通过新设、合并或升格等途径，加快布局普通高等学校，发展与地方经济社会相适应的新兴专业，到2035年实现高等学校在所有地级以上城市的全覆盖，将这些人口大市转为人力资源强市。

最后，对于小城市、小城镇和边远山区，应结合我国城镇化建设和高校发展实际，通过校地、校企合作办学，在产业发展相对集中的中小城市、开发区、产业园区乃至中心城镇设置分校区、二级学院、研究院及教学点等，对接产业发展需求，培育新的增长点。

**（二）加强高校分类建设与管理**

由于我国各地区的高等教育发展存在很大的差异，无法按照同一标准建立科学的高校分类体系，因此，各地政府应根据国家战略和地方的区域发展功能，结合经济转型发展和产业结构转型升级实际，对照当地教育诉求和教育发展阶段，对高校进行分类。具体而言，政府应根据不同类型和层次高校的办学特点和对资源的需求情况，采用不同的办学标准，制定不同的管理政策，实施不同的扶持措施等，实行差异化的资源分配管理，并对不同类型的高校采取不同的评估体系和评价标准。与此同时，在分类评价的指导下，还应积极推动一批地方本科高校向应用型高校转型发展。

**（三）对接产业转型升级，优化高等教育学科专业结构**

新时代，高等教育应对接国家和城市主导产业及新兴产业布局结构，整合高校存量资源，重点面向现代农业、先进制造业、现代服务业、战略性新兴产业，科学合理设置高等学校专业。应通过相关专业设置进而推动新兴学科专业，特别是交叉性、复合性学科专业集群的发展，推动机器人及智能装备、高档数控机床、先进轨道交通以及新能源、新材料、新一代信息技术等战略性新兴产业等急需的学科集群建设。与此同时，应鼓励高等学校开设一些与支柱产业、战略性新兴产业、高新技术产业相关的新专业，缩减一些重复度高、就业率低的专业，并根据国家区域发展战略需求，积极发展区域经济发展所需要的国际金融、国际贸易、法律、外语等相关专业。

（四）加大高层次人才的培养力度

为了解决高等教育层次偏低的问题，应逐年扩大博士研究生培养规模，加大基础科学、应用科学博士研究生培养力度。依据2018年全国共有在读博士生38.95万人，考虑到经费投入、导师培养和专业需求等多种因素，可初步预测，2020年博士学位在学人数将增加到41万人左右，2025年达到47万人左右，2030年达到55万人左右，2035年达到60万人以上。新时代，我国应参考国际高等教育先进经验，建立以基础科学研究和国家科学研究重大项目为引领的"双引擎"机制，构建高等院校与国家级研究中心、国家级智库紧密结合，优势结合，专业协作，联合贯通的高层次人才培养体系和机制。

为了满足社会发展需要，要继续加大复合型、应用型和技能型人才培养比重，增大专业学位研究生规模，尤其是博士专业学位研究生规模。在拓展专业学位研究生教育的途径上，可以增加研究生学位授予单位和培养机构的数量，也可以将学术学位目录中专业性强的学科专业转型为专业学位；同时，通过丰富专业学位研究生教育的科类设置，积极新增一些实践性强、有较强的行业或职业背景及职业资格准入制度与职业资格证书制度的专业学位类型。

（五）加强对中西部高等教育的支持力度

新时代，整体加强中西部高校建设力度，缩小东中西部的教育差距，是优化调整高等教育布局结构的重要途径。我国应继续推进《中西部高等教育振兴计划（2012—2020年）》、"对口支援西部地区高等学校计划""省部共建高校计划"等政策的实施，加大政府对高等教育的投入，在经费、科技项目、高端人才等方面加大对中西部地区高等学校的倾斜支持力度；通过加强省内高水平大学建设、吸引国内一流高校设立分校、推进中外合作办学、在地级中心城市布局综合性大学等方式促进中西部高校发展；充分发挥重点大学的标杆作用，以多种方式支持非重点院校、地方院校改革创新，激发办学活力，推动特色发展，提升其服务区域经济社会发展的能力。

（六）提升各级教育行政部门的治理能力和治理水平

新时代，应进一步理顺高校与政府、社会的关系，继续推进政府放权，通过《中华人民共和国高等教育法》的修订，健全中央层面教育治理统筹协调机制，科学界定相关部门在教育治理中的职责权限。在目前《中华人民共和国高等教育法》尚未修订之时，为促进区域，特别是重点城市高等教育的发展，应采取先行试点的方法，下放和调整高等教育管理权限，可选择深圳、苏州、大连三个重点城市先行试点，积极探索高等教育"三级办学、三级管理"模式，并在总结经验的基础上逐步在地级中心城市推开，于2020年在重点地级市和1000万人口以上的地级市整体施行这一管理模式。与此同时，各级教育行政部门应转变职能和角色，由管理型转向服务型，履行政策引导、统筹规划、监督管理和公共财政投入等多方面的职责，提升治理能力和治理水平。

（七）建立健全教育结构动态调整机制

我国高等教育应以互联网和大数据为主要工具，通过对高等学校、区域经济、产业发展和人才需求进行监测评估，建立国家级和省级教育结构调整的专家咨询机构；并构建高等教育结构、布局、专业、类型调整的网络平台和招生就业情况监测网络系统，形成高等学校布局结构"调整系数"，进而构建具有自我调整功能的高等教育结构体系动态调整机制。

（载《高校教育管理》2019年第13期第1—9页）

# 深化高等教育综合改革的历史责任与结构设计

史秋衡　　康敏

习近平总书记在2018年新年贺词中提出，2018年，我们将迎来改革开放40周年。改革开放是当代中国发展进步的必由之路，是实现中国梦的必由之路。我们要以庆祝改革开放40周年为契机，逢山开路，遇水架桥，将改革进行到底。改革是推动历史前进的车轮，是全面建成小康社会提档加速的引擎，是中国特色社会主义现代教育体系发展的强大动力。高等教育是现代教育体系发展成效、建设教育强国和办好人民满意的教育的检视，深化高等教育综合改革成为新时代全面深化改革的重要组成部分。改革开放40年来，系列法律法规和行政政策持续推动我国高等教育改革走向深入。深化高等教育综合改革，也要求高等教育研究者和高等教育研究机构增强使命感和责任感，履行高等教育研究的社会责任，为高等教育综合改革提供理论支撑、价值指引、方法规范、路径绘制。

## 一、40年来高等教育的总体改革指向和重点改革指向

从内容和结构上看，我国高等教育改革分为总体改革指向和重点改革指向，二者的历史进程相伴相随，随着改革全面深化，对重点领域改革更加突出。

（一）40 年来高等教育的总体改革指向

高等教育总体改革指向是对高等教育改革进行系统性、全方位、多角度的布局和规划。从 20 世纪 80 年代开始，以体制机制改革为重点推进总体改革是一以贯之的主旋律。1985 年，中共中央《关于教育体制改革的决定》提出教育体制改革、教学改革和后勤服务社会化改革。1999 年，中共中央、国务院《关于深化教育改革，全面推进素质教育的决定》要求"简政放权，省级人民政府统筹本地区教育。切实落实和扩大高等学校的办学自主权；逐步形成对学校办学行为和教育质量的社会监督机制以及评价体系，完善高等学校自我约束、自我管理机制；深化学校内部管理体制改革；加大学校后勤改革力度；改革招生考试和评价制度；创建若干所具有世界先进水平的一流大学和一批一流学科"。2012 年，教育部发布《关于全面提高高等教育质量的若干意见》，立足高等教育全局，以体制机制改革为重点，加快重要领域和关键环节改革步伐。2013 年，中共中央《关于全面深化改革若干重大问题的决定》提出：深化教育领域综合改革，加快现代职业教育体系建设，深化产教融合、校企合作；创新高校人才培养机制；推进考试招生制度改革；深入推进管办评分离；强化国家教育督导，委托社会组织开展教育评估监测；鼓励社会力量兴办教育。2017 年，中共中央办公厅、国务院办公厅印发《关于深化教育体制机制改革的意见》，从人才培养机制、科研评价体制、依法自主办学机制等不同层面提出"健全促进高等教育内涵发展的体制机制"。

改革开放和社会主义现代化建设的新阶段，要求明确高等教育利益主体的权力关系和职责，提高高校面向社会自主办学能力和质量。1993 年，中共中央、国务院印发《中国教育改革和发展纲要》，提出政府转变职能进行宏观管理，简政放权，"进一步确立中央与省（自治区、直辖市）分级管理、分级负责的教育管理体制"，强调以法律形式明确高校权利和义务，推动高校面向社会自主办学。2010年，发布《国家中长期教育改革和发展规划纲要（2010—2020年）》，提出加强省级政府教育统筹，政府履行统筹规划、政策引导、监督管理和公共服务的职责。

高等教育改革推进过程中，从立法高度通过法律规定保障高等教育改革的顺利推进，既体现了高等教育改革的严肃性和紧迫性，也彰显了高等教育改革的制度建设成效。1998年颁布、2015年修正的《中华人民共和国高等教育法》提出推进高等教育体制改革和高等教育教学改革，从法律的角度明确国务院统一领导和管理，地方政府统筹协调，高校依法面向社会自主办学，强调高等教育治理。在高校外部治理层面，一方面强调中央政府简政放权，深化高等教育领域的放管服改革；另一方面，注重理顺高等教育多元利益相关者关系和权责，突出高校办学过程中高校主体进行自我评价和社会主体在高等教育事业发展中的参与对高校提升办学质量的意义。在高校内部治理层面，进一步明晰高校学术委员会的职责。

（二）40年来高等教育的重点改革指向

高等教育重点改革指向是在高等教育总体改革的统筹安排下，针对重点领域的具体深入政策引导。

法律是高等教育管理和运行的根本，我国以立法形式明确高等教育学位制度，并随着高等教育发展的新形势和新需求逐步增强高等教育学位制度的弹性空间，以主动适应高等教育面向社会自主办学的内在需要。1980年颁布、2004年修正的《中华人民共和国学位条例》和

1981年颁布的《中华人民共和国学位条例暂行实施办法》规定：学士学位，由国务院授权的高等学校授予；硕士学位、博士学位，由国务院授权的高等学校和科学研究机构授予。2017年，国务院学位委员会印发的《博士硕士学位授权审核办法》提出进行学位点改革，增强国务院学位委员会授权的具备条件的高校或科研机构在新增博士硕士学位点和新兴交叉学位点方面的灵活度。依法治校是高等教育改革和发展的依据和保障。2012年，教育部印发的《全面推进依法治校实施纲要》提出，到2015年，全面形成一校一章程的格局。2016年，教育部印发的《依法治教实施纲要（2016—2020年）》指出，到2020年实现政府依法行政、学校依法办学、教师依法执教、社会依法评价、支持和监督教育发展的教育法治实施机制和监督体系。

在法律框架内，高校章程建设和放管服改革是提升治理能力和推进治理体系现代化的两翼。2011年教育部发布《高等学校章程制定暂行办法》，完善现代大学制度，强调按照政校分开、管办分离的原则，以章程明确界定学校与举办者、主管教育行政部门的关系。放管服改革推动高等教育治理体系现代化建设。2017年，教育部出台的《关于"十三五"时期高等学校设置工作的意见》提出，省级统筹推动高等教育分类投入和保障。2017年，《教育部等五部门关于深化高等教育领域简政放权放管结合优化服务改革的若干意见》具体从完善高校学科专业设置机制、改革高校编制及岗位管理制度、改善高校进人用人环境、改进高校教师职称评审机制、健全符合中国特色现代大学特点的薪酬分配制度、完善和加强高校经费使用管理、完善高校内部治理、强化监管优化服务等方面提出深化高等教育领域放管服改革系列具体举措。

本科教学是高校的中心工作，本科教学质量关系到高校人才培养质量，高校第一课堂教学和第二课堂教学都是高校培养人才的重要形式。2007年，教育部发布《关于进一步深化本科教学改革全面提高教学质量的若干意见》，要求适应国家经济社会发展需求调整专业设置，从教学内容和结构、教师队伍、教学评估、教学基础建设等方面深化本科教学改革。2018年，教育部发布《普通高等学校本科专业类教学质量国家标准》，制定质量基本标准保障严明高等教育建设和改革质量的最低要求，规定本科专业目录中所有92个本科专业类的底线标准和卓越导向。2014年，教育部《关于全面深化课程改革 落实立德树人根本任务的意见》提出深化高校第一课堂和第二课堂改革，强调统筹基础教育与本专科及研究生等学段育人目标和学科递进的重要性。2015年，国务院办公厅《关于深化高等学校创新创业教育改革的实施意见》进一步将深化高校创新创业教育改革作为高等教育综合改革的突破口。

全面提高高等教育质量要求优化当前高等教育结构，促进不同层次、类型和性质高等教育合理定位、内涵发展。2013年，教育部、国家发展改革委、财政部《关于深化研究生教育改革的意见》，对改革招生选拔制度、创新人才培养模式、改革评价监督机制、深化开放合作提出相应要求。2014年，教育部等六部门印发《现代职业教育体系建设规划（2014—2020年）》，也围绕体系建设的制度保障和机制创新规划了职业教育改革和发展的路线图。2015年，国务院印发《统筹推进世界一流大学和一流学科建设总体方案》，要求加强高等教育资源整合和创新重点建设的实施方式，统筹推进世界一流大学和一流学科建设。2016年，国务院出台《关于鼓励社会力量兴办教育促进民办教育健康发展的若干意见》，引导推进民办高等教育综合改革。2002年颁布、2016年修订的《中华人民共和国民办教育促进法》对民办学校实行非营利性和营利性分类管理。2016年，教育部等五部门印发《民办学校分类登记实施细则》，对民办高校审批设立、分类登记以推进分类管理做进一步规定。

习近平总书记多次强调发展是第一要务，人才是创新的第一资源。招生制度和人才发展机制体制改革是高等教育对人才强国战略的回应。2014年，国务院出台的《关于深化考试招生制度改革的实施意见》提出启动高考综合改革试点，并有序全面推进，改进招生计划分配方式、改革考试形式和内容、改革招生录取机制、改革监督管理机制，并制定了推进的时间节点。2016年，中共中央印发《关于深化人才发展体制机制改革的意见》，要求改革人才管理体制，改进人才培养支持机制，创新人才评价机制，健全人才顺畅流动机制，强化人才创新创业激励机制，构建具有国际竞争力的引才用才机制，建立人才优先发展保障机制。

深化高等教育改革以开放姿态参与国际合作，深化产教融合促进国家产业结构转型升级，抓住新一轮科技革命和产业变革的发展机遇。2016年，中共中央办公厅、国务院办公厅印发《关于做好新时期教育对外开放工作的若干意见》，从完善对外开放格局、健全质量保障、加强理论支撑、强化监督管理等方面描绘提升教育对外开放治理水平的路径。同年7月，教育部印发《推进共建"一带一路"教育行动》，深化教育互联互通、人才培养培训、丝路合作机制等不同形式的国际合作，推动教育改革发展。2017年，国务院办公厅出台《关于深化产教融合的若干意见》，协同不同部门制定分工方案，聚焦产教融合人才培养改革。

## 二、40年来高等教育改革阶段的渐次深入

从历史纵深度来看，改革开放以来，我国高等教育改革的历史进程呈现起步探索阶段、重点推进阶段、整体推进阶段和全面深化阶段渐次深入。

### （一）高等教育改革的起步探索阶段（1978—1984年）

1977年恢复全国统一高考，随后高等教育开始恢复调整。1978年，十一届三中全会提出改革开放政策，成为社会主义初级阶段的基本点之一。1983年，邓小平提出"教育要面向现代化，面向世界，面向未来"，"三个面向"为教育改革指明了方向。20世纪80年代伊始，我国相继颁布系列高等教育改革的法律和政策规定，推动高等教育改革实践。

### （二）高等教育改革的重点推进阶段（1985—1992年）

1985年出台的《关于教育体制改革的决定》，总结新中国成立以来我国教育事业发展的主要问题，提出以教育体制为突破口，改革高校招生计划和毕业生分配制度，扩大高校办学自主权，改革高等教育教学内容、方法和制度，进行高校后勤社会化改革，以保障高等教育改革顺利推进。

### （三）高等教育改革的整体推进阶段（1993—2012年）

1993年颁布的《中国教育改革和发展纲要》，围绕中国共产党第十三次全国代表大会提出加快和深化改革中心任务，明确深化教育改革实现教育现代化目标。2010年出台的《国家中长期教育改革和发展规划纲要（2010—2020年）》在改革发展的关键时期，提出全面提高高

等教育质量，提高人才培养质量，提升科学研究水平，增强社会服务能力，优化结构办出特色。

**（四）高等教育改革的全面深化阶段（2013年至今）**

2012年，党的十八大提出全面深化改革开放的战略部署。2013年，十八届三中全会提出《中共中央关于全面深化改革若干重大问题的决定》，对全面深化改革进行总体部署，提出深化教育领域综合改革。尔后，相继出台全面深化高等教育综合领域改革的指导意见。2017年，党的十九大报告进一步强调：深化教育改革，深化产教融合、校企合作；加快一流大学和一流学科建设，实现高等教育内涵式发展；健全学生资助制度，使绝大多数城乡新增劳动力更多接受高等教育。至此，高等教育改革进入全面奋进新时代。

总体而言，通过对内容结构和阶段演进的分析可以看出，我国高等教育改革具有三大主要特征。一是全面推进与重点建设相结合。推进高等教育全方位多领域的改革是改革开放40年来高等教育法律规定和政策指导的越发明晰的导向，机制体制改革和教育教学改革是改革开放40年来高等教育改革的核心。二是保持力度与稳健施行相结合。高等教育改革紧随经济改革之后，通过立法保障、行政指导、标准引导的形式体现改革的深度、广度和强度。与此同时，根据我国高等教育发展不平衡不充分的实际情况，采取试点先行方式稳步推进。三是统一领导与多元共治相结合。高等教育改革发展进程表明，我国高等教育权力结构不断优化，权力重心逐渐下移：从中央教育部门主管到地方政府统筹、高校自主办学；从面向政府到面向社会公开办学，社会有序参与监督高校办学；从高校行政管控到基层学术组织自主探索等。

## 三、应用情境下深化高等教育综合改革的结构设计

经济社会对高等教育研究解决实际具体问题的应用性需求、高等教育主动适应时代和社会发展需求的应用性特征共同推动高等教育研究的转变。高等教育研究呈现应用情境下的问题导向研究、多元的研究共同体开展跨学科研究、反映社会问责的多领域多元主体参与评价、主体反思性研究特征，为探索深化高等教育综合改革的结构设计提供理念基础与实践指引。在此基础上，提出深化高等教育综合改革结构设计的法之根基、术之利器、权之制衡、道之要义，四个维度共同构成深化高等教育综合改革的结构设计。

### （一）夯实深化高等教育综合改革的法之根基

深化高等教育综合改革目的在于解决高等教育发展过程中的"痼疾"，高等教育发展过程的系列现实问题，究其根本在于现有法律法规与高等教育发展的需求不协调和不适应，难以有效指导和解决高等教育发展过程中的问题。因此，在深化高等教育综合改革的过程中，需要基于应用情境的问题导向，梳理高等教育发展过程中的现实问题，有针对性地对高等教育法律法规进行全面、系统、深入的调整，形成一整套有力规范高等教育活动的系列规则和规范，构建与之相配套的制度机制保障法治精神顺利施行，建立一种促进高等教育内涵发展的长效机制。深化高等教育综合改革，夯实深化综合改革的法之根基，一方面，依照法治精神并遵循法律规定，依法治教、依法行政、依法办学、依法参与、依法监督，发挥法律对高等教育改革和发展的普遍约束力；另一方面，在高等教育现实观照中，进一步健全法律规范和法律机制，也是深化高等教育综合改革的重要组成部分。

### （二）装备深化高等教育综合改革的术之利器

深化高等教育综合改革，不仅是国家职责的顶层设计，还是高等教育研究者的使命所在，亦是高等教育研究所面临的重大挑战。高等教育现象和高等教育问题常与政治、经济、社会、文化等领域交织，人为划分的学科知识分化增加了学科壁垒，要求增进知识融合。多元的研究共同体开展跨学科研究，是新时代高等教育智库开展预见性的高等教育政策研究和政策设计的重要手段。高等教育综合改革深化过程中所预见、已然产生的问题和未知的问题，牵一发而动全身，也必然需要借助多学科、跨学科、交叉学科的高等教育研究力量，用科学规范的实证、解释、思辨等高等教育研究范式去分析、解释、解决改革和发展过程中的现实问题并提供必要的理论支撑。深化高等教育综合改革，装备深化综合改革的术之利器，一方面，发挥高等教育智库的研究优势，通过科学的研究范式、规范的研究方法、扎实的理论基础为推进高等教育综合改革提供专业智力支持；另一方面，在高等教育综合改革自上而下推进的过程中，每一环节也应采用科学规范的方法，由点及面，循序渐进，逐步深化。

### （三）架构深化高等教育综合改革的权之制衡

基于高等教育利益相关者的调查研究成为开展政策研究的有力支撑，广泛社会主体构成的综合多维评价，是社会问责制度形成的前提。随着高等教育综合改革不断深入，高等教育利益相关者在高等教育建设过程中的权力关系和职权也更加明确，多元高等教育主体共同参与高等教育综合治理、监督和评价的特征和趋势也更加清晰。深化高等教育综合改革，架构深化综合改革的权之制衡，一方面，要继续聚焦机制体制改革，通过健全立法规定和完善制度机制等具体改革举措更加明确法律、政府、高校、社会在高等教育治理中的权责关系；另一方面，也要创造更加有利于高等教育主体广泛、有序、深度、有效参与高等教育治理的环境，建立深化高等教育综合改革的社会问责制度，举社会之力共促高等教育综合改革的深化。

（四）把握深化高等教育综合改革的道之要义

主体反思性是衡量高等教育研究能否扎根本土、立足实际开展研究的尺度。高等教育是培养专门人才的社会活动，随着高等教育综合改革逐步深化，在学习借鉴国际高等教育改革经验的同时，保持主体反思性是高等教育综合改革不偏离航向的桨舵。教育公平是社会公平的基础，教育质量是教育发展的本质要求。公平和质量是教育不可忽视的两个价值取向。在高等教育综合改革中，不要简单地将之视为改革，而要回归高等教育的根本追求，立足高等教育立德树人的核心任务。高等教育综合改革必将是一场公平而有质量，有教育关怀也有标准目标的质量追求。深化高等教育综合改革，以公平和质量作为深化综合改革的道之要义，一方面，应以公平和质量作为衡量高等教育综合改革的系列措施和推进过程的价值标准；另一方面，也是高等教育改革过程中用以自我评价和自我调整的永不褪色的价值追求。

（载《中国高等教育》2018年第10期第38—41页）

# 立德树人的历史责任与路径设计

史秋衡　　王爱萍

中国高等教育的魂在于"立德树人"和"办好中国大学"。必须紧紧围绕立德树人这个中心，全程育人、全方位育人。更加注重高等教育的内涵发展，必须逢山开路，遇水架桥。

今年是改革开放40周年，也是中国高等教育快速发展的40周年。习近平总书记在2018年新年贺词中指出，我们要以庆祝改革开放40周年为契机，逢山开路，遇水架桥，将改革进行到底。其中自然包含对中国高等教育的新要求和新期待。如果说中国高等教育的根在于"扎根中国大地"，那么中国高等教育的魂则在于"立德树人"和"办好中国大学"。在新时代，在中国由大国迈向强国的历史进程中，高等教育具有不可替代的作用，必须进一步激活立德树人的历史责任感和历史使命感，更好地助力中国迈向强国时代。立德树人命题的提出具有强烈的问题意识和现实针对性，我们需要从战略高度来谋划中国高等教育的高质量发展之路，将立德树人作为新时代中国高等教育的根本任务。

## 一、立德树人的历史责任：中国高等教育的使命与初心

中国高等教育的使命与初心是什么？我们理解，主要是切实担负起立德树人的历史责任，为党和国家培养创新型人才。习近平总书记

在全国高校思想政治工作会议上强调："高校思想政治工作关系高校培养什么样的人、如何培养人以及为谁培养人这个根本问题。要坚持把立德树人作为中心环节，把思想政治工作贯穿教育教学全过程，实现全程育人、全方位育人，努力开创我国高等教育事业发展新局面。"立德树人作为高校的根本任务，也是高校人的使命与初心。新时代办好中国高等教育事关重大，可以说，建设好中国特色社会主义，增强国家核心竞争力，关键靠人，核心在人才。从人才培养的整体性而言，立德与树人是辩证统一的：立德是树人的前提与根本，没有德的人是树不起来的；树人首先要立德，立德本身就是树人，立德的过程即树人的过程。

大学生正处于价值观形成的关键期，全党和全社会都要关心大学生的成长，使大学生成为德才兼备、全面发展的人才，增强大学生对党和国家的认同感，使大学生既有科学意识，又有政治眼光，成为具有现代心灵秩序的人，成为中国特色社会主义的认同者和建设者。首先要在思想上、政治上、信仰上引领和引导中国大学生健康成长、早日成才。

在思想上，立德树人的根本任务主要由教师来完成。教师，首先要明道、信道。在教书育人过程中，教师要积极引导大学生认识到中国道路自信源于中国道路创新，中国理论自信源于中国理论创新，中国制度自信源于中国制度创新，中国文化自信源于中国文化创新。与此同时，全社会要站在当代中国特色社会主义事业发展的高度，站在当代中国大学生健康成长的高度，站在中华民族未来发展的高度看待立德树人工作，保证高校始终成为培养德智体美劳全面发展的社会主义建设者和接班人的坚强阵地，从而保证中国特色社会主义事业后继有人、源源不断。

在政治上，高校教师要自觉成为先进思想文化的传播者、党执政的坚定支持者，切实担起学生健康成长指导者和引路人的责任；在学科建设上，自觉提升本学科的学术性和科学性，满足学生成长发展的需求和期待，使思政课成为大学生真心喜欢、终身受益、毕生难忘的精品课程；在教学方式方法上，既讲事实又讲道理，在平等沟通、民主讨论、互动交流中对学生进行思想引导和价值引领，帮助学生理解历史、把握当代、面向未来；在人才培养上，始终把立德树人作为人才培养的中心环节，不仅言传，而且身教，积极引导学生成长成才；不仅教书，而且育人，坚持教书和育人相统一，坚持言传和身教相统一，坚持潜心问道和关注社会相统一，坚持学术自由和学术规范相统一。

在信仰上，高校教师要坚持教育者先受教育。为此，教师要坚定政治方向、价值取向、学术导向，传承红色基因，切实做好马克思主义理论教育工作，让总书记放心，让全国人民放心；要严格按照总书记的要求，坚持把立德树人作为人才培养的中心环节，把思想政治工作贯穿教育教学全过程，积极引导大学生成长成才，做到既讲道理又办实事，为党和国家培养更好更多创新型人才。

## 二、立德树人的路径设计：由高等教育大国迈向高等教育强国

人才培养是大学与生俱来的基本功能，但人才培养不仅是智力的开发和知识的传递，也是人格心理的陶冶和文化的传承，是"立德"与"立智"的辩证统一。

在新时代，要办世界一流大学，必须牢牢抓住人才培养这个核心点，不断提高人才培养能力和水平。只有培养出一流人才的高校，才

能够成为世界一流大学；只有成为世界一流大学，才能办好我国大学。在全球化时代，增强国家核心竞争力，关键靠人，核心在人才。为此，必须充分发挥学生的主体作用和教师的引领作用，增强学生服务国家、服务人民的社会责任感，培养学生勇于探索的创新精神和善于解决问题的实践能力。我们要站在当代中国特色社会主义事业发展的高度，站在当代中国大学生健康成长的高度，站在中华民族未来发展的高度，看待掌握高校思想政治工作主导权问题，通过高质量的教育实践活动，使大学生认识到推进中国特色社会主义"伟大事业"、深入推进党的建设新的"伟大工程"、进行具有许多新的历史特点的"伟大斗争"、实现中华民族复兴的"伟大梦想"与党和国家的命运息息相关，与每个中国人息息相关，与每个大学生成长和成才息息相关。

课堂教学既是传播新知识的主渠道，也是高校立德树人的主渠道。正如总书记在全国高校思想政治工作会议上所讲，"要用好课堂教学这个主渠道，思想政治理论课要坚持在改进中加强，提升思想政治教育亲和力和针对性，满足学生成长发展需求和期待，其他各门课都要守好一段渠、种好责任田，使各类课程与思想政治理论课同向同行，形成协同效应"。我们要围绕立德树人核心，建构教书育人、科研育人、实践育人、管理育人、服务育人、文化育人、组织育人长效机制。

从学生来看，要教育引导学生树立"四个正确认识"：教育引导学生正确认识世界和中国发展大势，从我们党探索中国特色社会主义历史发展和伟大实践中，认识和把握人类社会发展的历史必然性，认识和把握中国特色社会主义的历史必然性，不断树立为共产主义远大理想和中国特色社会主义共同理想而奋斗的信念和信心；正确认识中国特色和国际比较，全面客观认识当代中国、看待外部世界；正确认识时代责任和历史使命，用中国梦激扬青春梦，为学生点亮理想的灯、照亮前行的路，激励学生自觉把个人的理想追求融入国家和民族的事业中，勇做走在时代前列的奋进者、开拓者；正确认识远大抱负和脚踏实地，珍惜韶华，把远大抱负落实到实际行动中，让勤奋学习成为青春飞扬的动力，让增长本领成为青春搏击的能量。

对教师而言，要教育引导教师坚持"四个统一"，即坚持教书和育人相统一，坚持言传和身教相统一，坚持潜心问道和关注社会相统一，坚持学术自由和学术规范相统一，引导广大教师以德立身、以德立学、以德施教。"四个统一"的提出，不仅为深化师德师风建设指明了方向，而且为高校教师为人、为师、为学提供了基本遵循。高校教师应自觉践行"四个统一"，充分认识自己所承担的庄严而神圣的使命，自觉捍卫职业尊严，珍惜教师声誉，不断提升师德境界。教师不仅要教给学生知识，还要教育学生如何做人。比较而言，德育是第一位的，知识传递是第二位的。教师要引导和帮助学生扣好人生的第一粒扣子，将立德树人渗透到教学的全过程，既要讲好以课堂教学为主渠道的思想政治理论课和人文社会科学课，提升理论教育亲和力和针对性，也要聚焦于当下的世情、国情和社情，聚焦于现实生活，教育引导学生进行生动的社会实践，在实践中验证理论的科学性，证明自己思维的真理性，达到理论与实践的一致。

在新时代，落实立德树人根本任务，培养德智体美劳全面发展的社会主义建设者和接班人，核心在于办好中国大学，而办好中国大学，必须不断提高人才培养能力和水平，紧紧围绕立德树人这个中心，全员育人、全程育人、全方位育人。一句话，就是要自觉把教书与育人、教学与科研统一起来，既出成果又出人才，为党和国家培养创新型人才。

### 三、立德树人与中华民族伟大复兴：强国时代的人才资源保障

高校思想政治工作实质与核心是做人的工作，而人的工作是比较难做的。立德树人要抓住根本，要使大学生认识到"我是谁"和"跟谁走"这一根本问题，就是要教好书、育好人，使大学生听党话、跟党走。

科学判定当代中国发展的"历史方位"和"时代坐标"，是推进中国科学发展的逻辑前提。当前，我国发展已经站到了新的历史起点上，中国特色社会主义进入了新时代。在新时代，以人民为中心的发展思想向中国高等教育提出了新的更高要求。党和国家对高等教育的需要比以往任何时候都更加迫切，对科学知识和卓越人才的渴求比以往任何时候都更加强烈。高等教育要积极主动满足党和国家战略需求，为党和国家培养更好更多创新型人才。党的十九大报告指出，久经磨难的中华民族迎来了从站起来、富起来到强起来的伟大飞跃。这一伟大飞跃把中国推进到强国时代。在强国时代，高校的根本任务是立德树人。如何将立德树人的实践同国家民族的前途命运紧密结合，是我们必须回答的重大现实问题。

在全球化时代，建设创新型国家，靠的是创新型人才，而培养创新型人才，基础和根本则在教育。2017年12月，教育部党组印发了《高校思想政治工作质量提升工程实施纲要》，提出构建"课程、科研、实践、文化、网络、心理、管理、服务、资助、组织"等"十大育人"体系。这表明高校立德树人绝不是简单的口号，而是需要高校全员参与、全过程实施，切实培养为人民服务、为中国共产党治国理政服务、为巩固和发展中国特色社会主义制度服务、为改革开放和社会主义现

代化建设服务的德智体美劳全面发展的社会主义建设者和接班人。为此，高校要切实提高人才培养质量，树立精品意识，努力为我国现代化事业培养卓越人才，为顺利实现"两个一百年"奋斗目标和中华民族伟大复兴的中国梦提供人才保证和智力支持。"立德树人是中国特色社会主义高校立身之本，这是对中国特色社会主义高校培养什么样的人、如何培养人以及为谁培养人这一根本问题的科学解答。"当前，要扎实推进习近平新时代中国特色社会主义思想进入中国青年的头脑，关键是把知识教育与信仰教育结合起来，不断提升青年人的能力和素质，使其为中华民族伟大复兴贡献力量。

中国特色社会主义是改革开放以来党的全部理论和实践的主题，全党必须高举中国特色社会主义伟大旗帜，牢固树立中国特色社会主义道路自信、理论自信、制度自信、文化自信，确保党和国家事业始终沿着正确方向胜利前进。习近平总书记指出，正确认识中国特色和国际比较，全面客观认识当代中国、看待外部世界，这是我们谋划中国高等教育发展的本土关怀与国际视野。在强国时代，要办好我国高等教育，必须坚持党的领导，牢牢掌握党对高校工作的领导权，使高校成为坚持党的领导的坚强阵地。党的领导是中国特色社会主义高校立德树人的根本保证。党的十九大对新时代高等教育提出了新要求，指明了新方向，开启了"双一流"建设新征程。高校全面贯彻党的十九大精神和全国教育大会精神，核心在于坚持社会主义办学方向，始终以立德树人为根本任务，以培养新时代德智体美劳全面发展的社会主义建设者和接班人为根本目标，为中国特色社会主义事业源源不断地提供创新型人才。

当代中国发展不是"自然发展"和"自发发展"，而是在中国共产党的坚强有力领导下的"自觉发展"过程。从2010年成为世界第二大经济体，尤其是中国特色社会主义进入新时代之后，我国总体上步入了"发展起来"时期，这是由大国成为强国的关键时期。此时，我国高等教育培养的人才必须具有世界眼光和战略思维，必须具有全球竞争力。青年兴则国家兴，青年强则国家强。青年一代有理想、有本领、有担当，国家就有前途，民族就有希望。如果说以前中国高等教育更多在宏观体制改革、提升办学条件等方面下功夫，为教育发展打下了外部基础，那么在新时代，中国高等教育的核心则应聚焦在培养人的质量上，更加注重高等教育的内涵发展，必须逢山开路，遇水架桥，将改革进行到底，助力中华民族伟大复兴。

（载《中国高等教育》2018年第24期第4—6页）

# 我国终身学习体系形成发展的回顾与前瞻

韩民

改革开放的40年是我国终身学习理念日益深入人心的40年，是终身学习体系逐步形成的40年，亦是我国迈向学习型社会的40年。本文将从成人教育、继续教育的视角回顾终身学习体系发展历程，同时展望新时代终身学习体系和学习型社会建设的发展前景。

从成人教育、继续教育来考察，改革开放40年来我国终身学习体系的形成发展经历了以下三个发展阶段。

## 一、终身学习体系孕育阶段（1978—1992年）

1978年年底，中国共产党十一届三中全会的召开拉开了我国改革开放的序幕。人民群众的巨大学习需求及经济社会对人才的巨大需求，拉动了我国教育的快速发展。在"两条腿走路"的教育方针指导下，"文革"中遭破坏的各类成人教育——扫盲、农民教育、职工教育、干部教育、函授、夜大等得以恢复，同时还出现了广播电视大学、自学考试等新型成人学习形式。

1987年，作为1985年教育体制改革决定的姊妹文件，国务院批转的《国家教委关于改革和发展成人教育的决定》，明确提出了成人教育的五大任务，即对上岗、转岗或再就业的从业人员进行的岗位培训，对在职人员提供的基础教育，对在职人员提供的中等或高等的文化和专业教育，对在职人员提供的大学后继续教育，以及对成人开展的社会文化和生活教育。决定还明确了中央和地方、教育部门与其他政府部门在发展成人教育方面的责任。这个决定的发布对此后我国成人教育体系的形成与发展产生了重要影响。

这个阶段成人教育的恢复和发展主要体现在以下几方面：

### （一）职工教育的恢复及发展

在加快经济建设的背景下，职工教育开始受到重视。1981年年初，党中央、国务院颁布了《关于加强职工教育工作的决定》，强调了职工教育的重要地位和作用，提出了职工教育工作的方针、目标、任务和发展措施。在需求和政策的双重推动下职工教育迅速发展，逐步形成了业余与脱产学习并举、以业余学历教育和文化技术补习（"双补"）为主要内容、以职工中等学校和职工大学为主要依托的职工教育体系。1984年到1992年，以职工中专为主的成人中专学校在校生从82.7万人增加到206.8万人。1980年到1992年，职工高校在校生从不足6万人增加到近22万人。

### （二）农村成人教育的恢复及发展

随着农村改革的展开，农民学习文化和技术的需求被激发出来，促进了农村成人教育的发展。1979年，教育部、农业部等部门联合召开了第二次全国农民教育会议，提出要继续抓紧扫盲，大力开展业余初等、中等教育，广泛开展农业科技教育。这个阶段首先是农民扫盲工作的迅速发展。

根据国务院《关于扫除文盲的指示》（1978年）确定的"一堵、二扫、三提高"的工作方针、目标和任务，各地积极推进农民扫盲工作。据统计，1978年到1987年的10年间，农村扫盲班毕业生人数约达3500万人。

农业技术教育也迅速发展起来，广大农村地区逐步形成了以县乡农民文化技术学校为骨干的农民技术教育网络。农民文化技术学校采取举办学习班、短训班、专题讲座、科技咨询服务站、现场技术交流等多种形式培训农民，促进了农民科学文化素质的提高，培养了一批批农业专业户、科技户和能工巧匠，促进了农村经济社会发展。

（三）成人高等教育的恢复及发展

社会对专业人才的巨大需求和个人接受高等教育的强烈愿望促进了我国成人高等教育的恢复发展和中国特色成人高等教育体系的逐步形成。

一是普通高校提供的函授教育和夜大学的发展。1980年9月国务院批转教育部《关于大力发展高等学校函授教育和夜大学的意见》，积极鼓励和支持高等学校发展函授或业余高等教育。1980年到1992年，全国普通高校举办的函授教育和夜大学的在学人数从约19万人增加到65万多人。

二是独立设置、招收从业人员进行脱产或半脱产学习的成人高校的恢复和发展。成人高校包括培养农业技术骨干的农民高等学校、培养管理干部的管理干部学院、面向在职教师提供继续教育的教师研修学校或教育学院、独立设置的函授学院和夜大学，以及广播电视大学。1980年到1992年，我国成人高校规模迅速扩大，本专科在校生增加了两倍。

（四）高等教育自学考试制度的创设与发展

1981年国务院批转了教育部《高等教育自学考试实施办法》，开始试行高等教育自学考试制度。由于自学考试制度满足了社会上的高等教育自主学习需求，其注册学习和参考人数迅速增加，10年后的1992年，参考人数已增加到600万人。高等教育自学考试把自学与学习成果考试评价相结合，是我国建立终身学习成果认定制度的早期尝试。

综上，在改革开放后社会巨大学习需求和政府积极发展政策的双重推动下，我国成人教育得到恢复和迅速发展，初步形成了包括初等、中等、高等不同学历层次，学历教育与非学历教育并举，脱产学习与业余学习相结合的成人教育体系，在满足成人的教育需求和社会的人才需求方面做出了重要贡献。1979年到1992年，我国成人小学、成人初中和成人高中的毕业生数量分别为将近1.2亿、1300万和368万。1984年到1992年，成人中专的在校生数从82.7万增加到174.4万人。1980年到1992年，成人高校在校生从近50万人增加到近148万人。1984年到1992年，高等教育自学考试的毕业生从1478人增加到近13万人。这个阶段形成的中国特色成人教育体系的基本框架为后来终身学习体系建设奠定了基础。

## 二、终身学习体系的初创阶段（1993—2009年）

1993年，党中央、国务院颁布实施了《中国教育改革和发展规划纲要》，我国教育进入了适应市场经济体制改革的新阶段；与此同时，伴随终身教育思想的传播，我国原有的成人教育体系逐步向终身教育体系转型。

### （一）市场经济体制转型及终身教育体系建设目标的提出

以1992年邓小平"南方谈话"为起点，我国开始由计划经济向社会主义市场经济转型。同年10月，党的十四大提出了建立社会主义市场经济体制的目标。1993年颁布的《中国教育改革和发展纲要》（中发〔1993〕3号）提出，建立适应社会主义市场经济体制和政治、科技体制改革需要的教育体制，进一步提高劳动者素质，培养大批人才，更好地为社会主义现代化建设服务。市场经济不仅引发了新的人力资源需求，也带来教育体制的重大变化，原有计划经济体制下条块分割的成人教育体制逐渐向适应市场经济的条块结合的新体制转型。

这个阶段的另一个重要变化是终身教育逐渐进入政策视野。《中国教育改革和发展纲要》指出，成人教育是传统学校教育向终身教育发展的一种新型教育制度，并提出要把大力开展岗位培训和继续教育作为重点，重视从业人员的知识更新。国家建立和完善岗位培训制度、证书制度、资格考试和考核制度、继续教育制度。这是我国教育规划中首次使用"终身教育"和"继续教育"的概念，反映出终身教育理念开始对成人教育政策产生影响。

1995年颁布的《中华人民共和国教育法》规定：国家适应社会主义市场经济发展和社会进步的需要，推进教育改革，促进各级各类教育协调发展，建立和完善终身教育体系（第十一条）；国家鼓励发展多种形式的成人教育，使公民接受适当形式的政治、经济、文化、科学、技术、业务教育和终身教育（第十九条）。这是教育法律中首次出现"终身教育"和"终身教育体系"的表述。

1999年1月，国务院批转的教育部《面向21世纪教育振兴行动计划》提出，到2010年，基本建立起终身学习体系。同年6月，江泽民总书记在第三次全国教育工作会议上指出，要逐步建立和完善有利于终身学习的教育制度。学校要进一步向社会开放，发挥学历教育、非学历教育、继续教育、职业技术培训等多种功能。基础教育、职业教育、成人教育和高等教育要加强相互间的衔接与沟通，为学习者提供多种多次受教育的机会。要以远程教育网络为依托，形成覆盖全国城乡的开放教育系统，为各类社会成员提供多层次、多样化的教育服务。

2002年，党的十六大报告提出，到2020年我国要全面建设惠及十几亿人口的更高水平的小康社会，要形成全民学习、终身学习的学习型社会，促进人的全面发展。这是党的代表大会报告中首次提出建设学习型社会的战略目标。2007年，党的十七大报告提出使国民教育体系更加完善，终身教育体系基本形成，使全体人民学有所教，建设全民学习、终身学习的学习型社会的战略任务。

（二）社区教育的兴起

社区教育在我国出现于20世纪80年代中后期，发端于社区青少年校外教育。随着改革开放后经济和社会的发展变化，特别是城市新型社区的大量出现，催生了社区居民的巨大教育需求，于是社区学院、社区学校、市民学校等社区教育机构应运而生。1993年，天津市政府发布了《关于深化社区教育的若干意见》，部分区或街道制定了《社区教育工作条例》，表明社区教育开始受到政府的重视和支持。1997年上海长宁区成立社区学院，与街道和乡镇的社区学校一起构成了三级办学的社区教育网络。这种模式此后成为我国社区教育的主要发展模式。2000年，教育部启动了国家"社区教育实验区"试点工作。截至2007年，先后确定了4批114个全国社区教育实验区。实验区的创建在探索社区教育的管理体制、运行机制和基础设施建设等方面发挥了引领作用。

社区教育的兴起标志着我国终身学习体系建设从原有的成人学历教育（正规教育）、职业培训（非正规教育）向以居民为主体的社会教育（非正式学习或无固定形式学习）领域拓展。社区教育是终身学习体系新的增长点，也成为推进全民学习、终身学习、建设学习型社会的重要抓手。

### （三）现代远程教育的崛起

"现代远程教育"主要指依托现代信息技术特别是因特网和移动通信网的新型远程教育。1999年，作为构建终身学习体系的重要举措，教育部启动实施"现代远程教育工程"，到2005年，批准了67所高校（不含中央广播电视大学）为网络教育试点学校，开设专业1165个，开发网络课程10069门，设立校外学习中心3531个，招生138万人，累计毕业学生31.7万人。网络教育学院的出现进一步打破了远程学习的时空局限，开辟了远程学习的新途径，成为高等教育新的增长点，学生规模持续扩大。但现代远程教育的发展过程并非一帆风顺，在规模迅速扩大的过程中也出现了重数量、轻质量，甚至是不顾条件乱招生等问题。2002年教育部发布《关于加强高校网络教育学院管理提高教育质量的若干意见》，要求各试点高校规范招生工作，加强教学过程管理，严格考试管理，加强教学管理制度建设，保证网络教育学院的教学质量。此后，教育部进一步采取了严格招生管理，实行统一印制网络教育学院毕业证书和电子注册管理，实行远程教育质量监管年报年检与抽查制度，对部分公共基础课实行全国统一考试等措施。

"现代远程教育工程"另一项内容是在中央广播电视大学开展"人才培养模式改革和开放教育"试点。试点内容是尝试面向全国统一招生、免试入学和统一学籍管理，实行对学习的对象、资源、时间和过程的开放：学习者无须经过成人高考，只要经资格审查和入学水平测试就可注册入学；学习者无固定的年级和班级，学习方式、进度、时间和地点等由学习者自主决定；采取完全学分制，学员在2～8年内完成规定学分即可毕业。开放教育一经推出就广受欢迎，2002年开放教育本专科招生规模已达到38.8万人，超过了当时全国地方电大统招的高等、中等专业学历教育招生人数的总和。开放教育试点是建构"宽进严出"新型学习制度的重要尝试，为传统广播电视教育模式向开放教育模式转型积累了经验。

### （四）调整成人高等教育结构和规范办学秩序

1999年，国务院决定大幅度扩大高等学校招生规模，我国普通高等教育和成人高等教育规模迅速扩大。为了遏制随之出现的乱招生、乱办学的混乱状况，2007年教育部发出《关于加强成人高等教育招生和办学秩序管理的通知》，要求严格规范成人高等学历教育的招生，进一步加强招生资格的审查和监管，加强对函授站、自学考试社会助学班等的监管。同时提出加大成人高等教育结构调整力度，积极适应在职从业人员的需求，继续坚持以业余学习为主的办学形式，要求从2008年起，普通高校停止招收成人脱产班，合理确定成人高校脱产班的规模。

### （五）开展教育综合改革实验

自20世纪80年代末起，国家教育委员会先后启动了农村教育综合改革、城市教育综合改革及企业教育综合改革试验。这些改革试验的主要目的是探索适应社会发展的新型教育管理体制和运行机制。

农村教育综合改革是以促进农村地区基础教育、职业教育与成人教育"三教统筹""农科教结合"为主要目的。1989年5月，国家教委会同各省（自治区、直辖市）确定115个县（后扩大为116县市）作为全国"百县农村教育综合改革实验区"。农村教育综合改革实验有力推动了我国的农村教育改革，促进了农村教育与经济的结合，加强了农业、科技和教育部门的统筹与协调，促进了农村教育资源共享和"星火""丰收""燎原"三项计划互相结合，提高了农民的文化科技素质，为推广农业新技术和"科技兴农"做出贡献，也为在农村地区的终身教育体系和学习型社会建设积累了有益经验。

城市教育综合改革旨在形成统筹经济、科技、教育的领导体制，促进教育与经济和科技的紧密结合与协调发展。其主要任务是：深化教育体制改革，建立教育与经济、科技紧密结合的办学、管理体制及运行机制；把推进基础教育阶段的素质教育与积极发展职业教育和成人教育、稳步发展高等教育结合起来；合理配置和有效利用教育资源，形成学校教育、企业（行业）教育、社会教育相互配合的教育网络，提高城市教育的质量和整体效益；改革城市教育体制中条块分割的状况，调整教育结构和学校布局，优化配置各种教育资源，推动教育机构的协作、合作、联合、合并和共建，探索普通教育和职业教育、学校教育与社会教育之间的沟通渠道，为社会提供高效益和多功能的服务。1987年到1997年，全国开展教育综合改革试验的城市从20个大中型城市扩展到102个城市。

城市教育综合改革在探索教育与经济社会发展紧密结合、各类教育协调发展与资源共享、构建跨部门的教育领导体制、构建终身学习网络等方面取得明显成效，其改革成果和经验对于构建与终身教育相适应的教育新体制和建设学习型城市具有参考价值。

1993年到2009年，是我国终身学习体系建设的初级阶段，在市场经济转型、终身教育政策、现代信息技术发展等的综合作用下，我国原有以成人学历补偿教育为主的成人教育体系逐渐向满足人们多样化继续教育需求的终身学习体系转型。这个阶段终身学习体系的发展主要体现在政策上明确提出了构建终身教育体系、建设学习型社会的战略目标，在实践层面体现在成人非学历教育，特别是职业培训和社区教育的迅速发展壮大，以及在形成适应终身学习发展的教育新体制的改革探索方面，这些为此后全面构建终身学习体系和建设学习型社会奠定了基础。

## 三、全面构建终身学习体系阶段（2010年以后）

2010年《国家中长期教育改革和发展规划纲要（2010—2020年）》（以下简称《纲要》）的颁布实施标志着我国进入了全面构建终身教育体系、建设学习型社会的新阶段。《纲要》从全面建设小康社会的要求出发，确立了战略目标，"到2020年，基本实现教育现代化，基本形成学习型社会，进入人力资源强国行列"，强调要使现代国民教育体系更加完善，终身教育体系基本形成，学历教育和非学历教育协调发展，职业教育和普通教育相互沟通，职前教育和职后教育有效衔接，促进全体人民学有所教、学有所成、学有所用。《纲要》的颁布实施，为我国构建终身教育体系、建设学习型社会、发展继续教育注入了新的内涵和动力。

### （一）终身学习领导推进体制得到加强

《纲要》提出，加快发展继续教育，促进各级各类教育纵向衔接、横向沟通，统筹学历教育与非学历教育，构建灵活开放的终身教育体系，推进学习型社会建设，必须动员各方参与，促进资源共享，形成合力，必须要完善体制机制，强化政府统筹。《纲要》颁布实施后，我国加大了深化教育综合改革的力度。

　　一是成立国家教育体制改革领导小组。为了加强对教育体制改革的组织领导，国务院成立国家教育体制改革领导小组，成员单位包括中组部、中宣部、中编办、发改委、教育部、科技部等20个部门。其主要职责是审议教育改革发展的重大方针和政策措施，研究部署、指导实施教育体制改革工作，统筹协调教育改革发展中的重大问题。领导小组的成立对贯彻落实《纲要》提出的各项任务，统筹协调教育改革发展的相关政策发挥了重要作用。

　　二是设立国家教育咨询委员会。为了加强对教育体制改革的调研、论证和评估，2010年11月，成立国家教育咨询委员会。其主要职能是：对重大教育政策、重大改革事项进行论证评议，提供咨询意见；开展调查研究，对解决教育改革和发展中的重大理论和现实问题提出政策建议；对国家教育体制改革试点以及重大项目实施情况进行评估。首届委员共64人，由全国人大代表和全国政协委员、国务院参事、民主党派中央和人民团体领导、两院院士、大中小学校长及专家学者等组成。对应教育规划纲要确定的十大改革任务，委员会中设立了推进素质教育改革、义务教育均衡发展、职业教育办学模式改革、终身教育体制机制建设、创新人才培养模式改革、考试招生制度改革、现代大学制度建设、办学体制改革、保障体制机制改革、省级统筹综合改革共10个专家组。国家教育咨询委员会的设立，加强了社会各界对教育改革的参与，促进了教育决策的民主化。

　　三是调整教育部门机构设置。为了加强教育改革的统筹协调，2012年教育部成立综合改革司。除承担国家教育体制改革领导小组办公室的日常工作外，该司还承担统筹推进贯彻落实教育规划纲要的有关工作，提出落实教育体制改革的重要方针、政策、措施的建议，组织推进重大教育改革的有关工作，监督检查教育体制改革试点进展情况等。同时，为了加强对继续教育的宏观指导和统筹协调，教育部内新设继续教育办公室，负责协调推动终身教育体系建设，宏观管理社区教育、职工教育、社会培训等各类非学历继续教育，指导并管理成人教育、网络和远程教育、自学考试等各类学历继续教育。

（二）终身学习体系建设迈出新步伐

一是终身教育立法取得重大进展。20世纪90年代中期以来，在构建教育法制体系的过程中，有关方面曾尝试过制定国家终身教育法，但因条件不成熟而未能实现。《纲要》颁布实施以后，地方层面的终身教育立法有了重大进展，上海市（2011年）、太原市（2012年）、河北省（2014年）、宁波市（2014年）等地相继颁布实施了《终身教育促进条例》，成都市于2016年颁布实施了《社区教育促进条例》。这些地方性法规的出台为制定终身教育政策，包括建立跨部门的领导体制、明确相关部门职责、加强投入保障、完善激励机制及学习成果认定制度、建立专兼职师资队伍等提供了法律依据，不仅推动了相关地区的终身教育发展和学习型社会建设，也为国家的终身教育立法提供了重要参考。

二是开放大学建设模式试点工作初见成效。2010年年底，国家启动教育体制改革试点工作，其中的开放大学建设模式试点，主要探索开放大学办学模式、管理体制和教育教学方式等的转型和创新。2012年，教育部批复国家开放大学和北京、上海、江苏、广东、云南6所开放大学成立，同时将开放大学定义为以现代信息技术为支撑，主要面向成人开展远程开放教育的新型高等学校。6所开放大学试点积极探索基于各自特点和优势的发展模式，在拓展服务面向、建立学习成果认定转换制度、开展社会合作与对外合作等方面进行了积极探索，为广播电视教育向新型开放远程教育转型发展积累了经验。国家开放大学自2012年起，经过3年的研究与实践探索，初步构建了以学习成果框架为核心，以学习成果认证标准为依据，以学习成果认证服务体系和信息平台为依托的学习成果认证转换制度框架。并与行业企业合作制定了数十种职业证书的转换规则，将部分国家职业资格证书和行业企业培训证书纳入其课程教学中。截至2017年，先后建立了覆盖全国31个省份和20个行业的70个学习成果认证中心，为近40万学习者建立了学分银行账户。

三是高校继续教育改革创新取得进展。为推动新形势下高校继续教育的改革发展，2011年教育部启动了清华、北大等50所高校参加的"高等学校继续教育示范基地建设"项目，重点探索高校继续教育管理体制、运行机制、合作模式、服务模式、人才培养模式、技术手段创新。经过5年努力，该项目培育或开发了示范性案例201个，品牌培训项目279个，精品课程512门，教学基地1573个，建设了一批综合性、行业性继续教育数字化资源中心及公共学习服务平台。2012年清华、北大等百所高校及百家企业共同发起成立"大学与企业继续教育联盟"，根据国家重大领域、重点行业、重点企业、重大项目的需求及不同特点，量身订制继续教育和培训课程，把继续教育与解决行业企业面临的发展"瓶颈"问题相结合，得到行业企业及广大学员的欢迎。

四是继续教育数字化服务体系初步形成。现代远程教育68所试点高校设置校外学习中心2万多个，向学习者提供个性化的学习支持服务。2011年教育部启动"普通高等学校继续教育数字化学习资源开放服务模式的研究及应用"项目，推动建立了全国普通高校继续教育数字化学习资源开放联盟。同年年底，首批由北大、清华等高校知名教授主讲的20门"中国大学视频公开课"上线，免费向公众开放。截至2017年年底，全国已有460余所高校建设的3200多门慕课上线课程平台，选修课程的学习者超过5500万人次。获得慕课学分的学习者已有600多万人次。2014年组建"高校继续教育数字化学习资源开放与在线教育联盟"，截至2016年年底，联盟已有2万多门课程资源、5万多个微课，采取多种方式向社会和社区开放。联盟高校探索了慕课（MOOC）、微课、移动课程等多种新型资源开放课程和应用模式，紧密结合"一带一路""大众创业，万众创新"国家发展战略，推出30个服务国家战略的人才培养和资源建设行动计划。联盟逐渐发展成为中国最大的继续教育资源开放和服务联合体及公共服务平台，使众多行业企业和学习者受益。

五是社区教育覆盖面持续拓展。教育部继续推进社区教育实验区和示范区评选工作，2013年公布了第五批全国社区教育实验区名单，共有45个县区入选。2016年发布了第六批全国社区教育实验区和第四批全国社区教育示范区的名单，分别有64个和32个区县入选。2016年6月，教育部等九部门联合发布《关于进一步推进社区教育发展的意见》，提出了2020年社区教育发展目标，以及加强基础能力建设、整合社区教育资源、丰富内容和形式、提高服务重点人群的能力、提升社区教育内涵等主要任务，为社区教育的深入发展指明了方向和路径。

（三）学习型城市建设深入发展

教育规划纲要颁布实施后，作为教育体制改革试点，确定了广州等4个城市开展学习型社会建设试点。2013年，教育部与联合国教科文组织和北京市政府在北京联合举办了首届国际学习型城市大会，通过了《建设学习型城市北京宣言》和《学习型城市的主要特征》两项成果文件。会议期间，我国发布了《中国学习型城市建设发展报告》《中国学习型城市建设案例》，成立了学习型城市建设联盟。这些都对我国的学习型城市建设起了积极的推动作用。2014年8月，教育部、中央文明办等七部门发布了《关于推进学习型城市建设的意见》，提出了推进学习型城市建设的指导思想、总体目标、基本原则、主要任务和政策措施，强调要建立健全领导管理体制，推进法规制度建设，加强队伍建设，加大多渠道投入力度，营造终身学习文化氛围，开展评价、监测与国际交流等。学习型城市建设促进了终身教育体系的完善和城市的可持续发展，为推进学习型社会建设奠定了基础。

2010年以来，在《纲要》提出的"基本形成学习型社会"战略目标指引下，以及一系列深化教育改革政策的推动下，我国进入了全面构建终身学习体系和建设学习型社会的新阶段，传统的成人教育逐渐融入由高等继续教育、职业培训和社会教育为主要领域的新型继续教育体系中，我国终身学习体系朝着更加多元、更加开放、更加灵活、更加包容、更加完善的方向深入发展，向建成学习型社会的战略目标迈出了坚实的步伐。

## 四、新时代终身学习体系建设的新要求

党的十九大宣告了中国特色社会主义进入新时代，提出了新时代发展中国特色社会主义的基本方略，对实现"两个一百年"奋斗目标和实现中华民族伟大复兴中国梦做出了战略部署，提出了优先发展教育事业、加快教育现代化、建设教育强国的战略目标。2018年9月，改革开放以来第五次全国教育大会召开，习近平总书记发表了重要讲话，对贯彻落实十九大提出的教育战略部署提出了更加具体的要求。

党的十九大精神和习近平总书记在全国教育大会上的重要讲话为新时代我国终身学习体系建设指明了方向。

**（一）新时代要求加快学习型社会建设**

新时代促进人的全面发展和社会全面进步对终身学习提出了新的更高的要求。新时代决胜全面建成小康社会进而全面建成社会主义现代化强国，要求现代化的教育强国提供更有力的支持；新时代创造更美好生活，实现全体人民共同富裕要求教育在改善民生、促进社会公平方面发挥更大作用；新时代实现中华民族伟大复兴中国梦，需要全面进一步提高全体国民素质和知识技能水平；新时代我国将日益走近世界舞台中央，要为人类做出更大贡献，必须大力提升国人的国际意识和全球治理能力。只有建设更加完善的终身学习体系，建成学习型社会，才能满足新时代提出的新要求。

**（二）实施国家战略需要终身学习体系提供有力支撑**

实现全民学习、终身学习，不仅是推进经济建设、政治建设、文化建设、社会建设、生态文明建设的必由之路，也是实施科教兴国战略、人才强国战略、创新驱动发展战略、乡村振兴战略、区域协调发展战略、可持续发展战略、军民融合发展战略等国家战略的必然要求。人才强国、创新能力提升、乡村振兴、区域协调发展、可持续发展的关键在于提升人的素质和知识技能水平，而只有不断完善终身学习体系，建设学习型社会，才能通过全民终身学习持续提高人的素质和技能水平，为实施国家战略提供更有力的人力和智力支撑。

**（三）人与社会的可持续发展要求终身学习体系给予有力支持**

实现人与社会的可持续发展是当今时代的主题，而终身学习是实现个人和社会可持续发展的关键。因此，国际社会高度重视终身学习在促进可持续发展中的重要作用，联合国2030可持续发展议程（2016年）把教育列为可持续发展的重要目标（目标4）："确保包容和公平的优质教育，让全民终身享有学习机会。"当前，我国个人与社会的可持续发展面临着诸多挑战。比如，随着产业升级、新型工业化的深入，转业转岗及技能提升培训需求会越来越大；新型城镇化的加速将带来农村居民市民化过程中的巨大培训需求；社会的老龄化必然带来老年人学习需求的持续增大。与日益增长的全民终身学习需求相比，我国终身教育的发展不充分不协调，在机会、公平和质量方面不能充分满足广大人民群众的需求。要更好地推动人与社会的可持续发展，就必须在继续完善终身学习体系的过程中着力解决好终身学习发展不平衡不充分问题，大力提升终身学习的质量和效益。

改革开放40年来，我国初步形成了与经济社会发展相适应的终身学习体系，为全民终身学习提供了重要支持。但从"两个一百年"奋斗目标的战略要求来说，我国终身学习体系还有待进一步的完善。我们要根据党的十九大提出的加快教育现代化、建设教育强国的战略目标，继续完善终身学习体系，建立更加有力的领导体制，健全终身学习制度，强化法治保障，加强学前教育、继续教育等薄弱环节，加强各级各类教育的沟通衔接，加大对终身学习的投入力度，强化终身学习的质量保障，为完成十九大提出的"办好继续教育，加快建设学习型社会，大力提高国民素质"的战略任务提供更有力支持。

# 教育现代化与终身学习体系建设

韩民

党中央、国务院2018年印发的《中国教育现代化2035》，描绘了全面小康社会以后我国教育发展的蓝图。终身学习、终身学习体系是教育现代化战略中的关键词，作为我国教育现代化基本理念之一，《中国教育现代化2035》提出"更加注重终身学习"；作为教育现代化的首要发展目标，《中国教育现代化2035》提出"建成服务全民终身学习的现代教育体系"；作为2035年教育发展的十大战略任务之一，《中国教育现代化2035》要求"构建服务全民的终身学习体系"。2019年11月，党中央公布了十九届四中全会上通过的《中共中央关于坚持和完善中国特色社会主义制度　推进国家治理体系和治理能力现代化若干重大问题的决定》（以下简称《决定》），从国家治理体系和治理能力现代化的高度提出了"构建服务全民终身学习的教育体系"的战略任务。这两个重要文献凸显了终身学习体系建设对教育现代化的重要性。本文结合对这两个重要文献的学习和领会，探讨构建服务全民的终身学习体系，重点聚焦三个问题：一是如何理解终身学习体系概念的内涵与外延；二是分析我国构建终身学习体系的政策表述；三是加快构建终身学习体系目标和任务。

## 一、终身学习体系概念的内涵与外延

所谓"体系"是指"若干有关事物或某些意识互相联系而构成的一个整体"。"体"指事物的"整体"，"系"指事物的相互关系或联系，具有"系统"的含义。比如，"思想体系"是指"一定阶级或一定社会集团的思想观点的总和"，"工业体系"是指"一个国家相互联系的工业整体"，"市场体系"是指"各类市场组成的有机联系的整体"。因此，"体系"具有两个本质属性，一是"整体性"，二是"关联性"，"体系"是有机联系的事物的整体。"教育体系"是有机联系的教育机构、组织、制度与体制机制的总和，而"服务全民终身学习的教育体系"和"终身教育（学习）体系"则是指有机整合的各级各类教育和学习的总和。

"终身学习体系"这一概念最早是由日本提出的。1984年，作为教育改革的一个根本理念，日本首次提出"向终身学习体系过渡"，强调构建终身学习体系就是要从整体上改革原有以学校为中心的教育体系，整合学校教育、家庭教育和社会教育，使人人都能通过终身学习提高自己，而且其学习成果能得到恰当评价。1996年"经济合作与发展组织"（OECD）教育部部长会议提出将"全民终身学习"（Lifelong learning for all）作为成员国教育政策的基石。经合组织2001年的教育政策分析报告据此提出了终身学习体系的五个关键特征：第一，认同所有形式的学习，通过学分转换机制认可正规教育课程之外的非正规学习成果；第二，面向包括年轻人及成年人在内的所有人，因此需要从根本上改变教育内容与方法，注重学习的主动性和积极性等；第三，从终身学习视角看待学习机会与公平，要采取各种学习方法、课程和情景来满足多样的学习需求；第四，国家须依据终身学习需求来评估和有效配置教育与学习资源，除公共资源外，还需要鼓励和吸引私人资源；第五，终身学习需要在相关部门间进行政策统筹协调，以使社会各界参与治理。除日本和韩国外，其他国家，包括国际组织，虽然很少使用"终身学习体系"这个概念，但从理论上说，"终身学习"概念本身就包含了强调各级各类教育及其相互沟通与联系——也就是"体系"的含义。

理解终身学习内涵的关键是把握其三个重要维度，可以将其理解为一个由纵向、横向和纵深三条线构成的三维立方体。这三个维度也是构建终身学习体系的三项基本原则。第一个维度是学习的终身化。学习贯穿于人"从摇篮到坟墓"的整个生涯，学习伴随一生，具有全程性、终身性。人的一生有不同的发展阶段，每个阶段的教育和学习有不同主题，其内容和方法也有不同侧重。贯穿人终身的教育和学习是相互关联的整体，比如学前教育和学校教育在很大程度上影响一个人后来的教育和学习，因此要整合整个生涯的各个阶段的教育和学习，促进它们的纵向衔接。第二个维度是学习的全民化。在学习社会中，教育和学习不再是部分人的活动，而成为所有人的基本权利。随着学习者从部分社会成员拓展到全体社会成员，教育也需要面向人人、服务人人，增强包容性，满足所有人的学习需求，特别是社会弱势群体的学习需求。让全体人民"学有所教"是终身学习的重要使命，承担这一使命就要大力促进教育公平，从这个意义上说，终身学习也具有公共性。第三个维度是学习的多样化或全方位化。终身学习强调全方位的学习，强调非正规教育（如职业培训等）和非正式学习（自学，社区教育，利用图书馆、博物馆、科技馆、文化馆等社会文化教育设施中的学习活动等）与系统化的、组织化的正规教育同样重要，终身学习必须将三者有机结合起来。对学校教育来说，终身学习强调要把校内学习和校外学习、课内学习和课外学习、学校教育与社会教育更好地结合起来。

与上面概念内涵的理解与把握相关联，国际上在使用相关概念时一个重要趋势是逐渐用"终身学习"替代"终身教育"。其主要原因，一是"学习"的外延比"教育"更宽，除了正规教育和非正规教育，还包括非正式或非组织化、非固定形式的学习，有些学习活动虽不属于"教育"的范畴，但对人的发展非常重要；二是"学习"强调学习者的主体性或主观能动性，而教育则是"有计划、有意识、有目的和有组织的学习"，"学习"更加关键，对人的发展更具本质意义。

## 二、教育政策表述中终身学习体系的发展变化

终身学习体系作为一个重要的政策概念出现在我国教育政策文本中已经有20多年，其间经历了一些表述上的变化。

我国最早出现"终身教育（学习）体系"概念的教育政策文本是1995年的《中华人民共和国教育法》，其第十一条提出："国家适应社会主义市场经济发展和社会进步的需要，推进教育改革，促进各级各类教育协调发展，建立和完善终身教育体系。"这里使用的"终身教育体系"概念，不仅强调教育改革，而且强调各级各类教育协调发展。由此可见，这一概念是作为涵盖各级各类教育在内的教育的整体。

1999年《中共中央国务院关于深化教育改革，全面推进素质教育的决定》指出，构建与社会主义市场经济体制和教育内在规律相适应、不同类型教育相互沟通相互衔接的教育体制，大力发展现代远程教育、

职业资格证书教育和其他继续教育。完善自学考试制度，形成社会化、开放式的教育网络，为适应多层次、多形式的教育需求开辟更为广阔的途径，逐渐完善终身学习体系。这里使用的是"终身学习体系"概念，该表述既突出强调了"终身学习体系"中社会化、开放式的教育网络建设，也强调了不同类型教育相互沟通相互衔接的教育体制，应是指包含继续教育的各种教育和学习的整体。

　　进入21世纪以后，"构建终身教育（学习）体系"开始出现在党的代表大会报告中。党的十六大报告（2002年）在阐述作为全面建设小康社会的目标时，提出形成比较完善的现代国民教育体系、科技和文化创新体系、全民健身和医疗卫生体系。人民享有接受良好教育的机会，基本普及高中阶段教育，消除文盲。形成全民学习、终身学习的学习型社会，促进人的全面发展。作为大力发展教育和科学事业的重要战略举措，报告还提出加强职业教育和培训，发展继续教育，构建终身教育体系。报告里首次出现了"现代国民教育体系"和"终身教育体系"两个相关概念，从其上下文关系看，"终身教育体系"主要指职业教育与培训、继续教育等。在党的十七大报告（2007年）中，围绕"实现全面建设小康社会奋斗目标的新要求"，提出了"现代国民教育体系更加完善，终身教育体系基本形成"的战略目标。这里将两个"体系"并列表述，引发了人们对两个体系关系的热烈讨论。而党的十八大报告（2012年）中有关表述是：办好学前教育，均衡发展九年义务教育，基本普及高中阶段教育，加快发展现代职业教育，推动高等教育内涵式发展，积极发展继续教育，完善终身教育体系，建设学习型社会。虽然从这段表述中难以准确判断"终身教育体系"的内涵、外延，但报告中将"完善终身教育体系"同"建设学习型社会"

联系起来表述，揭示了两者间的紧密关联。在党的十九大报告（2017年）中没有提及"终身教育（学习）体系"，但从"办好继续教育，加快建设学习型社会，大力提高国民素质"的相关表述，可以理解为终身教育（学习）体系被包含在"学习型社会"的内涵中，且特别强调了继续教育对于建设学习型社会、对于提高国民素质的重要性。

2010年颁布实施的《国家中长期教育改革和发展规划纲要（2010—2020年）》，提出基本实现教育现代化，基本形成学习型社会，进入人力资源强国行列，以此作为2020年的三大战略目标，并把"构建体系完备的终身教育"作为实现上述战略目标的重要任务。关于完备终身教育体系的内涵，纲要强调学历教育和非学历教育协调发展，职业教育和普通教育相互沟通，职前教育和职后教育有效衔接，现代国民教育体系更加完善，终身教育体系基本形成，促进全体人民学有所教、学有所成、学有所用。在这个政策表述中，"终身教育体系"的概念显然指的是协调发展并沟通衔接的各类教育的整体，其将"国民教育体系"和"终身教育体系"并列的表述引起人们对两者关系的深入讨论。

两个重要政策文本对终身学习体系做了更进一步的表述。第一个重要政策文本是《中国教育现代化2035》，其中把"终身学习"和"终身学习体系"作为教育现代化的核心概念。《中国教育现代化2035》在推进教育现代化的八大基本理念过程中，强调要"更加注重终身学习"；在2035年教育发展的首要目标中，提出要"建成服务全民终身学习的现代教育体系"；在2035年教育发展的十大战略任务中，提出要"构建服务全民的终身学习体系"。与前述的有关政策文本相比，《中国教育现代化2035》的相关表述更加具体明确：第一，用"终身学习"替代"终身教育"的概念；第二，把"服务全民终身学习"作为教育体系现代化的关键特征，强调各级各类教育都要服务于全民终身学习；第三，把构建服务全民终身学习的现代教育体系作为教育现代化的首要目标，进一步凸显了终身学习及其体系建设对教育现代化的重要意义。不过，《中国教育现代化2035》中提出了"服务全民终身学习的现代教育体系"与"服务全民的终身学习体系"两个概念，这两个概念有何异同、有何关系，还有必要进行深入探讨。在笔者看来，这两个概念本质上是相同的，就是"全民终身学习体系"。第二个重要政策文献是党的十九届四中全会上通过的《决定》。《决定》从坚持和完善中国特色社会主义制度、推进国家治理体系和治理能力现代化的战略高度，提出了"构建服务全民终身学习的教育体系"的战略任务，并将其作为"幼有所育、学有所教、劳有所得、病有所医、老有所养、住有所居、弱有所扶等方面国家基本公共服务制度体系"的重要一环。从《决定》中不难看出，"服务全民终身学习的教育体系"具有很强的公共性，它不仅要满足全民终身学习需求，也应为促进更高质量就业、社会保障和人民健康水平等有所贡献。

从以上对政策文本的梳理中不难发现，我国教育政策对终身学习体系概念的内涵表述经历了逐渐清晰、逐渐拓展、逐渐丰富的发展过程。这个概念的发展过程反映出三个重要趋势：一是作为政策概念，从最初的"终身教育体系"逐渐转向"终身学习体系"；二是用"服务全民终身学习的教育体系"或"服务全民的终身学习体系"（这两个体系实质上是一个体系）整合"国民教育体系"与狭义的"终身教育体系"；三是逐步提高了构建终身学习体系在教育政策中的统领地位。《中国教育现代化2035》和《决定》不仅深化了对终身学习体系的理解，而且其提出的教育现代化和治理现代化的方向、目标和任务，为加快构建服务全民的终身学习体系提供了新的契机和动力。

## 二、加快构建与完善终身学习体系的目标任务

### （一）更新教育观念，牢固树立终身学习理念

终身学习是教育现代化的核心理念。终身学习理念强调教育和学习的整体性、全程性、全民性、开放性、包容性、灵活性和多样性，强调任何人在任何时间、任何地点的学习，强调教育要面向每个人，适合每个人，强调各级各类教育与学习的融会贯通，强调采用灵活多样的学习方法与途径，强调能力特别是核心能力，即学习能力、实践能力和创新能力的培养，强调各种学习资源的统筹共享。《中国教育现代化2035》提出的推进教育现代化的八个基本理念不仅有"更加注重终身学习"，其他几个理念，如以德为先、全面发展、面向人人、因材施教、知行合一、融合发展、共建共享，也与终身学习理念所注重和强调的价值是相同的。联合国教科文组织倡导的终身学习的"四个支柱"，即学会认知、学会做事、学会做人、学会共存，与《中国教育现代化2035》中强调的推进教育现代化的基本理念也是相似的。树立终身学习的理念，就是要转变偏重学校教育、忽视继续教育，偏重学历教育、忽视非学历教育，偏重知识学习、忽视能力培养，偏重学科教育、忽视综合学习，偏重课堂教学、忽视社会实践，偏重统一要求、忽视个性培养的观念，积极推进教育和学习的终身化、开放化、融合化、多样化、个性化发展，积极推进各级各类教育的协调发展，积极推进正规教育、非正规教育和非正式学习的融合，积极推进学校教育、家庭教育、社会教育的结合，为人的可持续的学习和发展提供更加有

力的支持。

## （二）加快构建与完善全民终身学习体系

服务全民终身学习是现代教育的重要特征，构建全民终身学习体系是实现教育现代化的重要任务。满足全民终身学习需求，实现全体人民"学有所教"的目标，必然要求构建完备的终身学习体系。因此，要根据《中国教育现代化2035》中提出的推进教育体系现代化的目标，加快构建服务全民终身学习的教育体系。

### 1．完善立德树人的体制和机制

立德树人是教育的根本任务，是贯穿人的生涯、贯穿教育的全过程、贯穿各级各类教育、贯穿教育教学各个环节的系统工程，需要从整体上推进。根据人的身心发展与成长规律，统筹建立各级各类教育协调发展、相互衔接的立德树人体制和机制，继续深化教育领域的综合改革，把立德树人贯穿在终身学习的整个过程和各个环节中，实现全员、全程、全方位的教育和学习。按照党的教育方针、德智体美劳全面发展的要求，继续深入推进素质教育，加强核心素养、核心能力培养。建立学校、家庭与社会一体化的育人机制，促进学校教育、家庭教育、社会教育的紧密结合。

### 2．进一步促进各级各类教育协调发展

当前我国的教育体系还不能完全满足全民终身学习的需求，存在着明显的短板。从教育阶段看，学前教育、高中阶段教育、继续教育、特殊教育等仍是短板。从教育类型看，与普通教育相比，职业教育相对薄弱；与学校教育相比，社会教育、家庭教育相对薄弱。从地域看，与城市相比，农村的学习资源相对匮乏。从人群看，农村居民、残疾人、低学历者、低技能者、老年人等学习机会相对较少。从继续教育

看，与学历继续教育和职业培训相比，社区教育发展相对滞后。实现全民终身学习，就要按照《中国教育现代化2035》和《决定》提出的推进各级各类教育协调发展的目标任务，推动城乡义务教育一体化发展，加快普及学前教育、高中阶段教育和特殊教育，更好统筹职业技术教育、高等教育、继续教育的发展。继续教育要实现学历教育、职业培训、社区教育等的协调发展，更好发挥在技能开发、文化振兴、社区治理、社会保障等方面的积极作用。增强教育的包容性，促进教育公平，为弱势人群提供更多终身学习机会，继续努力缩小终身学习机会和质量上的城乡差距、区域差距及人群差距，加快建设面向每个人、适合每个人、惠及每个人、实现全民终身学习的学习型社会。

**3．促进各级各类教育更加顺畅地沟通和衔接**

完善招生入学、弹性学习、继续教育和学习成果认定转换制度，为学习者开辟更加开放和多样的就学、升学、转学通道。畅通各级教育之间的衔接，实现从学前教育到义务教育、从义务教育到高中教育、从高中教育到高等教育的升学更加顺畅，更加体现素质教育的要求。加强普通教育与职业教育的沟通，在基础教育中加强职业启蒙和生涯教育，在职业教育中加强通用能力与核心素养的培养。加强职业教育和高等教育中的产教融合、校企合作，完善合作机制和政策体系，促进学校和企业共同育人、共享资源，推动校内学习与职场学习的优势互补，继续推进现代学徒制和企业新型学徒制人才培养。加快推进非学历学习成果认定，促进各类教育培训机构之间的学习成果互认和衔接。

**4．促进社会参与，促进教育和学习资源共享**

构建服务全民的终身学习体系，仅仅靠公共教育资源是不够的，必须充分调动全社会各种教育资源，包括社会教育、民办教育、合作办学及家庭教育等教育资源，促进各种资源共建共享与优势互补。按照《中国教育现代化2035》和《决定》的要求，支持和规范民办教育、合作办学，构建覆盖城乡的家庭教育指导服务体系。通过扶持和规范，扬长避短，充分发挥民办教育资源的优势，特别是在学前教育、校外教育、继续教育、网络教育等方面的积极作用。通过加强对家庭教育的指导与服务，增强家庭教育力。充分挖掘社会教育资源，增强社会教育力，更好发挥博物馆、图书馆、科技馆、体育馆等的终身学习功能，为学习者的德育、智育、体育、美育和劳动教育提供更多支持。充分发挥现代信息技术，特别是网络教育和人工智能优势，拓展教育时空，推动教育教学创新。

（三）推进制度改革创新，优化全民终身学习制度环境

全民终身学习体系需要有力的制度支持，终身学习制度是教育制度现代化的重要内容。要按照终身学习理念深化制度改革，推进制度创新，建立和完善终身学习制度体系。根据《中国教育现代化2035》中提出的终身学习制度建设的主要任务，要加快完善更加开放的招生入学制度、更加灵活的弹性学习制度及更加包容的继续教育制度。"落实开放灵活的终身学习体系，取决于对各种教育和工作空间中的知识和能力进行承认、认证及评估的机制。"要加快建立适应全民终身学习的学习成果评价制度，特别是非正规和非正式学习成果的认定、积累、转换制度，加快建立国家资历框架，为终身学习成果认定提供依据和工具。建立适应全民终身学习的资助制度，健全家庭经济困难学生资助体系，探索建立从业人员带薪学习假、个人学习账户、培训券等制度，完善职工教育经费提取和补贴制度。将社区教育纳入公共财政支持范围，建立社区教育财政拨款制度。探索建立社区教育工作者专业

化、资格化的相关制度，提高终身学习服务的质量和专业化水平。探索建立终身学习成效、学习型社会建设成效的评估制度体系。

**（四）深化教育教学改革，加快教育内容与方法现代化**

终身学习呼唤创新教育内容和方法，呼唤教育内容和方法的现代化。"采用开放和灵活的全方位终身学习方法，为所有人提供发挥自身潜能的机会，以实现可持续的未来，过上有尊严的生活。"要按照立德树人根本任务、人的全面发展的根本要求，转变教育观念、更新教育内容、革新教育方法，把教育教学的重点从知识传授转向能力与素质培养，促进教育教学的个性化，努力提升教育的质量和针对性，为人的可持续发展奠定坚实基础。调整教育教学内容，就是要按照"面向现代化、面向世界、面向未来"基本原则，以立德树人为根本目标，以学会认知、学会做事、学会做人、学会共存为主要任务，把教育教学重点从知识灌输调整到立德树人上来，重点要加强社会主义核心价值观、终身学习能力、实践动手能力、合作能力和创新能力的培养。革新教育教学方法，创新人才培养方式，增强教学的针对性、灵活性、融合性和多样性，推行启发式、探究式、参与式、合作式等教学方式以及走班制、选课制等教学组织模式，加强综合学习和实践学习，培养学生创新精神与实践能力。注重教育教学内容与方法的整合与融合，促进学校教育、家庭教育和社会教育的结合。完善教育评价体系，建立与终身学习和素质教育相适应的更全面的评估框架。

**（五）建立服务全民终身学习的教育治理体系**

国内外终身学习体系建设的经验和教训表明，终身学习体系的建立与完善离不开现代化的教育治理体系。《决定》从坚持和完善中国特色社会主义制度、国家治理体系和治理能力现代化的战略高度，提出了构建服务全民终身学习的教育体系的战略任务，同时也为推进教育治理体系和治理能力现代化指明了方向。《中国教育现代化2035》提出的"形成全社会共同参与的教育治理新格局"发展目标，为建立和完善服务全民终身学习的教育治理体系提供了路径。

**1．加快制定终身学习促进法，强化终身学习的法制保障**

《决定》强调了法治对治理体系现代化的重要意义。《中国教育现代化2035》也提出，推进教育治理现代化首先要完善教育法律法规体系，健全教育法律实施和监管机制，提高教育法治化水平。制定出台促进终身学习的专门法律是构建服务全民的终身学习体系的必然要求。在我国，虽然制定终身学习相关法律的动议提出已有20多年，但除上海市等少数地方出台了终身教育促进条例外，国家层面的相关立法始终未能实现。日本、韩国及我国上海等地方终身教育立法的实践表明，有法可依是终身学习体系及其治理的重要保障。要加快构建服务全民的终身学习体系，就要根据《决定》强调的依法治理和《中国教育现代化2035》提出的完善教育法律法规体系的要求，借鉴上海等地制定终身教育促进条例的经验，尽快出台国家层面促进终身学习的专门法律，为全民终身学习的治理提供有力的法制保障。

**2．建立健全统筹有力的终身学习领导管理体制**

终身学习体系服务于全民，涵盖社会各种教育和学习资源，需要广泛参与、共建共享、责任分担、统筹协调、融合沟通。建立在部门分割管理基础上的传统教育治理体系已难以适应发展需要，构建终身学习体系首先需要建立与其相适应的教育治理体系。在这方面，我国一些地方取得的经验值得借鉴。上海市在推进终身教育和学习型社会建设过程中，探索形成了政府主导、多方参与、统筹协调、合理推动的学习型社会建设领导管理体制。依照终身教育促进条例，上海市成立了由市委分管副书记、市政府分管副市长分别任正、副主任，20多个市委、市政府相关委办局负责人任委员的"上海市学习型社会建设与终身教育促进委员会"，对推动上海的终身教育和学习型社会建设发挥了重要作用。建立全民终身学习治理体系要依照《中国教育现代化2035》提出的"共建共享"的基本理念和"统筹推进"的基本原则，在中央和地方政府层面加强教育部门同其他相关政府部门的统筹协调，比如在职业教育与培训上同人力资源与社会保障部门、在社区教育上同民政部门、在文化教育（图书馆、博物馆、文化馆等）上同文化部门、在科普教育上同科技部门、在老年教育上同卫生健康部门和民政部门等的统筹协调。在教育系统内部要深化教育综合改革，加强基础教育、职业教育、高等教育、继续教育等各类教育间的统筹协调。加强统筹是《决定》提出的完善国家行政体制的一项任务，《决定》提出健全部门协调配合机制，防止政出多门、政策效应相互抵消。

### 3. 促进社会参与和教育学习资源的开放共享

全社会共同参与是教育治理新格局的重要内涵，也是构建服务全民的终身学习体系的必然要求。要建立教育领域公共部门与民营部门、公办教育与民办教育之间的和谐关系，促进两种资源的合作共享、优势互补。促进教育机构同社区的紧密结合，加强教育机构治理的社会参与。推动学校教育资源向社会开放，强化职业学校和高等学校的继续教育与社会培训服务功能。推动职业教育、高等教育、继续教育等领域的产教融合、校企合作。促进中小学教育利用社会教育资源开展校外教育和实践学习。加强在线教育资源网络与共享平台建设，依托现代信息技术，促进优质教育资源共享。整合学校教育资源和其他社会资源服务社区居民学习。促进社区居民对社区教育治理的参与，推动社区教育的自我组织、自我发展、自我管理、自我服务。

（载《教育与教学研究》2020年第8期第100—109页）

# 中国终身学习话语体系的嬗变与重构

　　话语体系是反映并建立在经济、社会基础上的价值系统，也是体现国家文化传承、意识形态、重大利益、战略方向和政策举措等官方基本立场的表述。终身学习话语体系是基于终身学习价值取向提出的系统性主张和观点，是由终身学习学术性话语、政策性话语和社会性话语相互作用形成的话语综合体。面向国家重大战略转换期，探讨改革开放40多年来我国终身学习话语体系的历史演进、时代价值与转换路径问题，有助于推动新时代中国特色终身学习话语体系的守正创新，为构建服务全民终身学习的教育体系提供新思路和新举措，提升终身学习的国际话语权。

## 一、我国终身学习话语体系的历史演进

　　改革开放40多年来，伴随着经济社会的重大转型及国家重大战略的转换，我国终身学习话语体系的发展过程基于理论、政策、实践三个维度的关键影响因素，经历了三个演进阶段，发生了三次大的跃升，实现了从学术理论到政策部署再到社会性实践的历史性飞跃，逐步形成了具有中国特色的终身学习话语体系。

## （一）基于教育开放战略的话语导入期

20世纪70年代，冷战结束后的全球科技竞争加快、第三产业快速上升趋势加速了各国对各种人才的大量需求，教育开始成为一项"人的基本投资"。我国也不例外。1972年，"终身学习"作为一个术语，与"终身教育""学习型社会"并列正式出现在联合国教科文组织的报告《学会生存——教育世界的今天和明天》（"Learning to Be: The World of Education Today and Tomorrow"，以下简称《学会生存》）中，自此，终身学习作为一种教育理念开始影响诸多国家和地区。报告第一次正式提出"终身学习"理念，认为教育要集中力量培养完善的人，要把个人在体力、智力、情绪、伦理各方面的因素综合起来；要重视每个人阶段性知识的终身习得与持续性道德的完善，推进全民终身学习。同时，报告强调全民终身学习的思想要点是学会生存，学会关心，学会认知，学会做事与学会共存，全民终身学习的实践要点是可持续发展，全民终身学习的理念反思是寻求共同利益。终身学习开始被教育赋予了全新的意义，强调以关心尊严与福祉、道德与福利、独存与共存的终身学习理念革新教育体系。改革开放后，正规的学校教育已不能彻底、有效地支撑我国社会经济的人才需求。为适应现代化建设需要，国家发展新方案不再以单线化思维全盘否定西方的现代性，引发了终身学习理念及其相关理论正式传入我国。1983年，邓小平提出教育要"面向现代化，面向世界，面向未来"的总体方针，教育的"三个面向"和培育"四有新人"为终身学习的进一步落实与发展指明了方向。虽然这时的终身学习发展战略在国家与政策层面还没有正式确立，但学界通过一系列相关研究进行了终身学习话语的初创，推动了终身学习话语的酝酿。如，《学会生存》报告由华东师范大学比较教育研究室1982年翻译出版。该书的翻译出版在教育界掀起了一股讨论终身学习的热潮。厉以贤先生发表在《教育研究》1999年第7期的《终身教育、终身学习是社会进步和教育发展的共同要求》一文，就鲜明阐述了终身学习的重要性，认为"教育与学习应贯穿人的一生"及"学校教育及其学习不应成为青年人专利"。后续国内教育界又先后译介了由持田荣一等人编写的《终身教育大全》、泰特缪斯（C. J. Titmus）编写的《培格曼国际终身教育百科全书》（*Lifelong Education for Adults: An International Handbook*）、克罗普利（A. J. Cropley）编写的《终身教育：心理学的分析》（*Lifelong Education: A Psychological Analysis*）等，它们都从不同侧面有效支撑了终身学习话语初创。关于"教育应贯穿人的一生"及"学校教育不应成为青年人专利"的终身学习思想也引起了学界关注。有关终身学习的学术研究日益增多。学界对"终身学习"与"终身教育"概念的辨析及其关系也达成了一定共识。一是与广义的学习有所不同，终身学习是一种思想、理念和原则。二是终身学习与终身教育不同，两者是一个概念的两面，在内涵上各有侧重：终身学习是从个人需求出发，是个体为生存与发展主动进行的持续学习过程，其本质是人的一种生存方式，强调一生学习的价值逻辑优于阶段教育；而终身教育是从社会供给出发，是社会对个体进行的从出生到死亡的持续教育过程，其内涵是各级各类教育体系的衔接及其融通，其本质是教育方式。三是终身学习从理念转化为实践的基本目标是构建终身学习体系，而实现这一目标的基本途径是统筹协调各级各类教育。这三点基本共识充分体现了终身学习话语体系在学界的逐步成熟。

不难看出，基于教育开放战略，学者们更多是把终身学习作为一种理念来认识的，对终身学习的定位聚焦于提供学历补偿和职业技能训练的成人学习和继续学习上。终身学习的目标聚焦于不断提高劳动者素质；终身学习的对象突出青壮年从业者；终身学习的原则倡导终身学习与市场生产实际结合，强调实效性，即以最优化、最经济的方式培养社会所需劳动者。整体上，学界把终身学习作为一种政策的相关研究并不多，即使在教育政策专门研究中也是如此，让人难以把握对某一个国家终身学习政策的精确且理性的认识。可以说，在这一时期，学者们通过理论引介迅速完成了终身学习话语的初创。无论是从建设现代化国家的角度，还是从实现教育开放理想的角度，这一阶段的终身学习话语初创是比较成功的。但这一阶段的话语体系也存在一些问题，即话语中存在一定的西化思维定式，在一定程度上对本土文化的内在规定有所忽略；将西方模式简单挪移，没有意识到西方话语与本土话语的本质区别与内在矛盾，为后来新的终身学习本土理论与本土实践需求之间的持续紧张埋下了伏笔。

（二）基于经济增长战略的话语深化期

步入20世纪90年代后，经济增长使传统教育体系不能适应现代化发展速度。知识结构的老化、教学内容的陈旧、教育机制的固化等问题，加速了社会民众对可持续性教育的强烈渴望，由此，教育改革在全国范围内全面展开。教育资源供给不断加大，学习者规模逐步增多，普通高等学校非全日制教育与培训、成人非学历教育、社区教育等教育模式纷纷出现。因为与终身学习倡导的"教育应贯穿人一生"的理念不谋而合，所以政府加快了对终身学习话语的政策推进。在推动教育服务社会发展全面启动之时，这一时期终身学习话语体系深化的基本依据是1993年颁布的《中国教育改革和发展纲要》和1995年颁布的

《中华人民共和国教育法》（以下简称《教育法》）。1993年，"终身学习"概念第一次被写进《中国教育改革与发展纲要》，是前期"三个面向"目标下终身学习主动适应现代化建设需要的结果。它的基本目标是以岗位培训学习和继续学习为基本实施策略，促进经济和社会发展。至此，终身学习话语从一种理论借鉴性国际思潮迅速上升为本土国策。1999年发布的《面向21世纪教育振兴行动计划》提出，到2010年，基本建立起终身学习体系。这是我国官方文件第一次使用"终身学习体系"的概念。2002年，党的十六大报告提出，到2020年我国要形成全民学习、终身学习的学习型社会。这是官方文件首次提出建设"学习型社会"的战略目标。

　　总体来看，这一时期，国家政策与相关教育政策的支持强度，决定了终身学习话语落地的深度与广度，也促进了终身学习实践话语的全面铺开。其基本特征主要体现在两个方面。一是终身学习机会的拓展与终身学习体系的完善使得教育改革成为新话语体系的核心价值。如1999年发布的《关于深化教育改革全面推进素质教育的决定》强调，要积极运用远程教育为全民提供终身学习机会；2003年发布的《关于完善社会主义市场经济体制若干问题的决定》提出，要增强全民的就业能力、创新能力、创业能力，努力把人口压力转变为人力资源压力。这些目标的提出说明终身学习实践开始基于各级各类教育的职能拓展，与此同时，这一时期的话语体系重点也从通过成人教育促进终身学习机会逐渐转移到通过社区教育、远程教育、职业教育与素质教育促进终身学习体系的完善上来，整体上对终身学习的认识逐步脱离了成人教育范畴。二是将终身学习的地方化立法作为新话语体系的内在动力。如2004年发布的《关于加强党的执政能力建设的决定》明

确要求，要营造全民学习的浓厚氛围。在此影响下，终身学习的地方
立法实现了"零"的突破并进入高峰期。2005年，福建省制定了我国
第一部终身教育地方条例《福建省终身教育促进条例》。尔后，上海于
2011年颁布《上海市终身教育促进条例》。总体上，这一时期，国家基
于经济增长战略，通过终身学习机会的拓展与终身学习体系的完善等
相关政策以及终身学习的地方立法方案促进了终身学习话语体系的功
能发挥及其深化，实现了终身学习话语的规范化控制。另外，在终身
学习法治化发展模式得到重视的同时，前一时期占主导地位的西方学
术式话语、国际政策式话语并没有失语，而是与新的法治化与政策性
方案进行调和，深化成本土话语与西方话语的复合话语体系。

（三）基于民生可持续发展战略的话语创新期

党的十八大以来，习近平总书记强调，中国将努力发展全民教育、
终身教育，建设人人皆学、处处能学、时时可学的学习型社会；同时
明确提出，全民教育与终身教育、全民学习与终身学习问题是关系中
华民族能否持续发展与实现民族复兴大业的重大战略问题。这既明确
表达了终身学习话语体系的创新价值取向，也重点提出了终身学习话
语体系必须蕴含的为民情怀，即必须满足人民对可持续发展教育的需
求与期待。

党的十九届四中全会发布《中共中央关于坚持和完善中国特色社
会主义制度　推进国家治理体系和治理能力现代化若干重大问题的决
定》（以下简称《决定》），与《中国教育现代化2035》两份战略性、纲
领性文件，强调了终身学习作为指导教育改革与发展的统领性理念。
尤其《决定》把"建立全民终身学习制度环境"作为教育改革新要求，
把"构建服务全民终身学习的教育体系"列为统筹城乡民生保障制度

的重点任务，强调这是坚持和完善我国教育制度的总体目标。显然，推进终身学习理念、建立终身学习制度环境直至构建服务全民终身学习的教育体系，已成为政府保障公民学习机会、权利，乃至提高全民素质，升华国家教育治理体系与治理能力现代化的一项根本国策。这些从根本上深刻体现了我国开始从外部的终身教育体制机制的建设与完善，转向内部终身学习需求的满足与质量提升、终身学习资源的利用与整合以及终身学习机会的创造与提供等精准化的个性服务上来。

总体来看，这一时期的终身学习话语体系主要围绕民生可持续发展新需要及服务全民终身学习的教育体系构建继续展开。社区教育与社区治理、代际学习与家校合作等相关话语为其带来了新的维度与视角，衍生出了更多相关话语的思考。《国家中长期教育改革和发展规划纲要（2010—2020年）》实施也促进了我国终身学习领导体制的不断加强，并持续推进了终身学习立法、一级开放大学试点建设等工作，强调了终身学习对民生的重要性以及终身学习价值的全民性，体现了终身学习理念的人道主义价值取向。这些都对进一步深化终身学习话语体系发挥了重要的推动作用，在某种程度上，可以说是赋予我国终身学习"国之大计、民之大计"之重任。在使人民享有更好教育的梦想逐步变为现实的新目标下，以人民为中心的终身学习新发展理念也彻底催生了终身学习话语的创新，开启了新时代中国特色社会主义终身学习话语体系发展新征程。基于前期的理论借鉴与实践探索，实现了终身学习话语体系的守正创新。因此，这一时期国家基于民生可持续发展战略，迅速完成了终身学习话语体系的中国道路转换，展现了新时代党和国家在终身学习领域的行动方向和基本目标，也决定了我国终身学习的新价值观与新发展方向。无论是从建设现代国家战略还是从实现教育体系改革理想的角度，这一时期的终身学习话语创新都具有积极的现实意义，既有助于我们摆脱长期以来在终身学习话语上的依附心态，稀释了西方终身学习话语带来的水土不服问题，也践行了国际终身学习话语的价值取向与目标。其中，与西方注重全民终身学习民生的个人价值不同，我国终身学习注重民生的共同价值，即我国终身学习话语所蕴含的民生价值是基于全民整体利益的价值关怀且注重全民利益的事实性，同时也以全民共同利益为基本目标，整体上契合了现实社会经济发展的客观需要。与此同时，服务全民终身学习的教育体系建设目标更好地融合了前期我国终身学习理念的内涵认识：一方面，这一目标是对全民学习多元需求的积极回应与结构性建设；另一方面，这一目标也是对教育治理现代化的积极回应，是对教育制度设计、教育体系架构、教育内容安排的创新性改良建设。

## 二、我国终身学习话语体系的时代价值

经过40多年的积极探索，我国已经形成了具有独具特色的终身学习话语体系，体现了独特的时代价值。

### （一）激励号召价值

纵观终身学习话语体系的演变历程可以看出，我国终身学习话语体系与国家重大战略具有同步性，离开国家重大战略来探讨我国终身学习话语体系问题是没有意义的。党和国家通过教育开放、经济增长、民生可持续发展等一系列重大战略举措，使终身学习经历了从简单借用域外到逐渐创生属己的话语体系的嬗变，实现了从最初模糊抽象的词汇到现代话语体系的飞跃，成为中国特色教育理论体系的重要组成部分。从整体上说，我国终身学习话语顺应了时代发展，不同阶段的

话语内在逻辑基于终身学习的理论与实践结合、借鉴与融合共存、继承与创新统一的原则，结合民生可持续发展需求，以官方话语与民间话语相互融合、政治话语与学术话语相互拓展、理性话语与感性话语相互并进的方式出现在不同阶段，推动了终身学习实践的持续创新与积极演变，体现了终身学习话语的激励号召价值。改革开放初期，因为终身学习思想与当时的时代需求密切契合，同时又积极呼应了中国古典教育视野中蕴含的对人终身发展、德行提升的热切期待，终身学习话语一经提出便立即吸引了很多教育学者与实践工作者的研究与思考，充分发挥了终身学习话语的吸引力和号召力。作为教育改革与创新的动力，我国终身学习话语体系不仅源自对国际终身学习经验的学习与借鉴，更来自我国教育内部几千年延续至今的思想体系。它更多体现"在明明德，在新民，在止于至善"和"修身、齐家、治国、平天下"的道德理念，为人民服务的奉献理念和爱国爱家的民族理念。因此，我国终身学习对人文与民生负有的使命，是我国终身学习话语的独特体现。

改革开放40多年来，我国终身学习，无论从理念还是实践，都始终强调把个人的终身发展与社会贡献结合起来，把个体的持续学习与社会责任结合起来，把职业能力提升与社会道德养成结合起来。从外延上说，我国的终身学习指向每个人的终身可持续发展权利，激励每个人去获得终身所需的知识与技能；从内涵上说，我国的终身学习以提升人的精神品质为主要宗旨，对教育回归人性起到了推进与点拨作用。注重对人性的回归，也体现了我国终身学习是一个超越个人和国家的具有普遍意义的理念。因为基于这种非功利的目的来培育有生命内涵且富有社会责任感的合格公民，终身学习才得到了社会公众的积极呼应与学界的研究跟进。无论是改革开放初期引入终身学习，还是党的十八大以来大力推进终身学习，学界始终积极解读政策并及时传达民声，始终沿着一条上通下达的健康轨道前行，有力地促进了我国教育的改革与发展。

（二）目标导向价值

我国终身学习理念聚焦个体主观能动性发展和社会持续适应性获得的双重视角，认为人一生的学习是日益复杂与充满变化的，是当代社会的新型生存与发展方式。因此，当前我国终身学习重视的是，教育过程由"教"向"学"的位移、学习者地位由被动向主动的提升、学习责任由他律向自律的转换、学习需求由外驱向内驱的回归，以及学习方式、学习资源、学习途径、学习内容等的开放、灵活与统整。

从我国终身学习话语体系的历史生成来看，随着1987年国家相继发布《国家教育委员会关于改革和发展成人教育的决定》《关于企业技术人员继续教育的暂行规定》《关于大学后继续教育的暂行规定》三大文件，以成人教育为代表的学历教育政策性话语为终身学习的这些优势理念付诸本土实践提供了根本与必要的生态条件。可以说，这些关乎成人学历教育的政策性话语的不断推进，在客观上加速了我国终身学习的实践进程。尤其21世纪以来，国家相继发布《国家中长期教育改革和发展规划纲要（2010—2020）》《关于深化教育体制机制改革的意见》《中国教育现代化2035》《决定》等一系列文件，更加强调了终身学习在教育改革以及教育可持续发展中的重要作用。同时，以每一个阶段的教育目标为方向，明确了发展终身学习的时间点和实施路径，为各级政府在教育改革过程中融入终身学习理念提供了政策依据。这种把终身学习作为一项重要的改革动力与实践举措融入各项教育改革的行动方案，使终身学习间接成为推进社会进步与经济发展的重要力量，充分显示了其对教育实践、社会进步与经济发展的目标导向作用，同时也为我国学习型社会建设策略获得生存论基础并进入价值性语境奠定了坚实基础。

（三）彰显民生价值

我国立足于改革开放的时代背景和学历教育发展的坚实基础，以《决定》为代表，体现了以民生可持续发展为目标的政策导向。它彰显了我国终身学习话语的内生动力是"坚持以人民为中心""办好人民满意的教育"。改革开放40多年来，"人民"一词始终是终身学习理念与实践的核心话语。"为人民服务"是历次终身学习话语深化中不变的主题。而新时代党和国家重新规划的终身学习发展的历史方位，再次提升了我国终身学习的教育治理体系改革动力，尤其建设服务全民终身学习的现代教育体系话语主题，更是彰显了我国终身学习话语鲜明的民生价值。终身学习话语从"国之大计"向"民之大计"持续深化。

党的十九届四中全会公报聚焦全民终身学习的整体视角。首先，公报提出了各级各类教育系统的一体化衔接新要求。要加强学校教育、社会教育和家庭教育的有机结合，积极构建各级党政机关、社会团体、企事业单位、街道、社区、镇村、家庭共同育人的大格局，培养全民适应时代要求的关键能力。其次，公报强调了建立全民终身学习制度环境的新要求。当前教育分类发展，高等学校分类设置与分类评估，建立健全国家学分银行制度和学习成果认证制度，强化职业院校和高等学校的继续教育与社会培训服务功能，聚焦薄弱环节，要注重"面向人人"的发展理念，要以凝聚人心、完善人格、开发人力和培育人才为目标。最后，公报还明确了加强师资队伍建设的要求。要通过多种形式培养、培训、培育各级各类教师，确保全民终身学习质量。

　　需要强调的是，在对终身学习的界定上，公报将终身学习的范围扩大为整个教育体系；在终身学习的目标上，公报突出强调终身学习要满足个体多样化的学习需求，从而实现人的全面可持续发展；在终身学习的对象上，公报将终身学习的对象扩展为全民，重点强调了弱势群体的受教育权利与持续学习机会；在终身学习的原则上，公报强调终身学习的公益性，明确提出要突出社会效益。可以说，这些方面都较为一致地强调了终身学习的人本价值尺度是为全民提供持续受教育机会，满足全民持续学习需要，提供全民持续学习资源。基于此，终身学习话语的价值取向由重视综合社会指标的社会本位向重视全民发展需求的民生本位转化。从存在论的意义上说，符合民生需要的话语体系发挥了积极的现实作用。

　　终身学习话语的历史演进也深刻反映了民生与终身学习价值的统一关系，终身学习话语始终指向民生实践。民生逐步成为主流，民生在终身学习话语中的位置越发重要，逐步成为终身学习话语的核心要素。从这个角度来说，我国终身学习话语始终内在地蕴含着民生价值观，这也决定了终身学习话语虽然以国家发展、经济建设为出发点与归宿点，但民生始终贯穿其中的典型特征。终身学习话语体系中对民生问题的确立、使用与完善，也从根本上展现了我国终身学习"以人民为中心"的核心价值，使我们在终身学习话语传递中始终以民生为基本向度。

　　（四）建构我国终身学习话语权价值

　　改革开放之初，我国引入终身学习理念。经过40多年的实践探索，我们越来越发现，外来的终身学习理论难以对本国终身学习实践做出合理解释和价值判断，无法发挥其对我国终身学习实践的主导力。近年来，伴随着对中国特色社会主义教育道路的全面探索，基于我国本土经验形成的终身学习话语体系已不再是一个应急方案。我国40多年的终身学习理论与实践已走过了西方国家百年的发展历程，这深刻说明我国终身学习话语体系在某种程度上开始破除"中国依附论"的误解。一直以来，西方学术界习惯沿用"冲击—反应"模式来解释我国终身学习，认为它是面对西方的持续冲击而被迫做出反应的过程。如今，由学习借鉴国际终身学习理念转向开放本土的终身学习实践经验，"冲击—反应"模式不再具有解释力与说服力。十九届四中全会公报关于"构建服务全民终身学习的教育体系"的中国方案，已成为具有国策、民生永久价值和普遍意义的教育治理现代性方案，就深刻说明了这一点。准确地说，基于现实国情、文化传统及教育发展规律，我国终身学习话语体系建设已经日益彰显出强大的优越性与价值性。因为我国终身学习既生发于本土探索又借鉴于国际比较，是遵循博采众长与融合提炼的理念在"本土探索＋国际借鉴"中生成的，既独具特色，又独具优势。因此，这种具有主体性、原创性的终身学习观点在未来将进一步论证我国终身学习话语体系的合法性和合规律性，这也使得中国气派的终身学习认知方法得到积极构建。在大力提倡终身学习的全球化背景下，我国终身学习话语体系也会同步探索国际终身学习话语权。

## 三、新时代我国终身学习话语体系的转换路径

　　马克思认为，一切划时代体系的话语内容都是由时代的需要而形成与发展的。话语体系也不例外，任何话语体系都必须满足时代需要

这个基本问题。如果无法回答这个问题，话语体系的根基就会动摇和瓦解。党的十九大报告指出，中国特色社会主义已经进入新时代。在建设服务全民终身学习的教育体系问题上，习近平总书记明确提出，我国有独特的历史、独特的文化、独特的国情，决定了我国必须走自己的教育发展道路。我们要坚定不移地走中国特色教育强国之路。这已成为理解我国终身学习话语的新背景和出发点。改革开放40多年来，我国逐步形成了具有独特时代价值的终身学习多元话语。近年来，关于终身学习的话语更是频繁出现在国家各种重要的政策文件中。与此相应，学术界对此也展开了广泛探讨。但同时我们也发现，目前我国终身学习话语在思想、理论、制度层面的中国特色还未真正实现独立性与特殊性，主流方向感相对缺失。将终身学习的实践成果转化为新表述的工作仍然相对薄弱，已经得到实践证明的终身学习模式与经验，还处于有理说不出、说了传不开的尴尬境地。为进一步彰显终身学习话语优势，在国际舞台发声从而构建我国终身学习国际话语权，从根本上彻底转换国外终身学习话语，强化中国特色，应该在以下四方面着力：

（一）以服务全民终身学习总体要求为目标，强化导向价值

《中国教育现代化2035》和《决定》明确指出，未来15年要全面建成服务全民终身学习的教育体系；同时还提出各级各类教育系统的一体化衔接新要求，即以建立国家资历框架为重点，以产教融合和产学研协同创新为突破口，加强学校教育体系、社会教育体系、家庭教育体系的有机结合，积极构建各级党政机关、社会团体、企事业单位、街道、社区、镇村、家庭等共同育人的大格局，培养全民适应时代要求的关键能力。可以看出，构建服务全民终身学习的教育体系已经开

始作为新时代的一个特定的教育符号，这个教育符号涉及学校教育、社会教育、家庭教育等不同体系的全民终身学习服务。两个具有纲领性意义文件的发布，标志着我国终身学习话语体系的重要转型，体现了终身学习话语体系本土化发展的一个崭新视界。这是国家终身教育战略向终身学习战略发展的重大思路转换，深刻体现了在经历40多年终身学习话语体系的理论化探索、实践性深化与特色化创新后更加强调其在教育发展、改革与创新进程中的导向特点。因此，新时代我国终身学习话语体系的转换，急需以构建服务全民终身学习的教育体系的总体规划与总体要求为立足点与突破点，继续强化终身学习话语体系的目标共识，以稳定的目标超越以往的"只言片语"和"忽东忽西"，实现我国终身学习话语的战略意义。

面对新时代、踏上新征程，应进一步加大对构建服务全民终身学习教育体系的总体要求的统筹规划。通过科学规划总体布局与准确研判发展态势，明确我国终身学习发展以及体系建构的具体推进路径，在进一步释放终身学习政策红利和拓展终身学习空间的基础上，妥善处理终身学习的顶层设计要求与基层落实积累的关系，全面体现中国特色终身学习话语体系的导向价值。

（二）以中华终身学习思想文化为指导，强化激励价值

在教育共同体背景下，文化对中国特色话语体系具有重要意义。2016年，联合国教科文组织发布报告《反思教育：向"全球共同利益"的理念转变》（"Rethinking Education：Towards a Global Common Good?"），明确强调终身学习是由环境决定的现实存在。其中，文化是环境中不可或缺的元素。2020年，联合国教科文组织又推出最新报告《拥抱终身学习的文化》（"Embracing a Culture of Lifelong Learning"），

明确提出全球各国应当建立一种终身学习的文化。从这个角度来说，构建立足于国情、内化于人心的本土终身学习话语，离不开我国终身学习思想文化的现实基础。以我国终身学习理论为例，目前相关的学术共同体对西方终身学习概念的"拿来主义"，促使文化逻辑成为终身学习话语体系现代化建设的桎梏。因此，当前终身学习话语体系的文化逻辑必须以本土终身学习思想文化为前提，体现出应有的主流引导性，尤其要以我国终身学习价值文化输入为先导体现其启蒙性，从而影响全民终身学习的行为文化，形成真正的终身学习践行效应。只有中华优秀传统文化，才能有力地巩固我国终身学习话语的本土化，乃至国际化地位，为当前立德树人的理论与实践困境寻找出路。因此，终身学习话语应体现基本的中国终身学习思想文化立场，以终身学习思想文化为精神根基，探索终身学习话语权的长效机制，全面推动终身学习实践与发展。

相比于西方的终身学习思想，从先秦诸子百家到宋明理学，我国独具本土特色的思想文化始终闪烁着耀眼的终身学习思想光芒。"诲人不倦""学而不厌"的教育智慧与"学到老、活到老"的学习情怀，已经鲜明地表达了终身学习思想。孔子的"吾十有五而志于学，三十而立，四十而不惑，五十而知天命，六十而耳顺，七十而从心所欲，不逾矩"，从人才成长的阶段性角度体现了现代终身学习的某些基本观点。庄子的"吾生也有涯，而知也无涯"隐含了丰富的终身学习意蕴。西汉贾谊提出了胎教思想。北齐颜之推提出"幼而学者，如日出之光；老而学者，如秉烛夜行，犹贤乎瞑目而无见者也"，来勉励人们持续学习。宋代欧阳修则提出"学之终身，有不能达者矣。于其所达，行之终身，有不能至者矣"，主张终身学习与终身实践并行。20世纪初期，陶行知主张"生活即教育""社会即学校"和"教学做合一"。它们都是我国终身学习思想的雏形，但是，这些颇有特色的本土终身学习思想还没能在我国终身学习话语体系中得到较好的引用与发展。

目前，多数终身学习思想层面的相关话语仍然属于"舶来品"。虽然我国终身学习话语是经过自上而下的国家与政策干预等措施逐渐由理念话语转为理论话语，再由理论话语转为实践话语的，但是，话语中的思想文化底蕴还远远不够，借鉴多于原创。如今，各国思想相互交融，运用本土的终身学习思想文化介入终身学习领域十分必要。通过本土终身学习思想文化的内在规定，从根本上改变终身学习原生性理论缺席和话语主体性失落处境，使终身学习话语体系对内具有凝聚力，对外形成传播力。让中华终身学习思想文化在每个公民的阶段性学习中转化为共识与觉醒，使终身学习话语的"中国特色"由弱变强。

（三）以全民终身学习的教育制度建设为抓手，强化民生价值

从本质上来说，教育体系属于教育基本制度范畴，需要定型和稳定。因此，我们要在系统总结我国教育制度优势特征的基础上，以制度建设为抓手定型教育体系。构建服务全民终身学习的教育体系，是新时代党和国家倡导教育治理现代化的战略任务。以结构体系建构为目标的终身学习体系转型的背后，必然是共同的制度性因素。制度的创新，不仅可以为终身学习发展注入新的要素，而且是全民终身学习教育体系建构的强大引擎。因此，建构中国特色的全民终身学习制度是谋划全民终身学习体系建设的一个重要途径。

《中国教育现代化2035》和《决定》两份重要文件都提出了建立全民终身学习制度环境的新要求，这深刻地体现了新时期教育方针中"人民群众"在教育实践中的主体地位，强化了教育关注并服务民生需

求的性质与功能。构建全民终身学习体系必须置于中国特色全民终身学习制度框架内进行设计谋划。只有在此制度框架下明确终身学习话语的核心价值取向，才能形成推进全民终身学习的共识。对话语本身来说，各种贯穿于某一阶段的话语模式也只能参照制度才能充分理解，因为唯独制度能够通过话语把模式作为整个一代人共同的思想惯习确立和发展下去。从这个角度说，话语体系作为建设服务全民终身学习的教育体系的重要内生变量，其功能必须借助中国特色全民终身学习制度这一途径实现。而全民终身学习制度也必须在终身学习的实践中创造出来，真正体现终身学习的社会性和民主性的内在统一。学校必须主动地成为广阔的终身学习体系中的一部分，提高公众适应急速变化的社会经济的教育背景与工作技能。

作为中国特色终身学习的基本要素，全民终身学习制度是我国终身学习快速发展以及新时代构建服务全民终身学习教育体系的根本动力。只有围绕全民终身学习制度的中国特色与优势，增强阐释这一制度的独创性、先进性、示范性的话语力量，才能构建更加有理有据的终身学习话语体系。

（四）以中国特色终身学习理论为核心，提升国际话语权

终身学习话语表面反映终身学习实践，但实质上其背后深藏终身学习的精神与使命等基本理论问题的价值判断。要实现终身学习理念在终身学习实践中丰富发展，关键是加强终身学习理论的中国化，进一步打造我国终身学习的基本概念。通过话语体系的历史演进，可以明显看到，虽然我国从改革开放初期已出版多部终身学习专著且文献增量显著，但深入分析就会发现，我国一大批以概念为代表的现代终身学习基本理论取自西方，如"终身学习""学习型社会""回归教

育""解放教育""非学校化教育"等一系列称谓。除了西方预设的终身学习理论框架，国内缺乏有效的理论建构与表达，只是对国外终身学习理论简单移植或在其框架基础上进行再加工与中国化再阐释，致使其无法对本土终身学习实践做出合理性解释与合规律性的价值判断。实际上，从终身教育到终身学习，再到学习型社会，都涉及终身学习，但其隐喻却随时代、地域不同而指向不同。如果不弄清楚背后的基本理论与相关的辨析问题，势必造成话语的针对性与指向性的混淆与模糊。应该说，我国终身学习发展水平的阶段性特征，以及长期借鉴西方理论且严重缺乏中国特色的实践根基，从而与我国终身学习现实存在明显的时间差，导致了我国终身学习理论严重缺乏，现阶段看似丰硕的终身学习理论恰恰是我国终身学习话语不成熟的表现。

面向新时代，民生可持续发展已成为当今经济社会发展的中心。在全面开启建设服务全民终身学习教育体系新征程的大背景下，我国终身学习话语背后隐藏的人们对终身学习实践的思考，以及在此基础上形成的有关终身学习的新的思想观念逐渐凸显。在这种情况下，只有基于主体性、原创性的终身学习理论，才能让终身学习话语真正形成优势。终身学习理念在我国古代社会就已有之，在这样一种学术背景下探讨终身学习理论的重建问题，关键是要弄清楚终身学习在我国一直以来的价值逻辑与目标指向。如今，服务全民终身学习的教育体系构建的总体规划已明显体现出终身学习与本土社会现实和民生的紧密关系，二者的衍生功能愈发活跃。结合这些问题，如何进一步从终身学习内生思想文化中生发出我国相应的认知路线及内在规律，是构建终身学习理论的关键。当然，我们强调本土理论构建并非要与普适性的国际终身学习理论抵触，而是主张依据中国经验参与全球性的终身学习理论对话，以中国特色终身学习理论为核心提升国际话语权，以中西理论及其相互关系充分审视我国终身学习理论现代性发展的大格局，从而揭示我国终身学习话语体系的真正意义与实际价值。

（载《教育研究》2021年第9期第93—103页）

# 民办教育

# 教育领域探索"混合所有制"：内涵、样态及实践

## 董圣足

对于"混合所有制"的探索，首先源于对传统公司产权结构及治理模式的变革与创新。在教育领域研究和探索混合所有制问题，则是对混合所有制概念外延的拓展和实践空间的延伸，这不仅是传统办学体制的新突破，更是旧有办学观念的新突破。而对混合所有制内涵特征、表现样态及实践路径等要素加以界定和厘清，无疑是推进混合所有制在教育领域理性探索与成功实践的理论基础和行动依据。

## 一、混合所有制的内涵及特征

### （一）教育领域"混合所有制"的由来

在我国，"混合所有制"的提出和发展，经历了一个不断演进的过程。党的十一届三中全会制定了以公有制为基础、多种经济成分共同发展的方针，个体、私营、外资等非公有制开始从无到有，从允许其存在到"有益补充"，再到"重要组成"。党的十四届三中全会决定提出："随着产权的流动和重组，财产混合所有的经济单位越来越多，将会形成新的财产所有结构。"党的十五大报告首次提出要发展"混合所有制经济"，并阐述了公有制与混合所有制的关系，指出公有制经济不仅包括国有经济和集体经济，还包括混合所有制经济中的国有成分和

集体成分。党的十六大强调要"大力发展国有资本、集体资本和非公有资本等参股的混合所有制经济"，除极少数必须由国家独资经营的企业外，应积极推行股份制，发展混合所有制经济，明确提出要大力发展国有资本、集体资本和非公有资本等参股的混合所有制经济。党的十七大报告再次提出"以现代产权制度为基础，发展混合所有制经济"。党的十八届三中全会审议通过的《中共中央关于全面深化改革若干重大问题的决定》，进一步提出要"积极发展混合所有制经济"，强调指出："国有资本、集体资本、非公有资本等交叉持股、相互融合的混合所有制经济，是基本经济制度的重要实现形式，有利于国有资本放大功能、保值增值、提高竞争力，有利于各种所有制资本取长补短、相互促进、共同发展。"至此，混合所有制已成为我国经济领域深化改革的一项重要制度安排。

借鉴经济领域改革做法及经验，推动教育事业改革和发展，是教育领域引进和探索混合所有制的初衷及要义所在。继2014年5月《国务院关于加快发展现代职业教育的决定》（以下简称《决定》）首次提出"探索发展股份制、混合所有制职业院校"之后，同年6月由教育部、国家发展改革委、财政部等六部委联合组织编制的《现代职业教育体系建设规划（2014—2020年）》（以下简称《规划》）进一步提出："积极支持各类办学主体通过独资、合资、合作等多种形式举办民办职业教育，探索发展股份制、混合所有制职业院校。开展社会力量参与公办职业院校改革建立混合所有制职业院校试点，允许社会力量通过购买、承租、委托管理等方式改造办学活力不足的公办职业院校。鼓励民间资本与公办优质教育资源嫁接合作在经济欠发达地区扩大优质职业教育资源。鼓励企业和公办职业院校合作举办混合所有制性质的二级学院。允许社会力量以资本、知识、技术、管理等要素参与办学并享有相应权利，探索在民办职业院校实行职工持股。鼓励专业技术人才、高技能人才在职业院校建设股份合作制的工作室。"

受政策因素鼓舞和带动，2014年下半年以来，全国各地在教育领域探索"混合所有制"实践活动风生水起、方兴未艾，先后共有10多个省市在相关政府文件中提出要积极探索职业院校股份制或混合所有制办学形式。其中，山东省教育厅更是在2016年1月正式发文对"山东海事职业学院混合所有制办学实践"等9个项目予以正式立项，从而掀起新一轮混合所有制办学探索热潮。

（二）混合所有制的内涵特征

在经济领域，狭义的混合所有制，通常是指不同所有制成分联合形成的企业所有制形态，而广义的混合所有制，则是指多种不同社会属性的生产资料所有制成分并存、相互融合和共同发展所形成的制度系统。人们通常所说的"混合所有制"，则是指在同一经济组织中，不同的产权主体多元投资、互相渗透、互相贯通、互相融合而形成的新的产权配置结构和经济形式，从本质上说，是一种股份制经济或以股份制为基础的经济。就组织形态而言，在一个采用"混合所有制"的企业或公司，其出资人必须具有不同的所有制投资主体的属性。这里说的不同所有制投资主体，包括国有、集体、个体、私营、外资等投资主体，只要不是单一的所有制，都应算是混合所有制。借鉴经济领域的常规理解，一般认为，教育领域混合所有制应主要具备以下三个方面的基本特征：

一是产权结构的多元化。混合所有制如在教育领域内实践，则产权结构上也应有多元化特质，即举办教育的资金来源，应由国有资本、集体资本、非公有资本共同交叉形成，产权主体必须是多元的，而非单一性质的。换言之，学校应由不同属性的主体共同投资（出资）举办，其中，具有"两个以上办学主体"和"至少一个公有（国有）制资本的主体"，是构成"混合所有制"办学的必要条件。办学主体少于两个或没有国有资本参与，则不能称作混合所有制办学。

二是治理结构的多样性。传统教育领域内的学校治理主体往往较为单一，行政班子成了主导力量，教师、学生、社区、企业等主体参与度不高，容易导致"内部人控制"问题，行政化、科层化倾向较为明显，存在治理的单向性、封闭性、无效性等弊端。混合所有制与学校的嫁接，使得学校治理主体更加多元、治理方式更加开放，且在治理模式上也有较为多样的选择，这有利于形成民主参与、互动管理、共同治理的格局，构建起决策执行监督三位一体、既相互制衡又相互协调的法人治理结构，由此可以兼顾多元主体的利益诉求。

三是运行机制的灵活性。当前由上至下的垂直化行政管理方式，直接影响了教育资源的有效配置与运行效率，导致教育举办者过分依赖政府力量，缺乏自主运营的责任意识与内生动力，在人权、事权、财权上缺乏自主性，难以实现真正意义上的自主运营和管理。通过"混合所有制"这一载体，吸纳和引入各种渠道社会力量参与办学，可在较大程度上改变这一局面，使得举办主体能成为真正的市场主体，面向市场，适应需求，做到开放办学，从而在运行机制上变得灵活、富有效率。

## 二、教育领域"混合所有制"的多种样态

虽然"混合所有制"在涉及教育的官方文件中正式提出只是新近

的事，而且主要限定在职业教育领域探索，然而反观实践层面，某些具有"混合所有制"办学特征的地方探索早已涌现，并且超越了职业教育范畴。根据各种研究资料及我们的调查了解，既有教育领域的"混合所有制"实践探索，大致可以划分为有涉及实质性产权的"混合所有制"（"真混合"）、半产权性质的"混合所有制"（"类混合"）和不涉及实质性产权的"公私合作"（"泛混合"）等三种形态，而每一种形态各有不同的办学主体及运行方式。

**（一）涉及实质性产权的"真"混合所有制形态**

这一类型的实践探索，一般都有两个或两个以上不同所有制性质的办学主体，参照股份制企业形式，以资金、实物出资或以无形资产等折价"入股"，共同举办具有独立法人资格的学校，并且按照"股权"大小或协议约定方式，参与学校的决策、管理及"剩余"分配。

一是企事业单位与个人共建股份制教育公司。这种形式最早可追溯到1996年的"椒江模式"。当时，由台州市椒江区教育局发起，邀请32个企事业单位和个人共同入股组建了书生教育事业有限公司，相继投资建设了若干所中学、小学和幼儿园。在公司层面，"股本金"按标准量化到人，投资者凭借其所持有的"股份"大小，享有相应的股东权利；教育公司则根据每一个会计年度的财务结余情况，给予股东分红派息，完全是企业化运作。这种办学模式，由于产权明晰、利益均沾、风险与共，有效调动了社会力量办学的积极性，但同时也存在办学动机功利化、办学行为短期化等问题。

二是公办高校与社会力量合作举办独立学院。这一模式肇始于2000年前后公办高校所试办的按民办机制运行的二级学院，后统一规范称为"独立学院"。一般公办高校以品牌及知识产权等无形资产"入股"，社会力量则投入资金或实物，双方按照有关规定组建治理结构，并按约定比例参与剩余分配。如，江西农业大学南昌商学院的办学投入中，江西农大以无形资产及土地使用权等作价占股65%，而江西亨通房地产公司则投资1.2亿元，协议占股35%。双方按照协议约定，共同参与学校治理，履行各自义务职责，分享相应权利权益。作为特定阶段兴起的一种高等教育形态，应该说独立学院的快速发展，为加快推进我国高等教育大众化进程做出了积极贡献。

三是国有资本与社会资本合作举办职业院校。不同属性的资本混合新建职业院校。如1999年海南省教育厅、海口农工贸股份有限公司、海南广播电视大学三方签订协议，通过政府入股、企业投资形式筹建海南职业技术学院，并按出资比例享有相应权益。在原有单一举办者的职业院校中引入不同属性的资本。如2012年民办南通紫琅职业技术学院，引入江苏教育发展投资中心（系省教育厅直属单位）1000万元资金作为国资参股办学，出资占比为5%。后经批准，该校被登记为事业单位法人，并升格为普通本科院校。总的来看，这一类型的"混合"办学，由于兼具政府资源和市场优势，在实践运行中表现出较强的生命力。

（二）半产权性质的"类"混合所有制形态

这一类型的实践探索，多为公立学校与民间力量或境外教育机构之间所进行的合营或合作办学，虽不涉及产权交割，但带有收益分配。主要有公、民共建二级学院和中外合作办学两种形式。

一是在公办高校中引入社会力量共建二级学院。如，沈阳职业技术学院引入民资6500万元，共建国家示范性软件学院；温州职业技术学院以行业企业为依托，联办二级学院，共建专业、课程及实践基地；

杭州职业技术学院则引进企业建设"校企共同体"，建立了7个"人财物融通、产学研一体、师徒生互动"的新型二级学院实体。需要关注的是，这类合作虽不涉及股权层面的问题，但其背后的利益关系较为复杂，一般都伴随有一些隐性的关联交易。

二是中外教育机构之间合作办学。一种是中外双方共同设立具有独立法人资格的教育机构，一种是依托国内从事学历教育的院校成立二级教育机构（或项目）。目前，全国中外合作办学机构和项目共有1979个（其中，独立设置的中外教育机构尚只有10所左右），全部在校生约55万人。在现有的中外合作办学形态中，一般中方以投入有形资产为主，外方则以提供管理、技术和知识等无形资产为主。双方依据相关规定组成联合管理委员会，实行共同治理。虽然法律上规定中外合作办学机构是非营利组织，但实际上，不少机构存在一定的利益输送问题。

（三）不涉及产权的"泛"混合所有制形态

这一类型的实践探索，多为教育领域不同所有制主体之间所进行的一种生产要素上的优化重组，或者是在不改变产权形态下的一种经营管理权的受让，不是严格意义上的"混合所有制"，实质是一种"公私合作伙伴关系"。

一是借鉴PPP模式共建职业院校基础设施。目前已有地方政府和职业院校借鉴公私合作伙伴关系（PPP）模式，共建图书馆、体育馆、实训中心、游泳馆等校园基础设施建设，不同程度采用了BOT、BOOT、BOO等多种合作模式，取得一定成效。如，德阳市罗江县政府投入2450万元，在民办四川工业管理职业学院校内共建图书馆、体育馆、军训基地等，既为师生所用，又向市民开放。这种模式下，政府的投入不以获利为目的，其产生的实际效应值得肯定。

二是公办、民办院校之间相互委托管理。如，民办齐齐哈尔工程学院接受委托，代管公立黑龙江省甘南县职教中心，前者选派管理团队进入后者，并植入先进的管理模式，有效盘活了后者的教育资源。又如，厦门市政府决定，从2011年2月起，由公办厦门理工学院入主民办厦门软件职业技术学院办学，对其进行帮扶指导，有力促进了后者的发展。经批准，后者于2013年4月由民办非企业单位转制为事业单位。从实际看，公、民办学校间委托管理，由于操作简便，且风险可控，故实践效果较好，或可成为下一步深化办学体制改革的一大方向。

### 三、稳步推进教育领域"混合所有制"探索

实践表明，借鉴经济体制改革经验，发展混合所有制学校，的确是深化办学体制改革的一次重大探索。但是不同于经济领域，由于我国各级各类学校办学形式多样，教育产权构成复杂，各地、各校间发展水平差异悬殊，故在教育领域能否进行和如何推进"混合所有制"学校试点工作，还有很多理论和实践问题，需要深入思考和认真研究。我们认为，在教育领域进行混合所有制试点工作，应该把握并处理好以下几个关键问题：

#### （一）明确试点目的，端正试点动机

从实践看，在一些方面开展"股份制"和"混合所有制"学校试点工作，有利于破解办学体制改革的"瓶颈"，激发社会力量办学的积极性。但同时，也要看到既有实践探索中所存在的一些问题及矛盾。譬如，一些采取"真混合"或"类混合"形态办学的独立学院和以政府为主导的公私合营学校，在运行中仍有许多不规范的做法，存在一

定制度冲突，有违市场公平原则。又如，一些公办高校二级学院面向行业企业所推行的"招商引资"及其"学费分成"模式，实质是一种要素组合基础上的资源有偿开发和利用，或多或少存在关联交易和灰色套利行为。此外，一些地方在基础教育（尤其是义务教育）领域过度推动的公立学校转制和委托管理行为，多多少少存在政府不作为的倾向，导致基本公共教育服务提供不足，在某种程度上加剧了教育不公平现象，损害了社会公共福利。以上这些问题，需要在深入反思基础上，在教育领域新的混合所有制试点探索中，加以纠正和克服。

（二）协调利益机制，提振混合动力

产权是所有制的核心问题。要从根本上吸引和调动社会各方面参与办学的积极性，深化办学体制改革，包括开展混合所有制学校试点，应该是在明晰学校产权基础上的一种制度安排。《决定》明确提出，要"积极支持各类办学主体通过独资、合资、合作等多种形式举办民办职业教育……允许以资本、知识、技术、管理等要素参与办学并享有相应权利"。显然，既然"允许以资本、知识、技术、管理等要素参与办学并享有相应权利"，那么，从现阶段我国的基本国情出发，建立健全涉及社会各方面出资、投资基本权益保护的产权制度，无疑就是吸引和鼓励各方进入混合所有制学校的前提条件。如何突破传统的思维局限及现有的制度障碍，明晰各方投入学校的产权归属及所享有的相关权益，从而使得各方对学校的发展产生良好的稳定预期，切实增强"混合"办学的信心，已经成为一个十分重大和紧迫的课题。

（三）立足科学发展，重在优化治理

混合所有制的重点不在于混合，而在于混合后的治理结构。一如经济领域所推进的混合所有制改革，"混合所有制学校"引进多主体参与办学后，建构科学有效的治理结构，应是激发其体制机制优势，不断提升办学质量和办学效率的基本保障。混合所有制建立的过程，实际上也是学校法人治理结构不断完善和健全的过程。如何有效借鉴现代企业制度的基本框架与合理内核，建立起产权明晰、多方参与、科学决策、民主管理和运行高效的现代学校制度，既是探索混合所有制学校的最大初衷，也是探索混合所有制学校的最好归宿。"不为所有，但为所合；不为所有，但为所在；不为所有，但为所用；不为所有，但为所优。"探索混合所有制学校，重点应该放在教育治理体系的创新上，通过建立科学的学校法人治理结构，从根本上消除公办学校体制僵化、活力不足的弊端，从而不断激发各类学校的内在活力。苏州工业园区职业技术学院在混合所有制治理模式的建构上做了很好的探索，通过多次产权变革，同步建立了"三权分离"的内部治理结构，有力保障了学校的改革发展，其做法及经验值得同行借鉴。

（四）完善顶层设计，破除制度瓶颈

一是要加快修订教育法律。2015年12月底，全国人大常委会审议通过的《教育法》和《高等教育法》修订案取消了对举办营利性学校的禁止性规定，为混合所有制探索扫清了最大障碍。我们期待正在修订中《民办教育促进法》能够就营利性与非营利性民办学校分类管理问题做出更为妥善的制度安排，从而为混合所有制学校探索提供更好的法律保障。二是要抓紧研究制定试点混合所有制学校的指导意见。明确混合所有制学校的法律地位、机构属性、管理体制及退出机制，建立起相应的注册登记、资产管理、收益分配、质量监控及风险防范等具体制度。三是需要研究制定相关优惠政策。在营利性与非营利性学校分类管理的基本框架下，按照公平而有差别的原则，尽快制定针对混合所有制学校的财政扶持、税费优惠、金融信贷等配套政策。四是需要建立健全面向学生的权利保障机制。作为平等纳税人的子女，无论在哪种类型、哪一学段的学校里接受教育，学生的基本权益都不应该受到侵害或影响，对于因为实施混合所有制而增加的学生负担，应采取一定的补偿措施。

（五）重视风险防控，稳步推进试点

按照十八届三中全会决定精神，混合所有制的探索不是单向的，国有经济、集体经济、民营经济、三资企业等各种主体成分，都可以进行交互式、多元化的探索。在教育领域，《决定》及《规划》的相关引导政策均明确指出，公办院校和民办院校都可以是混合所有制探索的主体，并不限于某一类学校。但是，不同教育阶段、不同类型的学校，其基本教育属性、改革发展方向及运行管理机制存在较大差异，并不一定都适合采取混合所有制的模式。目前，在个人收益率较高、市场特征更加明显的职业教育领域探索混合所有制，要比外部性最强、本应属于政府"基本公共服务"覆盖范围的义务教育阶段探索更有现实意义，而且面临的社会风险也相对更小。因此，当前各地还是应该按照《决定》总体部署，先期在职业教育领域进行混合所有制探索为好，避免随意扩大试点范围。

总的来看，从政府层面推动混合所有制在教育领域的探索，对于深化办学体制改革具有积极的正向效应。但在具体政策制定时，则需综合考虑制度变迁的成本，着力做好顶层设计，管控好各种可能的风险，确保各项改革措施落到实处，收到实效。

（载《教育发展研究》2016年第3期第52—56页）

# 民办学校"关联交易"的规制与自治

董圣足

所谓关联交易，通常是指基于关联关系而发生的交易行为。关联交易一直是公司治理研究领域的显性问题。其实，不仅公司领域广泛存在关联交易问题，在教育行业，尤其是民办学校中，也或多或少存在关联交易。随着《中华人民共和国民办教育促进法》（以下简称《民促法》）的修订和国家层面有关民办学校分类管理改革的推进，在我国举办营利性民办学校已经没有法律和政策障碍。当前，一些大型民办教育集团通过所谓的"VIE模式"（也即VIE结构，英文全称为Variable Interest Entities，直译为"可变利益实体"，在国内被称为"协议控制"，指境外注册的上市实体与境内的业务运营实体相分离，境外的上市实体通过协议的方式控制境内的业务实体，业务实体就是上市实体的VIEs），在境外资本市场上市，其所控制的学校与上市主体之间所进行的诸多基于购买服务的关联交易逐渐浮出水面。与此同时，在分类管理改革前，以非营利性法人形式存在的不少民办学校，其举办者在办学实践中也存在通过关联交易规避相关法律、从学校获取灰色回报的现象。这已经成为民办教育宏观治理中的一个盲区和难点。本文试图从理论和实践层面梳理民办学校关联交易的内涵与特征、样态及影响，并在深入剖析关联交易成因的基础上，就如何实现民办学校关联交易的规制及自治提出相应的对策措施，旨在为构建完善的民办学校治理制度提供参考和借鉴。

## 一、法律视域下关联交易的内涵与特征

### （一）关联交易的内涵

关联交易是市场经济中普遍存在的一种商业现象。在民商法范畴里，关联交易是指发生在具有特定关联关系的当事人之间的交易。因此，要弄清楚什么是关联交易，必须先从法理上厘清什么是关联关系。在法律层面，我国《公司法》对关联交易及关联关系进行了相对明确的界定。2013年12月28日全国人大常委会发布的现行版《公司法》，总则第21条单列了涉及关联交易的条款。该条款规定："公司的控股股东、实际控制人、董事、监事、高级管理人员不得利用其关联关系损害公司利益。违反前款规定，给公司造成损失的，应当承担赔偿责任。"而对于什么是关联关系，《公司法》附则第216条第四款做了清晰界定。所谓关联关系，是指"公司控股股东、实际控制人、董事、监事、高级管理人员与其直接或者间接控制的企业之间的关系，以及可能导致公司利益转移的其他关系"。该法附则第216条前三款还分别对公司高级管理人员、控股股东及实际控制人的法律用语做了界定。

基于《公司法》的总括性规定，财政部在其颁布的《企业会计准则第36号——关联方披露（2006）》（以下简称《36号准则》）中，对有关关联关系、关联交易及其信息披露事宜做了更加细化的规定，认为"关联交易就是指关联方之间转移资源、劳务或义务的行为，而不论是否收取价款"。而上海和深圳证券交易所的《股票上市规则》都分别在第九章和第十章相关条款对关联交易做了相同或相似的规定。"上

市公司的关联交易，是指上市公司或者其控股子公司与上市公司关联人之间发生的转移资源或者义务的事项，包括以下交易：（一）第9.1条规定的交易事项；（二）购买原材料、燃料、动力；（三）销售产品、商品；（四）提供或者接受劳务；（五）委托或者受托销售；（六）在关联人财务公司存贷款；（七）与关联人共同投资；（八）其他通过约定可能引致资源或者义务转移的事项。"

《36号准则》还就"关联方"如何构成做了相应规定："一方控制、共同控制另一方或对另一方施加重大影响，以及两方或两方以上同受一方控制、共同控制或重大影响的，构成关联方。"同时，《36号准则》明确规定了构成企业关联方的十大主体，分别是：该企业的母公司、该企业的子公司，与该企业受同一母公司控制的其他企业，对该企业实施共同控制的投资方，对该企业施加重大影响的投资方，该企业的合营企业，该企业的联营企业，该企业的主要投资者个人及与其关系密切的家庭成员，该企业或其母公司的关键管理人员及与其关系密切的家庭成员，该企业主要投资者个人、关键管理人员或与其关系密切的家庭成员控制、共同控制或施加重大影响的其他企业。

除了《公司法》和《36号准则》，中国证监会和相关证券交易机构发布的《公开发行证券的公司信息披露内容与格式准则第1号——招股说明书（2015年修订）》《上海证券交易所股票上市规则》《深圳证券交易所股票上市规则》《深圳证券交易所创业板股票上市规则》以及《全国中小企业股份转让系统挂牌公司信息披露细则》等部门规章或制度，都对上市公司涉及关联交易的问题做了相应规定。

通过对以上制度文本的梳理分析可以看到，从关联交易构成要素上看，关联交易的发生需同时具备两个条件。一是关联主体的存在。

关联交易是发生在特定关联主体与公司之间的交易关系。我国《公司法》将这种关联主体的范围界定为"与企业具有直接或者间接控制关系的控股股东、实际控制人、董事、监事、高级管理人员"。二是关联交易安排的存在。主要是关联主体与公司之间发生的直接交易关系，诸如买卖、租赁、贷款、担保等合同关系；此外，还包括可能导致公司利益转移的其他协议或者安排，如共同董事、管理报酬、公司机会以及同业竞争等情形。

（二）关联交易的特征

1．普遍性

关联交易普遍存在于我国上市公司，且遍布各个行业。上海证交所研究中心一份分析报告显示，以2005年沪市上市公司为样本，几乎所有样本都有关联交易发生。其中，制造业上市公司所发生的关联交易次数最多，占全部样本的61.68%；而关联交易次数最少的是传媒和金融行业，只占全部关联交易的0.36%，其主要原因是这些行业的经营独立性较强，对关联方依赖较少。

2．多样性

在企业日常生产经营管理中，关联交易在类型和表现形式上十分多样：既有有形的交易，也有无形的交易；既有经常性的交易，也有偶发性的交易。《36号准则》和上交所、深交所上市规则所定义的大类关联交易多达十几种，尤以"购买商品、销售商品、资产股权性交易、租赁、担保抵押以及提供资金"等关联交易行为最为普遍。

3．两面性

企业关联主体中大量存在的关联交易，对被关联企业既有积极作用，也有消极作用。积极作用在于关联交易可减少交易成本和谈判成本，提高合同执行效度和公司绩效等，可作为集团公司实现利润最大化的基本手段；消极作用在于关联人在利己动机的诱导下，有可能会违背等价有偿的商业条款，导致不公平、不公正的关联方交易发生，进而损害公司及其他利益相关者的合法权益。

### 4．隐蔽性

出于各种功利动机，同时为了规避合法性审查，现实当中很多关联交易，如公司控股股东或实际控制人操纵利润和公司管理层"掏空"企业资产等行为，以及企业关联方之间所发生的转移资源或义务事项，通常带有很大的复杂性和隐蔽性，这给公司内部治理和外部监管都带来很大难度。由于交易信息的不对称性，即便是交易形式上的平等，也难免会掩盖实质上的不平等。

正是因为关联交易具有上述特征，我国相关法律法规及行政规章都对企业（尤其是上市公司）的关联交易行为做出了诸多限制性规定，在监管层面上强制要求相关主体进行关联信息的披露，并在企业自治层面对关联交易审议程序等提出了具体规范（相关规定将在后文中加以引述）。

## 二、民办学校中的关联交易及其负面影响

### （一）民办学校关联交易的样态

我国仍然处于并将长期处于社会主义初级阶段，投资办学是中国民办教育发展的基本特征。囿于原有教育法律不允许举办营利性教育，以及出于规避税收等多重因素的考量，即使在《民促法》修订前允许出资人从办学结余中获得合理回报的情况下，不少民办学校举办者仍在学校章程和办学许可证上做了"不要求取得合理回报"的违心选择，

却在办学过程中采取各种关联交易或类似关联交易的方式，从学校套取各种收入，获取灰色回报。对照财政部《36号准则》的总体框架，结合实践调研和案例分析，民办学校中关联交易的具体样态可以概括为以下八大方面：

一是民办学校与关联方之间的固定资产租赁行为。

由于很多民办学校在开办之初没有将与办学相关的校产过户到学校法人名下，不少举办者（出资人）在财务处理上，将登记在举办者公司或个人名下的房屋及大型设备等固定资产以租赁方式提供给学校使用，然后由学校向举办者公司或个人支付相应的房屋租赁费，而租赁的价格往往由举办者自行确定。

二是民办学校与关联方之间的商品（服务）购买与销售行为。

这种行为多体现在举办者联合或单独在校外成立信息公司、后勤公司或教材研发组织，学校向其购买各种服务并支付费用。譬如，有的民办学校图书馆所有电脑设备由举办者家属所办公司提供，学校采取分期付款方式予以结算。又如，相当一部分民办学校的宿舍管理及食堂经营等业务由举办者所掌控的后勤公司负责运营。

三是民办学校与关联方之间的资金借贷行为。

按照《物权法》和《担保法》的相关规定，作为非营利性质的民办学校，其土地及固定资产都不得设定贷款抵押或向外提供担保。遇到学校建设和流动资金短缺，举办者公司或个人一般多会以学校信誉作为背书，向金融机构或社会，乃至教职工和学生家长进行融资，所借入的资金则由学校使用并支付相应的利息。现实中，也发生过不少举办者公司无偿占用融入资金而将高额利息摊入学校财务费用的案例。

四是民办学校与关联方之间的劳务购买行为。

由于缺少行业规则和外部监管，不少名义上的非营利性民办学校，其举办者、实际控制人及部分董事普遍存在从学校支取高额年薪的情况。更有甚者，在举办者的操控下，一些非营利性民办学校还要为举办者本人或其利益相关者的高昂职务消费埋单，如配置豪华轿车、购买昂贵礼品、支付招待费用等；有的学校甚至存在制作空头劳动名册、签订虚假劳务合同、给举办者家属发放"空饷"的现象。

五是民办学校与关联方之间的代理、协议及许可行为。

这种行为多表现在由举办者公司或其亲属全权代理学校物资采购等事项，或在VIE架构下，由举办者成立的管理公司与下属学校签订托管协议并收取相应的管理费。还有一种情形是，举办者旗下的房地产公司及其他相关企业，采用带资建设（BOT）、分期付款等方式给学校改扩建校舍、融资租入设备等，再由学校支付相应款项。

六是民办学校与关联方之间的局部资源使用行为。

这种行为多表现在举办者所在公司或个人，利用学校各种有形或无形资产，面向社会从事商业开发或提供服务活动。譬如，有的举办者依托学校专业办实体，开办汽车修理厂、驾校或教育培训机构等，然后与学校分享相应的收益。但是，现实中也存在举办者无偿使用学校校舍及设备，而收入则归入举办者个人或其实体账下的情况。

七是民办学校与关联方之间的担保及抵押行为。

这种行为多表现在部分民办学校利用非教育教学资产，为举办者所在公司或其他企业从事融资担保和抵押活动；也有举办者所在公司为学校贷款提供担保服务的情形。这些担保或抵押活动所产生的相关财务费用，多由资金使用者自行承担，但也有在账务处理上向学校转移融资费用的个案发生。

八是民办学校与关联方之间的其他成本调节行为。

这种行为多发生在以"多块牌子、一套班子"模式运作的集团化办学机构中。由于集团化办学机构在同一场所同时举办多所不同类型的民办学校，举办者可以根据自身需要，在不同学校之间分摊相关管理费用，人为调节办学成本，从而实现财务避税或其他经济目的。

此外，相关资料还显示，个别采取 VIE 架构运作的上市实体或其代表机构与其协议控制的学校之间存在虚假交易的情况，并且一般通过"业务咨询"或"信息服务"等购买服务的方式来进行。

（二）民办学校关联交易所带来的负面影响

如前所述，关联交易本身是一个不带有价值判断的中性概念。在法律层面，关联交易只是公司法人市场行为中一种独特的交易方式。而从制度经济学的角度来看，虽然关联交易在市场经济条件下广为存在，但它与市场经济"市场竞争"的基本原则不相吻合，即关联交易并不是在完全公开竞争的条件下进行的，这样客观上可能给企业带来或好或坏的影响。正因如此，自1997年以来，财政部、证监会和国家税务总局等部门针对关联交易的规范问题所发布的各种规定有近20项之多。总的来看，民办学校中的关联交易与公司法人等市场主体所发生的关联交易并无本质差异。当然，受教育公益属性的影响和约束，民办学校中存在的关联交易行为也与一般市场主体的关联交易有所不同，其利益冲突主要是举办者"投资—回报"上的利益诉求与学校法人及师生公共利益之间的冲突，而不是公司所有者与其雇用的管理者之间的冲突或控制股东（多数股东）与非控制股东（少数股东）之间的利益冲突。

应该看到，与企业关联交易一样，民办学校中的一些关联交易也有其正面的价值和意义。但就所导致的实际结果而言，一些灰色关联交易的持续发酵，给民办学校的外部治理和自身运行造成了许多负面影响。

一是损害学校及师生的合法权益。

在信息不对称环境下，民办学校与举办者及其代表机构之间所存在的一些关联交易，由于交易程序缺少透明性和教育价格缺少公平性，事实上或多或少造成了民办学校资金资源的流失，虚增了学校的办学成本，挤占了学校的法人财产，降低了包括教师薪酬在内的有效教学投入，最终势必会影响教育质量，并牺牲广大受教育者的基本权益。

二是干扰民办学校的分类管理改革。

各种灰色关联交易的存在，规避了非营利性民办学校不能对举办者（出资人）"分红"的管制。这不仅使得有关非营利法人的法律规定"形同虚设"，也使得相当一部分所谓的"非营利"民办学校举办者既可以凭"非营利"之名获得税收减免及财政扶持等政策便利，又可以凭"左手与右手签订协议"和各种关联交易方式获得"超额利润"，这在某种程度上导致宏观层面所推导的民办学校分类管理失去现实意义。

三是增加民办学校的潜在办学风险。

在一些灰色关联交易中，存在举办者所在公司或个人无偿占用（挪用）学校学费的现象，甚至有利用学校平台面向社会融资后再从事商业投资的情况发生。一旦公司或个人"资金链"断裂，就会让民办学校的运行陷入极其危险的境地。实践中，像温州育才教育集团、遵义中山中学、八义集高中等学校的破产及财务危机事件时有发生。此外，部分采取VIE架构在境外资本市场上市的营利性教育企业，为了维持资本市场对其估价的预期，通常采取快速并购学校的方式，以实现规模扩张和业绩增长；而这些教育企业的实际控制人则多会采取各种财务上的关联操作，在协议控制的民办学校中转移上市主体的成本，也会增加所控制民办学校的运行风险。

### 三、民办学校关联交易产生的动因分析

与企业等市场主体不同，受历史和现实因素制约，我国各级各类民办学校与其举办者（办学者）之间在日常经营管理中出现诸多主体不平等、程序不透明、价格不公允的灰色关联交易行为，实则有其特定原因。

一是民办学校举办者"投资"意向明显，而宏观层面长期缺乏"投资—回报"制度设计，导致关联交易成为举办者获取经济回报的主要方式。

对非营利性民办学校资产状况的实证调查显示，在随机选择的640所样本学校中，由个人和民营企业出资办学的比例高达95%，而在未来营利或非营利办学类型的选择上，有77%的举办者有意选择投资办学且希望保全产权并取得经济回报，只有4%的举办者有意选择捐资办学。由此可见，现阶段，我国民办学校举办者投资办学且要求获得经济回报的意向十分明显。然而，修订前的《民促法》未对学校剩余财产的处理做出明确、具体规定，只是说"按照有关法律、行政法规处理"，导致民办学校举办者（出资人）对投入学校资产的最终归属产生疑虑，加上政策层面迟迟未能出台具有可操作性的"合理回报"具体办法，举办者投资办学的信心和热情受到很大影响，并由此导致许多民办学校举办者转而通过关联交易方式从学校获得灰色回报。当前，

按照修订后的《民促法》相关规定和有关民办教育新政的精神，要求获得办学收益的民办学校举办者（除义务教育阶段外）从法理上讲均可选择登记为营利性民办学校。然而，在现有存量民办学校转设程序、财务清算、剩余资产奖补以及义务教育阶段学校如何拆分等关键问题上，当前各地配套政策规定仍然不够明确，同时现有地方政策设计对营利性民办学校并无太多利好因素。这就导致大部分有营利倾向的民办学校多持观望态度。可以预见，在外部规制尚不到位的情况下，今后一个时期，与学校间进行各种关联交易安排，仍将会是举办者获得隐形"投资回报"的主要方式。

二是民办学校外部监管制度还存在不少"短板"，对于关联交易的规范性措施明显缺失，导致一些灰色交易，乃至违法操作得不到及时管束。

虽然过去一段时间宏观层面推出了一系列针对民办学校的管理制度，各级各类民办学校的办学行为得到了较大程度的规范，但是在涉及举办者与民办学校之间关联交易的规范问题上，相关制度供给仍显不足，监管短板还大量存在。突出表现在以下三大方面：其一，民办学校准入门槛和设置标准不甚明确。新修订的《民促法》明确了对各级各类民办学校都要实行前置许可制度。但是，目前除民办高校外，其他各级各类民办学校仍然缺乏统一的设置标准，尤其没有对举办者的适格条件做出相应规定。这就使得一些不具备办学实力而功利性过强的举办者，通过举债等方式进入教育领域，埋下了灰色套利的根源。其二，对民办学校的财务监管力度有待加强。目前，不少地方尚未建立起相应的民办学校年度财务、决算报告和预算报告报备制度，没有依法敦促民办学校将学费收入的主要部分用于教育教学活动，同时对民办学校资金异常流动及其他不合理的支出缺少相应的预警及干预机制，对民办学校的年度检查及财务审计工作在很大程度上仍流于形式。这些都导致民办学校的灰色交易行为难以得到有效监督和及时防控。其三，办学信息强制公开机制亟待建立。由于监管力量薄弱，加上技术手段落后，当前相关部门尚未建立起针对民办学校的办学信息强制公开制度及相应的信息公开平台。民办学校与关联方之间的交易行为，很多时候仍处在一种暗箱操作、任意作为的状态，得不到外界及舆论的监督。这也是一些民办学校与关联方之间灰色，乃至违规交易"泛滥成灾"的一大原因。

三是我国民办学校法人治理制度发育不良，普遍缺乏自治能力，导致学校层面对各种灰色关联交易行为难以形成有力制衡。

由于法人财产没有落实到位，加上法人治理结构不健全，当前很多民办学校普遍存在"内部人控制"现象，尚未形成决策—执行—监督三位一体、既相互协调又相互制衡的法人治理体系。其一，法人财产制度没有得到确立。由于缺少刚性措施，实践中民办学校法人财产权的落实情况并不理想，很多民办学校实际上处于"轻资产"，乃至"空壳"状态。这也导致利益相关方可以通过资产租赁和物业经营从学校套取相关费用，"做空"学校结余。更有甚者，由于教育资产多在举办者所在企业或其个人名下，不少校产被用于贷款抵押或为别的债务提供担保，潜藏着巨大的财务风险。其二，科学的法人治理机制尚未形成。目前相当一部分由民间力量举办的民办学校沿袭企业管理模式，其在内部治理上多由"老板"掌控，不少学校董事会（理事会）形同虚设，一些举办者或其代表不按章程规定和教育规律行事，不恰当地介入学校事务当中，学校财务、人事、基建及后勤管理等关键岗位多由举办者家族成员把控，从而扭曲了多元参与和共治共管的法人治理机制，使得包括各种灰色关联交易在内的失范行为不仅得不到有力制约，反而越演越烈。其三，内部监督机构难以发挥有效制衡作用。一方面，民办学校还没有建立起完整的独立于学校决策机构和执行机构的监督机构，尚未形成可以与由举办者主导或控制的决策机构相制衡的监督机制。另一方面，不少民办学校党的机构不健全或被虚置化，与董事会、学校行政的关系不协调，党组织的政治核心和监督保障作用难以有效发挥，致使有的民办学校违规违纪办学，乃至发生一些偏离社会主义办学方向的错误行为，得不到监督和纠正。

## 四、民办学校关联交易问题的解决之道

鉴于民办学校关联交易的样态多元，成因复杂，现阶段对于这些关联交易，既不能一棍子打死，也不能放任不管。在民办教育新法新政背景下，正确看待和对待民办学校中普遍存在的关联交易现象，首先需要理清和把好"合理""合规"和"公平"的边界。允许规范、正常、公允的关联交易存在，某种程度上有利于稳定举办者（出资人）的投资规划和办学预期，保护和调动相关利益主体的积极性。与此同时，需要从外部规制和内部自治两个维度，多方联动、多管齐下、多措并举，规范和调整民办学校与关联方的各种交易行为，保障民办学校以及广大师生的合法权益，促进各级各类民办教育事业健康发展。

### （一）稳妥推进民办学校分类管理，建立健全举办者激励机制

第一，严格坚持法定分类标准，按举办者是否要求获得办学收益，对民办学校实施非营利性和营利性分类管理、分类扶持。在大力倡导公益性办学和重点扶持非营利性教育优先发展的同时，要正确看待并

公平对待营利性教育，为其留足必要的发展空间，创设更好的制度环境。同时，要切实落实《民促法》和国务院文件规定的各项管理和规范措施，从源头上堵住利益关联者"以非营利之名行营利之实"的制度漏洞。

第二，坚持解放思想、实事求是、与时俱进、求真务实，本着"老人老办法，新人新办法"的原则，采取更加灵活有效的措施，稳妥做好现有存量学校的过渡工作。比如，尽可能简化民办学校分类转设程序，合理制定剩余资产的补偿奖励办法，最大限度地减免各种制度性交易成本，甚至允许部分学校选择转型或退出办学领域，等等。

第三，在举办者履行了法定出资义务、不损害学校法人权益以及办学风险可控的前提下，基于公平、透明、等价原则，允许民办学校以融资租赁、带资建设等方式，从相关关联方适当租赁（借入）部分土地、校舍、设备以及必要的流动资金，使得举办者（出资人）可以通过合法经营形式获得部分收益，从而保护和提高其办学积极性。

（二）完善民办学校法人财产制度，深入做好资产过户工作

第一，探索建立民办学校最低注册资本制度。参照国家针对金融、保险等特许行业所采取的管理办法，相关部门对各级各类民办学校的设立，可以探索建立最低注册（开办）资本制度，并且在开办时对注册资金实行实缴制，而不是认缴制。譬如，对于举办民办本科高校和民办高职（专科）院校，可以分别规定其最低注册资本金（开办资金）不低于3亿元和2亿元人民币。只有建立起民办学校最低注册资本制度，才能筑牢学校稳定运行的安全底线。

第二，深入推进民办学校法人财产过户工作。根据《民促法》精神和国务院相关文件规定，各级教育行政部门会同财政、税务等部门

应当采取必要措施，包括简化资产过户程序、减免资产过户相应规费（注：目前已经出台的地方配套文件中，辽宁、上海和陕西都规定：民办学校的举办者以不动产作为出资，因履行出资义务需要将有关不动产登记到民办学校名下的，只缴纳证照工本费和登记费。这一做法值得其他地区效仿和借鉴），以及将法人资产落实情况与政府专项资金扶持和招生指标分配相挂钩等，尽快敦促并推动各类民办学校将相关教育资产及时足额过户到学校法人名下。只有真正确立民办学校法人财产制度，才能从根本上杜绝举办者的灰色套利行为，保障民办学校法人财产的完整性和安全性。

（三）尽快补齐相关制度短板，切实加大外部监管力度

第一，强化对民办学校资产及财务管理工作的监督。借鉴上海等地的做法及经验，利用信息化手段和财务专用平台，对各级各类民办学校实施学费专户监管制度，加强对学校财务活动尤其是大额现金异常流动的监控力度，最大限度地降低各种灰色关联交易可能带来的财务风险。必要时，可以考虑对非营利性民办学校实行收支两条线管理，依法保障学费收入的主要部分用于教育教学活动。

第二，建立民办学校关联交易信息强制披露制度。参考和借鉴财政部《36号准则》的相关规定，强制要求民办学校必须在财务报表中披露所有关联方关系及其交易的相关信息。其中，无论是否发生关联交易，民办学校均应当在财务报表附注中披露其举办者所在单位或最终控制者的法人名称、业务性质、注册地以及注册资本等相关信息。而民办学校与关联方发生关联交易的，则应当在财务报表附注中披露该关联方关系的性质、交易类型及交易要素。交易要素至少应当包括以下四个部分：交易的金额；未结算项目的金额、条款和条件，以及

有关提供或取得担保的信息；未结算应收项目的坏账准备金额；定价政策。必要时，可将民办学校关联交易信息以适当的方式向全校、全行业，乃至全社会公开，接受各方面的监督。

第三，健全违规关联交易风险预警防范干预机制。建立政府部门间的联动机制，加强对民办学校不规范办学行为的监管和治理，尤其要适时建立举办者变更行为的前置审查和事后报备制度。建立民办学校财务运行状况监测及财务风险预警机制，综合运用学费专户监管、经费预决算报备以及经济合同审计等一系列措施，统筹治理民办学校中广泛存在的各种利益输送、关联交易和灰色套利问题。切实加大对各种失范办学行为的查处及惩戒力度，特别是针对举办者抽逃出资、挪用办学经费、侵害法人财产和恶意规避税收等行为，相关部门要依法严格进行查处，追究当事人法律责任。

**（四）健全民办学校法人治理制度，强化关联交易审核程序**

第一，健全民办学校法人治理结构，规范民办学校办学行为。当务之急，是要依法完善决策机制并建立相应的监督机制。必须优化决策机构人员构成，限制举办者及其代表在决策机构人员中的占比，对民办学校人财物等关键岗位实施亲属回避制。与此同时，要全面加强民办学校党的领导和党的建设，依法落实校长行政管理和教育教学领导权，探索实行独立董事和独立监事制度。研究表明，独立董事在监管经营者业绩和大股东的关联交易上不遗余力，上市公司董事会中独立董事的比例越高，公司利润操纵的可能性就越小。

第二，建立关联交易决策审议程序，杜绝各种不规范操作。鉴于当下举办者"内部人控制"现象较为突出，为了从制度上约束灰色关联交易行为，可以参考并借鉴沪、深交所《股票上市规则》的相关规定，探索建立并逐步完善关联交易决策审议程序，将标的在一定限额以上的关联交易提交学校董事会进行决策表决。民办学校董事会审议关联交易事项时，关联董事应当回避表决，且不得代理其他董事行使表决权。同时，可以通过学校章程的形式做出规定，这类董事会会议由过半数的非关联董事出席即可举行，并且董事会会议所做决议须经非关联董事过半数通过。审议关联交易事项时，一旦遇到出席董事会会议的非关联董事人数不足3人的情形，民办学校应当将交易报请其业务主管部门组织专家进行审议，并主动接受学校监事会及其专业机构的审计及监督。

（载《复旦教育论坛》2018年第4期第30—36页）

# 新政背景下民办学校分类转设的困局与出路

## ——基于浙江温州的实践探索及思考

董圣足　戚德忠

## 一、民办教育分类管理改革的新进展

按照举办者是否要求取得办学收益，从法律和行政规制上对民办学校实施非营利性和营利性分类管理改革，是党中央的重要决策部署，旨在破解由法人属性不清所导致的诸多制约民办教育改革发展的瓶颈问题，更好地支持和规范社会力量办学。为此，2015年12月全国人大常委会先期修订了《中华人民共和国教育法》和《中华人民共和国高等教育法》，在相关条款中删除了对举办营利性教育（高等教育）的禁止性规定。2016年11月，全国人大常委会再次做出修改《中华人民共和国民办教育促进法》的决定（以下简称"修法决定"），进一步明确了非营利性和营利性民办学校的分类标准及政策适用问题，同时指出除了不得设立实施义务教育阶段的营利性民办学校，民办学校的举办者可以自主选择设立非营利性或者营利性民办学校。同年12月，国务院出台《关于鼓励社会力量兴办教育促进民办教育健康发展的若干意见》（以下简称"国务院30条"），同期教育部会同有关部门制定了《民办学校分类登记实施细则》和《营利性民办学校监督管理实施细则》（以下简称"教育部两则"），在政策层面细化了现有民办学校分类转设的相关原则及程序。迄今为止，按照国家层面的授权，除港、澳、台外，国内所有省域均出台了地方性配套文件，力图在实践层面推进民办学校分类管理改革落地生根。

根据"修法决定"，在2016年11月7日前设立的民办学校，选择登记为非营利性民办学校的，根据依照"修法决定"修改后的学校章程继续办学，终止时民办学校的财产依照修订后的《中华人民共和国民办教育促进法》进行清偿后有剩余的，根据出资者的申请，综合考虑在本决定施行前的出资、取得合理回报的情况以及办学效益等因素，给予出资者相应的补偿或者奖励，其余财产继续用于其他非营利性学校办学；选择登记为营利性民办学校的，应当进行财务清算，依法明确财产权属，并缴纳相关税费，重新登记，继续办学。"国务院30条"进一步明确了现有学校转设为营利性学校的相关事宜，规定："选择登记为营利性民办学校的，应当进行财务清算，依法明确财产权属，终止时民办学校的财产依法清偿后有剩余的，依照《中华人民共和国公司法》有关规定处理。具体办法由省、自治区、直辖市制定。"同时，国务院还要求各地结合实际，健全民办学校退出机制，依法保护受教育者的合法权益。

已有研究表明，对民办学校实施非营利性和营利性分类管理改革，特别是现有学校转设为营利性学校，是一项极为复杂的系统工程，涉及极其繁杂的财务清算、资产确权、税费清缴和校产处置等一系列政策难题。从实际情况看，在对待民办学校分类管理改革问题上，各地不同程度地存有畏难情绪和观望心态，或多或少存在"集体不作为"和"选择性执法"现象。尽管各省域大都出台了涉及分类管理的相应政策，但除上海、浙江、福建、湖南、黑龙江等少数省域批准设立了少量营利性民办学校外，多数地区在现有民办学校分类转设方面未有实质性进展，总体处于按兵不动、原地踏步的状态，鲜有全日制民办学校从现有民办非企业单位成功转设为营利性民办学校（以下称"非转营"）的案例。更有甚者，个别地区出于所谓监管便利的考量，片面引导，甚至"逼迫"民办学校举办者选择非营利性办学，或明或暗地限制现有民办学校自愿选择法人类型，从而导致部分举办者（办学者）心生疑虑，对民办教育产生政策性恐慌。

在可预期的未来，由于宏观政策不配套和基层政府不作为，民办学校分类管理改革能否顺利推进，仍面临着较大的不确定性。显然，这种局面与"修法决定"和"国务院30条"的精神是不相吻合的，既不利于稳定现有举办者的办学信心，也无助于吸引更多社会资金进入教育领域。

## 二、现有民办学校分类转设面临的困局

调查发现，囿于历史原因和现实条件，在新政背景下，制约民办学校非营利性和营利性分类管理改革的瓶颈因素的确很多，且其成因盘根错节、极为复杂。概括起来，民办学校分类转设大致存在五大"困局"。

### （一）现有学校分类转设的路径及程序不明确

虽然各地配套文件多包含有民办学校分类登记实施办法，但过于笼统、原则、抽象，多是照抄照搬"修法决定""国务院30条"以及"教育部两则"的相关条款内容。譬如，按照相关规定，现有民办学校选择登记为非营利性民办学校的，需要"依法修改学校章程，继续办学，履行新的登记手续"。那么，怎么修订章程？如何履行登记手续？

是否需要进行财务清算？如何界定存量资产的归属问题？新的学校法
人治理结构该如何产生？这些困扰举办者的问题都很难在各省域的配
套文件中找到相应答案。不仅如此，属于民办非企业单位法人性质的
现有学校究竟如何转设为公司法人性质的营利性学校，绝大多数地区
的配套文件都没有给出明确无误的程序性规定，既有文件中的"实体
性表述"在实际运行时基本不具有太强的操作性，特别是对转设过程
所涉及的清产核资、土地转性、资产评估等一系列具体问题，均无相
应操作办法。这也让很多有意选择营利性办学的举办者感到左右为难、
无所适从。

（二）相关部门对分类转设的政策把握不一致

对现有学校进行分类转设，涉及教育、编办、民政、市场监管、
财政、自然资源和规划、住建、人社、税务等十多个部门，各部门之
间的政策规定不尽相同，且在老校注销和新校登记审批环节上还存在
一定的制度冲突，导致分类转设，尤其是"非转营"工作推进十分困
难。譬如，教育部门依据"修法决定"认为，在对民办学校剩余资产
进行分配时，可以给予举办者（出资人）一定的补偿或奖励；而民政
部门则依据《民办非企业单位登记管理暂行条例》和《民间非营利组
织会计制度》的相关规定，认为："在民政部门登记为民办非企业单位
的民办学校终止时，不得向举办者分配剩余财产。"同时，民政部门还
坚持认为，清算期间，民办非企业单位不得开展清算以外的活动。这
就意味着，一旦现有学校进入清算程序，就必须停止正常的教育教学
活动，显然这是不现实的。民办学校"非转营"还涉及老校注销（民
政或编办）、新校登记（市场监管部门）以及办学许可证换发（教育部
门）等审批事项，如果各环节衔接不好（如一旦原学校已注销而新学

校尚未获得办学许可证），将导致教学主体在不合格的情形下继续开展教学活动，而其法律责任却无法人主体承担的管理真空。

**（三）现有学校财务清算及资产确权难度大**

教育部等五部门出台的《民办学校分类管理实施细则》规定："现有民办学校选择登记为营利性民办学校的，应当进行财务清算，经省级以下人民政府有关部门和相关机构依法明确土地、校舍、办学积累等财产的权属并缴纳相关税费，办理新的办学许可证，重新登记，继续办学。"从现实情况看，存量民办学校资产来源及组成结构一般比较复杂，特别是相当多的民办学校初期及追加投入难以取证，涉及资产来源的原始资料存在缺失，还有一些学校资产取得时所开立的票据不规范，因此在对学校进行财务清算时，要从权属上对各类资产加以严格区分，不仅技术难度高，而且工作量十分巨大。这就会造成学校净资产无法按规定进行分配处置的局面，从而使得注销清算工作难以开展。在分类转设和财务清算问题上，目前各省域文件多存在"转授权"的现象，即省里让"地级市政府"制定办法，地级市再传递交由"县级政府"出台具体办法，如此层层传递，导致政策效力不断衰减，以至最终无法落地。

**（四）存量学校退出机制及财产奖补制度不健全**

按照国家层面的授权，各地为了推动民办学校分类管理改革都制定了相应的配套文件，但这些文件对于存量民办学校选登为非营利办学的退出机制问题着墨甚少。尤其是此类学校将来终止清算后的剩余资产如何给予举办者（出资人）相应的补偿或奖励，多数地区的规定过于坚持原则，不少省域的文件写明"按照国家有关规定办理"，而事实上国家并无统一规定才授权地方制定具体办法。从已出台的省域文件来看，有且只有北京、上海、浙江、江苏和四川等少数几个省（市）制定了可量化计算的补偿奖励办法。虽然各地出台的剩余资产补奖政策大都要求考虑举办者原始出资（含后续出资）、已取得的合理回报以及办学效益等因素，但具体到实际操作时难度非常之大。除因相关原始资料缺失而导致难以对举办者投入、国有资产、捐赠资产和学校滚动发展积累等四类资产进行客观认定外，还存在"已取得的合理回报"不易确定和"办学效益"不好衡量等技术性难题。由于退出机制不健全以及剩余资产奖补制度不完善，当面临营利性和非营利分类管理改革时，不少存量民办学校的举办者（出资人）表示"进退维谷、难以抉择"。

**（五）转设过程涉及的相关税费政策不统一**

依照法律规定，现有学校分类转设，必须进行清算、析产、结余分配，然后将土地及校舍等财产从现有学校法人名下过户到新成立的学校法人名下。这个过程势必涉及企业所得税、个人偶然所得税以及资产交易税、契税、印花税等税费的缴交，而税由法定，这些税费如果不从国家层面加以明确、予以减免，地方政府一般难有作为，没有办法协调解决。比如，对现有民办学校进行清算注销，因学校均持有不动产及土地使用权，故其清算所得按规定须缴纳25%的企业所得税。再如，以学校清偿后的剩余资产给予举办者（出资人）补偿或奖励，举办者须按偶然所得缴纳20%的个人所得税。一些举办者认为，学校清算时的补偿或奖励，只是返还当初自己的出资部分，却要扣除20%的个人所得税，这是十分不合理的。

## 三、民办学校分类转设的温州方案

作为国家民办教育综合改革试验区，浙江省温州市在民办教育区域制度创新方面，一直走在全国前列。同样，在推动非营利性和营利性民办学校分类管理改革上，浙江温州也始终直面问题，迎难而上，勇于探索，大胆实践，领先于全国其他地区出台了升级版的民办教育综合改革系列文件，创造性地制定了现有学校分类转设的操作性文本，率先付诸实施并取得良好成效。温州市在民办学校分类管理上的有益探索及宝贵经验，集中体现在其在若干制度瓶颈问题上"较真碰硬"，成功化解了现有民办学校分类转设所面临的一系列难点、堵点和痛点问题。温州市在民办学校分类转设上已经并正在探索的做法，可概括为既彼此独立又相互衔接的五大方面内容。

（一）探索实施"一件事"审批办理流程

现有民办学校分类转设涉及民办非企业单位注销登记、民办事业单位注销、公司法人设立登记、教育许可证换证等审批事项，与之相关的还有公告、清算、审核等多道环节。如果不简化相关流程，行政相对人就要跑很多路，费很多事。温州市结合深化"最多跑一次"的改革要求，推行跨机构"无缝隙"政府服务，对企业、老百姓到政府办"一件事"，涉及多个部门审批的，建立"前台综合受理、后台分类审批、统一窗口出件"的集成服务模式。同样，对民办学校分类转设工作，温州市多部门联合推行"民办教育选登记一件事"，在集中民政、市场监管、教育等提供审批服务的基础上，以"一件事"为导引，按照"一窗受理、分类审批、统一出件"的模式，将涉及的多部门事项纳入社会综合窗口一窗统一办理，实行审批部门联合一次性收件，内部各自审查审核后，按照法律规定先后有序衔接审批一并出件，有效解决审批衔接问题。

与此同时，温州市深化细化"一件事"专班联办模式，对于申请分类转设的学校，建议其选择在寒暑假期间进行财务清算，以免影响学校正常教育教学，确保学校稳定运行。值得一提的是，行政部门在受理转设申请事项时，按照浙江省"八统一"材料清单要求，通过部门间数据共享、内部传送等方式，尽可能减少材料重复提交。营利性学校设立，可以现有学校设立时的档案材料为基础。凡是原来报批时提供过的材料，新设营利性民办学校需要继续使用的，则原有学校申报及注销时均不要求再次提供。现有设立条件有变化的（特别是消防安全），只要所在学校没有改动原有房屋结构，都会按已获得的消防审批件给予注册，如有改变结构，则需补交消防合格证明。

（二）理顺现有学校分类转设具体程序

在深入研究、反复论证基础上，浙江温州市依据有关法规政策规定，因地制宜地将分类转设过程细化为五大环节及若干流程。这些环节及流程环环相扣，理清了分类转设办理步骤，明确了相关业务受理部门。

1. 受理转设申请

第一，由现有民办学校依据章程规定，召开董（理）事会，通过选登记营利性民办学校决议，并由所有董（理）事签字确认；第二，现有民办学校凭董（理）事会决议书向审批机关提出选登记申请，并附营利性民办学校举办者（股东）名单；第三，拟成立的营利性民办学校的举办者（股东）向市场监督管理部门申请营利性民办学校名称预先核准；第四，由审批机关下达同意现有民办学校选登记营利性学校的批复，市场监督管理部门下达营利性民办学校名称核准通知书。

2. 教育用地由划拨改为出让（非必要项）

第一，现有民办学校依据章程规定，召开董（理）事会，通过土地划拨改为出让决议；第二，现有民办学校向自然资源和规划部门提出土地划拨改出让申请；第三，自然资源和规划部门委托有资质的土地评估机构就补缴土地出让金进行评估，并按规定办理划拨转出让手续；第四，划拨转出让手续经批准后，现有民办学校按规定补缴土地出让金后与自然资源和规划部门签订土地出让合同；第五，税务部门出具现有民办学校出让金完税证明。

### 3. 组织财务清算

第一，现有民办学校和拟成立的营利性民办学校股东签订具有法律效力的协议，明确在学校选登记期间办学活动的法律义务及责任；第二，现有民办学校根据《浙江省民办学校财务清算办法》（浙财资产〔2018〕26号）组织清算，清算组委托有资质的中介机构进行清产核资和资产评估；第三，受委托的中介机构对清算结果进行专项审计，对学校中的四类资产依据相关原始资料及资产来源，分别加以认定。

### 4. 分类明确资产权属

审批机关联合登记机关、财政部门对现有学校净资产分配处置方案酌情做出书面批复：第一，现有学校的原始出资和经认可的历年累计出资，作为补偿返还给举办者（出资人）；第二，现有学校清偿后的剩余资产，扣除历年财政拨款和社会捐赠后仍有结余的，按相关规定给予举办者奖励；第三，给予举办者补偿和奖励后的剩余资产，一律视同社会公共资产（含办学期间历年的财政拨款和社会捐赠），划归温州市民办教育公益基金会所有。按照以上权属关系，在实施非转营时，给予举办者补偿及奖励的资产，需继续用于新设学校的办学活动，用于购买或置换新设学校的土地、校舍及其他教育教学设施。原则上，不足部分应由新设营利性学校股东注资加以补足，并及时足额将与办学相关的资产过户到营利性民办学校名下，再由税务部门出具现有民办学校的完税证明。

### 5. 新设法人登记及原有学校注销

第一，履行完上述流程之后，教育部门给予非转营民办学校换发正式办学许可证（换证）；第二，凭借正式办学许可证，新设营利性民办学校到市场监管部门办理法人登记手续，同时原有民办学校到民政部门或机构编制部门注销登记（内部流转期间，各部门分别审核并认定相关材料，并按规定受理时限分别向政务服务局上传登记，待全部材料完成后统一办理相关证件）。

### （三）明确学校资产认定及奖补办法

对于现有民办学校分类转设，最难处理的资产清算及确权问题。温州市本着解放思想、实事求是的态度，从尊重历史、正视国情和促进民办教育事业发展的角度出发，就现有学校中举办者出资、国有资产（财政拨款）、社会捐赠和办学积累等四类资产的确认边界问题，酌情做出了合理界定。同时，明确了现有学校清算后剩余资产对于举办者（出资人）的补偿奖励办法。

### 1. 明确四类资产的认定边界

第一类资产是举办者原始出资（含学校存续期间追加投资），依据验资报告、民办非企业单位登记证书、经登记管理机关核准的学校章程、会计账簿记录等资料加以认定。其中，注册资金、购买土地价格、校舍建设资金、设施设备只认定其原始出资，且不重复计算；对于举办者的历年追加投入，认定时要有出资证明。第二类资产是财政拨款，依据财政资金拨付文件、资金到账有关单据、会计账簿记录等资料加以认定。其中，政府购买服务取得的收入及其形成的资产，不属于政府补助收入，不作为财政拨款来认定。第三类资产是社会捐赠，依据捐赠合同、资金到账有关单据、会计账簿记录等资料加以认定。第四类资产是办学积累（含土地增值），依据形成办学积累的资金来源，同时结合历年审计报告、年检报告等资料加以认定。

对于一贯制学校，除了在实际操作时按照以上区分办法，还要开展资产清查，以分类明确非义务教育阶段占有使用的资产。具体分为三种情形进行：一是对于校舍、土地等能区分权属的资产，按照实际占有使用情况进行分割，在此基础上进行财务分账（相关工作可委托有资质的中介机构开展）；二是土地能明确分区隔断且没有共享区域的，原登记为非营利性的资产可以分割为营利性和非营利性资产；三是土地不能明确分区隔断且有共享区域的，其资产只能登记为非营利性资产，但营利性学校可向非营利性学校租赁办学。

**2．细化剩余资产补偿奖励办法**

现有学校按照法定程序清偿后的剩余资产，在以补偿形式返回举办者出资和扣除财政拨款、捐赠资产后仍有结余的，按不低于学校结余资产20%的比例给予举办者（出资人）奖励，具体由学校所在地县级政府确定。所制定的奖励比例，要结合学校历史贡献、结余资产金额大小、学校办学规模及资产总额等因素酌情合理确定，不搞"一刀切"，也不由温州市级层面加以统一规定。对于资不抵债的现有民办学校，则不能选择登记为营利性民办学校。需要强调的是，为了保证学校正常运行和健康发展，温州转设方案明确规定，在现有民办学校"非转营"过程中，举办者从现有学校清算中所获得的所有补偿及奖励资产，必须全额投入所登记成立的营利性民办学校，而不得以现金的方式进行分配。对于民办教育公益基金会所持有的净社会公共资产，本着支持民办教育发展的原则，温州方案明确，既可以出让、出租净社会公共资产方式，交由给选登记为营利性的民办学校管理和使用，也可以本着"同股、同权、同利、同险"原则参股办学。

综合来看，在已出台的地方配套文件中，温州市有关学校剩余财产的补偿及奖励规定比较符合实际，而且基本符合举办者的心理预期。这一奖励性规定，是迄今为止国内所有地方文件中力度最大且最受举办者欢迎的一项举措，有力坚定了举办者的办学信心，更加调动起当地社会力量出资办学的积极性。

（四）厘清转设学校土地及房产处置路径

现有民办学校分类转设，尤其是非转营工作，最难办的问题就是土地及房产的处置，因为其中涉及原有校园用地取得方式及土地功能的判定问题。按照新的规定，非营利性民办学校可以划拨方式供地，而营利性民办学校的校园用地一般只能按出让而非划拨方式取得。即现有学校转设前取得的用地如果是划拨供地，现在转设为营利性学校时就必须要改为出让供地。同样，现有学校的校舍在新设学校成立时，也必须按时足额将其相应的资产权属过户到新的学校法人名下。这牵涉到一系列的复杂程序及规费补缴问题，如果政策边界和操作过程不清晰，就会导致举办者无从下手、望而却步。对此，温州市紧密联系当地实际，在制度层面做了相对务实且被各方所接受的一系列设计，破解了分类转设中的一大硬核难题。

1. 合理处置现有土地

在"非转营"时，对现有学校用地采用两种方式处置：第一种方式相对简单，即现有民办学校原以出让方式供地的，按规定申请办理产权转移，直接登记到新设营利性民办学校名下；第二种方式比较复杂，即现有民办学校选登记为营利性民办学校，原以行政划拨方式供地的，可以改为以出让或租赁等有偿方式使用土地。

采取第一种方式划拨转出让的，经学校主管部门同意，原有划拨土地使用权需转移给新设营利性民办学校，且其原划拨土地使用权改为出让后方可列入清算范围。列入清算范围的土地资产，可以补缴土地出让金方式进行土地资产处置。补缴土地出让金按照出让时的出让土地使用权市场价格减去拟出让时的划拨土地使用权权益价格的差价确定。土地出让价款可在规定期限内一次性缴纳。

采取第二种方式划拨转租赁的，划拨转租赁的土地作为国有资产保留，现有学校土地使用权不转移给新设营利性学校，其原以行政划拨方式取得的土地使用权由政府调拨给教育部门，由教育部门负责和现有学校协商划拨土地的补偿事宜，补偿价款按现时点的划拨土地使用权权益价格计算。举办者要求继续使用原有土地的，可以采用协议租赁方式，租赁价格以评估机构出具的评估价格为依据确定，最长租赁期为20年。

在现有学校非转营时，可以采取一次性支付非营利学校土地补偿款的方式，也可以采取逐年支付补偿款的方式。采用逐年支付补偿款的，补偿款全额列入非营利性学校的资产清算。待补偿款抵扣租金完毕后，营利性学校再按租赁合同约定的租赁价格支付。

2．妥善办理房产登记

在"非转营"时，对于房产登记在现有学校名下的，待非营利性民办学校现有资产清算完毕并重新登记为营利性民办学校后，由非营利民办学校和营利性民办学校持不动产权属证书（房屋所有权证和土地使用权证）、法人登记材料、清算报告、审批机关同意学校选登记的审核意见、审批机关对学校清算注销工作结果和净资产分配处置方案的书面批复等材料，向属地房产交易管理机构和不动产登记机构申请办理产权转移手续。对于房产登记在学校投资方公司名下的，则该房产属于公司资产而非学校资产，故学校本身从非营利性选登记为营利性，不涉及房产转移，其房产登记维持不变，无需办理相关手续。

对于现有学校由于各种原因未办理房产证的现象，温州市的分类转设方案也给出了相应对策。针对所有房产均未办理登记的学校，允许其在现有学校法人注销前，持不动产登记申请表、申请报告、组织机构代码证或营业执照、法定代表人身份证明书、发改委立项批复、土地使用权证（不动产权属证书）、建设工程规划许可证、竣工验收备案表以及不动产权籍调查成果确认单等资料，向属地不动产登记部门申请办理学校房产的首次登记，待新设营利性民办学校法人登记完成后，再凭相关材料向属地房产交易管理机构和不动产登记机构，申请办理产权转移手续。

（五）依法明确分类转设税费优惠政策

税收及规费如何缴交，也是现有学校分类转设当中一个既敏感又棘手的问题。按照"修法决定"，现有民办非企业单位性质的学校转设为营利性学校，不仅要进行财务清算，明确财产权属，而且要依法补交相关税收。但是，具体要补交哪些税收，由谁来补交以及如何补交，现有政策文本中并没有明确。在税由法定的大原则约束下，作为地方政府一般难有大的作为。尽管如此，温州市分类转设方案依据国家相关规定，分门别类、条分缕析，对现有民办学校"非转营"所涉及的税费问题进行了系统梳理，并正在研究能否在合法合规范围内找到变通办法，以最大限度地降低现有学校分类转设的制度性交易成本。

### 1．尝试以企业重组方式破解税收难题

根据《财政部国家税务总局关于企业重组业务企业所得税处理若干问题的通知》（财税〔2009〕59号）有关规定，如果现有民办学校在民政部门或机构编制部门不办理注销登记，而能在市场监督管理部门直接办理变更登记手续，且在这个登记过程中财政、民政、市场监督管理部门等各相关部门共同认可明确，只要不因住所发生变化，或可视为"企业发生其他法律形式简单改变"，"可直接变更税务登记，除另有规定外，有关企业所得税纳税事项（包括亏损结转、税收优惠等权益和义务）由变更后企业承继"，因此可免征企业所得税。同样，如选登记程序能被确认为属于"资产重组"，则可适用《财政部国家税务总局关于全面推开营业税改征增值税试点的通知》（财税〔2016〕36号）规定，将分类转设中所涉及的不动产及土地使用权转让行为纳入"不征收增值税项目"。

### 2．探索以变通方式适当减免相关税费

在对现有学校进行"非转营"或未来非营利性学校清算进行剩余资产处置时，如果能把对举办者（出资人）的奖励部分以省级政府名义颁发或授予的话，则或可参照《中华人民共和国个人所得税法》第四条的相关规定，给予免除个人所得税。此外，按照《中华人民共和国土地增值税暂行条例》第八条的规定，因国家建设需要依法征用、收回的房地产可免征土地增值税。因此，如果将现有民办学校的土地使用权先由政府回收，新登记营利性民办学校按照租赁方式继续办学，或可免征土地增值税。按照《中华人民共和国契税暂行条例》以及《财政部国家税务总局关于社会力量办学契税政策问题的通知》（财税〔2001〕156号）等法规及政策规定，一旦现有民办学校的土地使用权

由政府回收，新登记营利性民办学校按照租赁方式继续办学，因不涉及土地使用权出让、转让及房屋买卖，故无需缴纳契税。

## 四、结语

民办学校实施分类管理，尤其是对现有学校实施分类转设是一项极为复杂的系统工程，涉及方方面面的制度设计和政策协调难题。作为一个地级市，浙江省温州市在民办学校分类管理改革上的实践，还只是初步的探索，其在探索中仍面临许多法律障碍和政策瓶颈，有赖于宏观制度层面的深入创新和更大突破，才能得到有效破除和根本解决。即便如此，温州在民办学校分类转设上的实践探索仍然是弥足珍贵的，其做法及经验值得其他地区借鉴和效仿。

在新时代背景下，立足国情，接轨国际，对民办学校实施非营利性和营利性分类管理改革，是党中央国务院着眼于深化教育综合改革、办好人民满意的教育而确定的真命题、硬任务，绝不允许走过场、冷处理。按照中办、国办《加快推进教育现代化的实施方案（2018—2022年）》的部署，到2022年前后，要按照自主选择、科学分类、平稳过渡的原则，全面实现现有民办学校非营利性与营利性分类管理。对此，我国各级政府及相关部门应当进一步增强紧迫感、使命感，克服观望心态和畏难情绪，采取切实有效措施，积极稳妥推进所在地区民办学校分类管理改革，分类指导、分类扶持、分类规范，促进各级各类民办教育持续健康发展。在这方面，浙江温州无疑树立了一个样板，起到了良好的示范和表率作用。

（载《现代教育管理》2020年第9期第38—45页）

# 论教育资产上市的不可持续性

## ——基于香港联交所上市教育企业的情况分析

董圣足

本文所称"教育资产上市",特指在学前和学历教育领域中,各种用于学校教育教学的土地、校舍及相关设施设备等有形及无形资产,作为标的物或以"可变利益实体"等形式,被其举办者或实际控制人直接或间接资本化及证券化的过程。考虑到经营性培训教育机构(培训公司)一般不提供学制类教育服务,且其运营市场化程度较高,风险相对分散,本文不对其教育资产资本化问题进行重点论述。

自从2006年新东方教育第一个"吃螃蟹",成功绕过国内相关监管,率先登陆美国纽约证交所实现境外上市以来,国内从事学前及学历教育的机构也纷纷效仿,采取各种"曲径通幽"方式,在美国、新加坡以及中国香港等国家和地区的证券交易所上市,实现了其所控制教育资产的资本化、证券化。那么,这些机构所掌控的教育资产是如何实现在境外上市的?这些教育资产的实际掌控者为何要选择在境外上市?为什么说教育资产上市是不可持续的?已经上市和正在上市的教育企业未来出路何在?本文拟主要以在香港联交所上市的教育企业为例,对这些问题进行分析和思考,并从相对独立的第三方立场提出对策建议,以供有关方面参考和借鉴。

# 一、教育资产如何实现境外上市？

据统计，截至2019年8月16日，在美国上市的国内教育企业共有16家，总市值达到457亿美元，其中从事学历教育的有3家，市值合计为30亿美元；在中国香港上市的教育企业共有22家，总市值达到1424亿港元，其中从事学历教育的有17家，市值合计为991亿港元。目前境内企业到境外上市有多种途径，主要经由可变利益实体及"协议控制"形式，采用红筹模式。

## （一）教育资产境外上市的主要途径

一是境外直接上市，通常指国内公司以自身名义，直接向境外拟上市国家或地区的证券监管部门申请发行登记注册，并发行股票或其他衍生金融工具，同时经批准后向所在地证券交易所申请挂牌上市交易，譬如新加坡S股、美国纽约N股和中国香港H股等。以该模式上市的国内公司，必须先经中国证券监督管理委员会批准及有关部门核准，才能向与中国证监会签订了监管合作备忘录的境外国家或地区证券主管部门提出上市申请，在获得其批准后，才能发行股票、挂牌交易。由于直接上市门槛很高，加上受监管部门权限过大和信息不透明等因素影响，选择直接在境外上市的国内教育类企业迄今尚无先例。

二是红筹模式上市，通常指国内企业到境外注册公司（特殊目的公司），境外公司以收购、股权置换等方式取得国内资产的控股权，然后以控制境内资产的境外公司为主体在境外交易所上市。与常规红筹模式多以股权控制国内实体机构不同，几乎所有的教育企业境外上市都以可变利益实体架构（Variable Interest Entity，缩写为VIE）为主，即不是通过持股方式，而是通过一系列合约安排来实际控制一家或多家国内实体，以实现合并财务报表（采取红筹模式在港上市教育机构相关信息如表1所示）。

表1　采取红筹模式在港上市教育机构相关信息一览表

| 公　司 | 代　码 | 上市时间 | 业务板块 | 市值（亿元） |
|---|---|---|---|---|
| 枫叶教育 | 1317.HK | 2014/11/28 | K12学校 | 71.3 |
| 睿见教育 | 6068.HK | 2017/1/26 | K12学校 | 68.8 |
| 天立教育 | 1773.HK | 2018/7/12 | K12学校 | 61.8 |
| 博骏教育 | 1758.HK | 2018/7/31 | K12学校 | 6.4 |
| 卓越教育 | 3978.HK | 2018/12/27 | K12培训 | 17.8 |
| 成实外教育 | 1565.HK | 2016/1/15 | K12+高教 | 78.8 |
| 宇华教育 | 6169.HK | 2017/2/28 | K12+高教 | 124.8 |
| 21世纪教育 | 1598.HK | 2018/5/29 | K12+高教 | 8.1 |
| 新高教 | 2001.HK | 2017/4/19 | 高等教育 | 39.5 |
| 中教控股 | 0839.HK | 2017/12/15 | 高等教育 | 208.1 |
| 中国新华教育 | 2779.HK | 2018/3/26 | 高等教育 | 38.8 |
| 希望教育 | 1765.HK | 2018/8/3 | 高等教育 | 77.3 |
| 春来教育 | 1969.HK | 2018/9/13 | 高等教育 | 19.7 |
| 中国科培教育 | 1890.HK | 2019/1/25 | 高等教育 | 68.8 |
| 民生教育 | 1569.HK | 2017/3/22 | K12+高教 | 57.1 |
| 大地教育 | 8417.HK | 2017/2/16 | 留学服务 | 0.5 |

续　表

| 公　司 | 代　码 | 上市时间 | 业务板块 | 市值（亿元） |
|---|---|---|---|---|
| 嘉宏教育 | 1935.HK | 2019/6/18 | K12+高教 | 26.6 |
| 银杏教育 | 1851.HK | 2019/1/18 | 高等教育 | 8.8 |
| 中汇集团 | 0382.HK | 2019/7/16 | 高教+职教 | 26.7 |
| 新东方在线 | 1797.HK | 2019/3/28 | K12+高教 | 104 |
| 思考乐教育 | 1769.HK | 2019/6/21 | K12培训 | 26.8 |
| 中国东方教育 | 0667.HK | 2019/6/12 | 职业教育 | 284 |

注：本表信息均从相关公司公开发布的招股说明书及港交所网站上获得，各上市公司市值统计截止时间为2019年8月16日，货币计价单位统一为港元。

三是境外借壳上市，一般指中国境内企业在符合中国境内和境外法律法规的前提下，通过用现金收购一家已在境外上市的公司股权，将境内公司的资产业务注入其内，以达到间接上市的目的。目前，中国内地学历类教育企业采取这种模式间接上市的案例极其稀少，通过公开资料搜索到的，只有早年海联集团在澳洲借壳上市而顺带将其属下机构重庆海联职业技术学院资产注入壳公司的个案。

（二）由红筹模式衍生出的VIE架构

在对民办学校实施营利性与非营利性分类管理前，我国民办学校在法律属性上无一例外都是非营利性法人（民办非企业单位）。与初期电信、传媒等管制行业不允许外资直接进入一样，在过去很长一段时期内，教育领域对外资的介入有严格限定。除"非学制类职业培训机构"属于《鼓励外商投资产业目录（2019年版）》内容外，"学前、普通高中和高等教育机构限于中外合作办学，须由中方主导（校长或者主要行政负责人应当具有中国国籍，理事会、董事会或者联合管理委员会的中方组成人员不得少于1/2)"，同时"禁止投资义务教育机构、宗教教育机构"。在这种严格管制之下，国内从事学历教育的机构如果要想到境外实现"教育资产上市"，就必须，也只能通过搭建所谓的"VIE架构"获取稳定收益，以便采取"红筹模式"上市。

　　VIE架构通常指境外上市实体与境内运营实体相分离，境外上市实体通过协议控制境内经营实体，从而实现共享收益、共担风险的一种公司架构安排。以在香港地区上市的教育企业为例，其VIE架构一般由以下环节构成：先由境内投资者在海外离岸投资中心（一般为英属维尔京群岛）注册公司，称为B. V. I公司；再由B. V. I公司联合风险投资（VC）或私募基金（PE），在海外离岸投资中心（一般为开曼群岛）成立壳公司（A），作为其在香港证券市场上市的主体；紧接着开曼公司A在中国香港设立由其100%控股的壳公司（B）；之后由香港壳公司B在中国境内设立外商独资企业（WFOE）；最后由WFOE通过一系列控制类、利润转移类等协议安排（而非股权投资），完全控制中国境内的若干经营实体，获取相关收益，且反向输送给壳公司B和A，并以财务并表形式最终以A为主体在香港联交所实现上市（参见图1）。

　　目前，只有美国和我国香港地区的资本市场承认VIE架构。根据相关上市公司招股说明书等资料分析，在香港上市的中国内地教育企业，只有民生教育采取了常规红筹股模式上市，也即上市主体公司以股权架构直接控制旗下学校而未采用VIE架构，其他在港上市教育企业全部采用的是VIE架构。民生教育公司于2017年3月成功赴港上市，作为公司创始人和实际控制人，李学春先生持有67.5%股份，其女儿

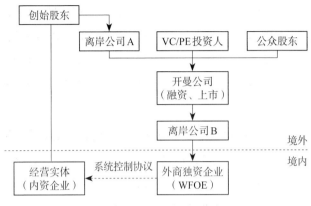

图1　VIE控制架构原理图

图例来源：百度百科 https://baike.baidu.com/item/%E5%8F%AF%E5%8F%98%E5%8%A9%E7%9B%8A%E5%AE%9E%E4%BD%93/566981?fr=aladdin&fromtitle=VIE%E6%A8%A1%E5%BC%8F&fromid=7906826。

李宁女士持有7.5%股份。公司得以直接以股权架构控制旗下学校。这种红筹架构的实现，主要得益于早期政策支持。根据2005年1月1日至2015年4月9日具法律效力的《外商投资产业指导目录》（简称"前目录"），高等教育属于"鼓励"外商投资类别，具体可通过中外投资经营或中外合作经营两种形式进行，而民生教育公司正是在此期间以中外投资形式控股境内高校。"前目录"要求中外投资需满足：（1）间接外商投资规定，即外国投资者须通过于中国注册成立的附属公司持有相关学校权益；（2）中外投资持股限制，即外国投资者不得直接或间接持有相关学校的100%权益。只要满足上述关键条件，即可实现外商投资境内高等教育学校。（资料来源：民生教育公司公开发布的招股说明书）

## 二、教育资产上市的主要动因何在？

由于准入门槛较低且市盈率更高，中国香港已成为境内从事全日制教育的机构在境外上市的首选之地。与培训教育机构多选择到美国上市不同，中国内地在香港上市的多为主营全日制教育的教育企业。譬如，枫叶教育、睿见教育、天立教育等的主营领域是K12基础教育，成实外教育、宇华教育、21世纪教育等的业务范围都涵盖了K12教育和高等教育，而新高教、中教控股、中国新华教育等则主营高等教育业务。通过分析上市教育企业所披露的财务报表及相关重大事项，可以发现，境内教育资产之所以选择境外上市，原因是错综复杂的。

（一）满足融资需要，扩大办学规模

由于受公益资产不得设定抵押的法律限制，民办学校一般很难通过信贷方式获得银行贷款。为了缓解日常运行资金或基本建设资金的不足，一些民办学校举办者在自有实力不济的情况下，除了可以学费质押方式从银行获得少量流动资金贷款，只能通过民间借贷方式来获得更大的资金投入。显然，这两种方式要么资金流量有限，要么融资成本过高，不能很好满足一些民办学校快速扩张的需要。在国内资本市场尚未对教育企业开放的情况下（间接上市除外），通过搭建VIE架构，经由境外实现"红筹上市"，无疑为急需大量资金注入的举办者提供了便利渠道。另一方面，受世界经济总体疲软的影响，大量社会游资在寻找更好的"出路"，也把对"逆经济周期"和"现金流稳定"的教育投资作为"上上之选"，这就给"教育资产上市"提供了丰沃的"资金池"。

公开资料显示，近年来，在香港上市的教育企业从资本市场所募集到的大量资金，多通过其返程投资在中国内地设立的外商独资企业（WFOE），以资产并购、加盟连锁、自建校园等方式实现了快速外延扩张。譬如，枫叶教育所并购控制的旗下学校数量，已从2016财年的46所扩张到96所（截至2019年8月31，下同），是目前基础教育中在校生规模最大的上市企业；中教控股所掌控的高校数量，则从上市之初2016财年的2所扩张到7所，从而成为目前在香港联交所市值最高的教育上市企业之一；宇华教育则于2017年12月和2019年7月分别以14.3亿元和14.92亿元的"天价"，通过收购湖南涉外经济学院和山东英才学院举办单位的绝大部分股权，间接控制了这两所在行业具有重要影响的民办高校（部分港股上市教育公司所控制学校数量变化情况参见表2）。

表2　港股上市教育公司所控制学校数量变化情况

| 公司名称 | 业务范围 | 截至2016财年 | 截至2017财年 | 截至2018财年 | 截至2019年8月31日 |
|---|---|---|---|---|---|
| 枫叶教育 | K12学校 | 46所 | 60所 | 82所 | 96所 |
| 睿见教育 | K12学校 | 6所 | 7所 | 8所 | 9所 |
| 天立教育 | K12学校 | 28所 | 27所 | 31所 | |
| 博骏教育 | K12学校 | 9所 | 9所 | 9所 | 12所 |
| 成实外教育 | K12+高教 | 9所 | 21所 | 23所 | |
| 宇华教育 | K12+高教 | 25所 | 26所 | 27所 | 29所 |
| 21世纪教育 | K12+高教 | 15所 | 15所 | 15所 | 15所 |
| 新高教 | 高等教育 | 2所 | 2所 | 4所 | |
| 中教控股 | 高等教育 | 2所 | 3所 | 5所 | 7所 |
| 中国新华教育 | 高等教育 | 2所 | 2所 | 3所 | 5所 |
| 希望教育 | 高等教育 | 9所 | 9所 | 9所 | 10所 |
| 春来教育 | 高等教育 | 3所 | 3所 | 3所 | 4所 |

续　表

| 公司名称 | 业务范围 | 截至2016财年 | 截至2017财年 | 截至2018财年 | 截至2019年8月31日 |
|---|---|---|---|---|---|
| 中国科培教育 | 高等教育 | 2所 | 2所 | 2所 | |
| 民生教育 | 高教+K12 | 5所 | 6所 | 10所 | 11所 |
| 嘉宏教育 | K12+高教 | | | | 3所 |
| 银杏教育 | 高教 | | | | 1所 |
| 中汇集团 | 高教+职教 | | | | 3所 |

资料来源：各上市公司历年所公开发布的年报。

### （二）实施股权激励，实现资本增值

就企业而言，选择到境外上市可以更好确定自身在资本市场上的价值，实现资产的证券化。企业在上市前，股东虽可根据净资产数量计算出属于自己的份额，但除非有人愿意购买（承让），股东一般难以通过公开转让方式变现自己的股权。与内地资本市场不同，境外资本市场没有流通股与非流通股的区别，股票上市后，股东根据股票交易价格乘以持有的股数，很容易计算出自己财富的价值，并且如果股东要想转让股票，只需要委托交易商卖出即可。显然，这将在更大范围、更深程度上激励股东的投资和创业激情。

不仅如此，从经济学理论上说，通过教育资产上市，在公司层面实施"全员持股计划"，采取股权（期权）激励，可以稳定和吸纳高级人才，消除由于信息不对称而导致的"代理成本"与"道德风险"问题，实现举办者与办学者之间目标函数的一致化，从而有利于增强企业（学校）的凝聚力、吸引力，鼓舞员工，特别是高管层的士气和干

劲，促进和推动所在企业及所属实体学校的发展。

对上市教育企业所公开披露的资料分析表明，作为教育资产的实际掌控者，现实中一些民办学校的举办者通过其公司层面的运作，以各种包装方式并借助VIE架构实现了教育资产境外上市，也成功收获了财富的"溢价"，实现了个人资产的迅速积累。在表3所述的六家教育上市公司中，个人大股东持股比例平均达65.89%（SD=10.73%）。同时，不少上市教育企业都委托专业机构设计并实施了相应的"股权激励方案"，有的上市教育企业也因此从海内外引进了一些高水平的高级管理人员及骨干教师。

表3　部分港股教育公司大股东或实际控制人持股情况一览表

（市值单位：亿港元）

| 代　码 | 公　司 | 教育类型 | 市　值 | 个人大股东 | 持股比例 | 持股市值 |
|---|---|---|---|---|---|---|
| 0839.HK | 中教控股 | 高等教育 | 236 | A先生，B先生 | 75.24% | 178 |
| 6169.HK | 宇华教育 | K12+高教 | 145 | C女士，D先生 | 66.22% | 96 |
| 1317.HK | 枫叶教育 | 基础教育 | 79 | E先生 | 50.31% | 40 |
| 6068.HK | 睿见教育 | 基础教育 | 70 | F先生，G女士 | 73.52% | 52 |
| 1569.HK | 民生教育 | K12+高教 | 60 | H先生 | 74.67% | 45 |
| 2001.HK | 新高教 | 高等教育 | 57 | I先生 | 55.39% | 32 |

注：本表根据相关上市公司公开发布的招股说明书及财报等信息汇编，股东姓名以字母指代，市值按2019年9月3日收盘价计算。

### （三）规避法律监管，获取办学收益

特殊国情决定了现阶段我国民办教育的主要特征是投资办学，举办者要求获得经济回报的意向十分明显。由于修订前的《中华人民共和国民办教育促进法》并没有明确民办学校清算后办学结余的最终归属，加上宏观监管层面一直未能出台具有可操作性的"合理回报"具体办法，相当一部分民办学校举办者"明修栈道，暗度陈仓"，采取各种关联交易方式从学校获得灰色回报。其中，以VIE架构"协议控制"实体学校，通过利润转移类协议将民办学校的收益转移到WFOE，便是一类典型且管用的关联交易模式。这种操作模式有效规避了非营利性民办学校不能对举办者（出资人）"分红"的管制，不仅通过各种关联交易安排从学校获得不平等收益，还通过协议控制方式转移学校全部结余，这就使得学校举办者可以上市公司股东的身份，通过股权分红间接实现对非营利性学校办学结余的占有。事实上，凡是以VIE架构在境外上市的教育企业，其返程投资在境内设立的外商独资企业（WFOE），几乎没有不是以协议控制方式与所控制的实体学校（VIEs）进行关联交易的，而二者之间名目繁多的各种关联交易，无论是提供独家技术服务，还是提供独家管理顾问服务，都使得WFOE在很大程度上掌控了相关实体学校的"剩余索取权"，乃至"剩余控制权"。

### （四）引进战略投资，间接退出办学

按照《中华人民共和国民办教育促进法》的相关规定，民办学校是可以进行举办者变更的。当然，变更须由举办者提出，在进行财务清算后，经学校理事会或者董事会同意，并报审批机关核准。而现实中，很多民办学校的法人财产权尚未完全落实，加上按法定程序进行举办者变更还面临财务清算及资产确权等复杂程序，因此，一些举办

者出于各种原因，多不走常规变更路径，而更倾向于在公司层面引进新的战略投资者（风险投资或私募基金），通过部分或全部出让自己的"股权"，从而相应地转让学校举办权。日渐风行的教育资产上市及其返程投资，正好为民办学校举办者变更及资产重组开辟了新的空间，提供了新的渠道。

据相关媒体报道，仅2019年7月一个月之内，就发生了5起民办高等院校并购案，所涉及的交易总金额高达43.8亿元。这5起并购案除了前文已经提及的宇华教育出资14.92亿元收购山东英才学院，其他4起并购案分别是：四川外国语大学重庆南方翻译学院作价10.1亿元被中教控股收购，昆明医科大学海源学院和昆明市卫生学校作价9.18亿元被中国新华教育收购，苏州科技大学天平学院作价8亿元被春来教育收购，鹤壁汽车工程职业学院作价1.6亿元被希望教育收购。这些被直接或变相收购的民办院校，在法人属性上，无一不是非营利性质的民办非企业单位。

通过引进风险投资、私募基金等战略投资者，实现学校举办者公司层面的资产受让、股权变更及其相应的举办权转移，一方面，可促使一部分无心继续办学的举办者在完成新老更替后，实现全部或部分退出办学领域；另一方面，新引入的风险投资、私募基金在其协议存续期到期后，也需要通过教育资产上市这一途径，最终在资本市场上获利了结，完成退出。

## 三、教育资产上市为何不可持续？

客观上说，在我国对民办学校实施分类管理的大背景下，作为一种新的资本运作模式，VIE架构在教育领域的引入及应用，在一定程度上助推了营利性教育事业的发展，在某些方面具有积极的意义。借助 VIE 架构并以"红筹模式"在境外实现教育资产上市，一方面，可以让更多教育机构得以从资本市场直接融资，促使更多社会资源转化为教育资源；另一方面，通过引进多元投资，也有利于形成更加合理的企业法人治理结构。然而，任何事物都有两面性，各种分析表明，教育资产上市虽然可能会带来短期的繁荣景象，但从长远看，这种行走在法律边缘的非常规运作模式是缺少后劲且不可持续的。

（一）注重规模扩张，将会面临增长的极限

分析表明，在境外上市，尤其是在香港联交所上市的教育企业，为了保持良好的经营业绩，提拉利润增长速度，以维持资本市场对其估价的预期，在学费受供求关系制约难以大幅提高的情况下，都不约而同采取了外延式增长道路，即上市主体公司依托其返程投资在境内设立的 WFOE，凭借其在股市上所募集到的大量资金，加上综合运用其他财务杠杆（如股票质押贷款和举办者个人授信贷款等），通过同业间的院校并购及资产重组以迅速扩张办学规模，同时采取深度协议控制方式对所并购的实体学校进行财务并表，从而实现财报"纸上富贵"，制造各种"利好消息"，达到抬拉或维持股票价格的目的。

应该说，这一种操作方式在一定时期内是富有成效的。仍以前文所列举的近期 5 宗民办高校资产并购案为例。在 5 家上市主体公司宣布对标的资产实施并购后，其在港交所的股价都得到了不同程度的提升。其中，尤以宇华教育为甚，在 2019 年 7 月 22 日官宣拟斥资 14.92 亿收购山东省一所高校后，其股价当天就高开 10%，并连续多天保持上扬势头。然而，这样一种依靠资产并购和要素重组实现的增长，正面临着"极限时刻"的到来，越来越呈现出疲态和颓势。具体来讲，这种

"增长极限"，主要受制于以下三大方面因素：

一是涉及举办者（实际控制人）变更及相关教育资产并购的法制规范正在不断完善。由于学校法人财产权没有落实到位，当前上市企业的教育资产并购多发生在民办学校举办单位（企业/公司）层面，按照《公司法》相关规定，只需在市场监管部门做股东名录变更即可，并不需要通过行政核准程序。这是由历史原因造成的。

由于历史原因，很多民办学校的法人财产没有完全落实到位，大部分资产仍登记在其举办单位——教育投资公司的财务账册上，而教育投资公司是经过工商行政部门注册登记的企业，其在公司层面发生的股东变更及其股权处置（类似于举办者变更），只需公司董事会决议并报工商行政部门核准登记即可，而不必经教育行政部门同意。而且就算教育投资公司股东及其股权结构发生重大变化，学校的实际控制人已发生了实质性改变，但名义上的学校举办者仍是作为一个整体法人的教育投资公司，没有发生变化。因而在法理上，教育行政部门难以对举办者变更加以干预，使之成为监管上的一个盲点。

《中华人民共和国民办教育促进法实施条例（修订草案）（送审稿）》第二十一条规定，实施学历教育的营利性民办学校注册资本应当与学校类别、层次、办学规模相适应。其中，实施高等学历教育的，注册资本最低限额为2亿元人民币；实施其他学历教育的，注册资本最低限额为1000万元人民币。随着民办教育新法新政的贯彻落实，民办学校举办者必须依法履行出资义务，将出资用于办学的土地、校舍和其他资产足额过户到学校名下，并且要达到最低注册资本金（开办资金）标准。一旦依法落实学校法人财产权，今后涉及学校举办者的变更及其办学资产的处置，就必须要走法定程序，要事先得到审批部门的核准。如此一来，当下脱离行政监管的上市教育企业与实体学校之间的并购交易，将被列入相关部门的监管范畴，从而也将使其丧失可供操作的"灰色地带"。

二是针对非营利性民办学校的资产并购行为很有可能会受到相关部门的严格管控。对民办学校实施营利性与非营利性分类管理改革，有一个十分重要的动因，就是要引导民办学校坚持公益性办学的导向。显然，对于以营利为价值取向且以掌控非营利性学校办学收益为目的的并购行为，宏观监管部门不会，也不能听之任之、坐视不管。针对日益频发的以非营利性民办学校为标的的资产并购交易，修订中的《中华人民共和国民办教育促进法实施条例（修订草案）（送审稿）》拟规定："实施集团化办学的，不得通过兼并收购、加盟连锁、协议控制等方式控制非营利性民办学校。"同时，《中共中央国务院关于学前教育深化改革规范发展的若干意见》已明确提出，社会资本不得通过兼并收购、受托经营、加盟连锁、利用可变利益实体、协议控制等方式控制国有资产或集体资产举办的幼儿园、非营利性幼儿园。不久的将来，《中华人民共和国民办教育促进法实施条例》一旦修订完成，当下上市教育企业面向非营利性民办学校所进行的并购行为，就很有可能会涉嫌违法，从而难免会受到相关部门的调查和惩处。

三是营利性民办学校的发展面临许多现实矛盾且难以满足上市企业速战速决的需要。未来一个时期，一旦非营利性民办学校不被允许兼并收购或协议控制，现有上市教育企业要想继续扩张规模，只能是自建学校或者兼并重组其他营利性民办学校。如若自建学校，从立项审批到正式设立再到形成稳定的办学规模，不仅投入大，而且周期长，显然难以满足迅速抬升业绩的需要。因此，规模扩张的一条可行路径，可能就是兼并收购营利性民办学校。然而，在复杂的现实环境中，营利性学校的生存空间究竟有多大，目前还难有定论。除义务教育阶段不允许设立营利性民办学校外，到2020年学前教育阶段非营利性普惠园比例要达到80%以上，也即营利性幼儿园最大的发展空间只有20%。事实上，20%当中还会有相当一部分高收费的非营利性民办园存在。不仅如此，《中共中央国务院关于学前教育深化改革规范发展的若干意见》规定，民办园一律不准单独或作为一部分资产打包上市。上市公司不得通过股票市场融资投资营利性幼儿园，不得通过发行股份或支付现金等方式购买营利性幼儿园资产。现在还很难预料，相关法规是否会就营利性民办学校上市问题做出禁止性规定，即便不禁止除幼儿园外的营利性民办学校上市，但是由于受到各种主客观条件，尤其是学历教育买方市场的制约，将来在高中和高等教育阶段选择营利性办学的机构，一定会只占一小部分比例，而不会形成很大体量及市场。

宏观政策倾向于引导举办者选择非营利性办学，而且在现有环境下，选择营利性办学还将面临办学特色不明、运行成本高企、社会声誉不佳、政策支持减弱和学校竞争力下降等不利因素。同时，随着公办教育质量的不断提升和各种教育服务替代品的不断涌现，除部分城市义务教育阶段民办中小学具有较强选择性外，其他学段的民办教育（尤其民办高等教育和民办职业教育）在不同程度上都存在供大于求的状况，总体上仍缺乏比较优势与核心竞争力。

（二）忽视教育质量，难免导致市场的流失

民办教育同样是社会主义公益性事业。对于任何一所学校而言，教育教学质量无疑都是其赖以生存和发展的生命线。《中华人民共和国民办教育促进法》规定，民办学校应当遵守法律、法规，贯彻国家的教育方针，保证教育质量，致力于培养社会主义建设事业的各类人才。民办学校收取的费用应当主要用于教育教学活动、改善办学条件和保障教职工待遇。教育部等部门印发的《营利性民办学校监督管理实施细则》也明确要求，营利性民办学校应当坚持教育的公益性，始终把培养高素质人才、服务经济社会发展放在首位，实现社会效益与经济效益相统一。

如前所述，与一些高新技术企业上市之后主要采取内涵式增长和创新型发展的模式不同，在境外上市的教育类企业走的多是外延式、规模化、短平快的发展道路。应该说，部分上市教育企业在其从资本市场上成功募集资金以后，的确也加大了对所控制学校的建设性投入，虽然这种投入在账务处理上并不是作为举办者的出资，而更多的是作为学校向WFOE的负债，但这也在一定程度上改善了相关学校的办学条件。同时，调查发现，一些教育资产被直接或间接"包装"上市的民办学校，虽然其收费不断连年上涨，学生负担不断加重，但为了维持上市公司的高增长、高回报，都不同程度地存在其实际控制人刻意减少办学成本和虚增办学收益的情况。相比于上市教育企业动辄高达30%～50%，甚至更高的营收增长率和毛利润率，不少被协议控制的民办学校在教育教学环节上的有效投入占学费的比例普遍不高，多数低于50%，有的甚至只有30%左右；而且，上市之后教师薪酬提高十分有限，生师比大多存在超标情况。

以在香港上市的高教类企业为例，在上市前后为了节约人力成本支出，不少学校都被不同程度地降低了师资配置水平，所涉及的民办高校（个别招生不好的除外）生师比多在22：1以上，有的更是高达29：1，大大超出教育部规定的18：1的合格标准，达到限制招生的

"黄牌警戒线"。多家上市企业属下的高校教师平均年薪（含税）在10万元以下，有的高校教师年收入（含税）更是只有区区五六万元人民币，大大低于所在区域公办学校薪酬水平，甚至不如同类民办院校薪酬水平。有调研还发现，和同地区公办高校相比，一些被协议控制的民办高校还存在"开学晚，放假早""校内学习少，校外实践长""骨干老师上课少，一般老师上课多"等情况，通过缩短教育教学周期，压缩课堂学习时间，减少学生在校支出，达到最大限度控制教学成本的目的。

教育以学生为本，教学以教师为本。理论和实践都表明，民办学校只有不断增加教育投入，改善办学条件，提高教师待遇，才能巩固和提升教育质量，办出政府放心、社会需要、人民满意的教育。这是由教育的根本属性所决定的。显然，一些上市教育企业通过控制教学环节的成本支出以实现更大办学收益的做法，既不符合教育规律和人才培养特点，也不符合民办教育新法新政有关教育公益属性的规定和要求。长此以往，这种不以学生为中心、不注重教育质量的办学行为，必将使学校办学品质降低，损害学校的形象和声誉，导致受教育者"用脚投票"，造成生源流失及结构失衡，最终影响和制约学校的良性运行与深入发展。

（三）存在失范行为，必然受到行政的规制

依据《中华人民共和国民办教育促进法》相关规定，国务院《关于鼓励社会力量兴办教育促进民办教育健康发展的若干意见》（简称"国务院30条意见"）在明确提出要简政放权、放管结合、优化服务，依法履职，规范办学秩序，全面提高民办教育治理水平的基础上，强调要加快现代学校制度建设，完善学校法人治理，健全资产管理和财务会计制度，规范学校办学行为，落实安全管理责任。教育部等五部门所印发的《民办学校分类登记实施细则》再次强调："民办教育是社会主义教育事业的重要组成部分。民办学校应当遵守国家法律法规，全面贯彻党的教育方针，坚持党的领导，坚持社会主义办学方向，坚持公益性导向，坚持立德树人，对受教育者加强社会主义核心价值观教育，培养德、智、体、美等方面全面发展的社会主义建设者和接班人。"总之，依据法律法规和相关文件的规定，各级各类民办学校应当，也必须做到依法办学、诚信办学、规范办学。

应该说，大部分民办学校的办学行为总体上是规范的，多数民办学校的举办者和办学者也是充满教育情怀、具有公益理念的。但是，不得不说，有一部分被上市企业直接或变相控制的民办学校，在运行和管理中的确存在不少失范，乃至违规的做法，已经不同程度地背离了教育公益性原则，损害了学校多方利益主体的合法权益。突出表现在两大方面：

一是学校法人治理结构失衡，存在"资本雇佣劳动"现象。民办学校不同于企业组织，其在内部治理上不是，也不能由举办者（出资人）一方说了算。《中华人民共和国民办教育促进法》第二十条的规定，民办学校应当设立学校理事会、董事会或者其他形式的决策机构并建立相应的监督机制。民办学校的举办者根据学校章程规定的权限和程序参与学校的办学和管理。然而，资料显示，凡是被上市教育企业直接或变相掌控的实体学校，其内部法人治理无不呈现出"单边主义"的色彩，多为资本方"内部人控制"，而办学方（校长）则处在相对被动，乃至"无所作为"的状态。举例来说，几乎所有境外上市教育企业设在境内的WFOE，都与其所控制的相关实体学校签订有各种所谓的"独家购买协议"或"董事（股东）权利委托协议"。这样一些在主体权利上明显不平等的条约，在很大程度上侵害了学校法人权利，使得学校被外资深度掌控，以至于不同程度地丧失了自治能力。其中，一些境外资金还通过各种方式绕过我国法律法规的监管，渗透到义务教育领域，这已经在一定程度上导致意识形态，乃至教育主权的失管失控。

二是财务资产管理制度失效，各种"灰色回报"问题严重。境外上市企业公开披露的资料显示，其设在境内的WFOE通过协议控制方式，几乎垄断和包揽了实体学校的所有"技术服务及管理咨询"业务，从而可以通过各种关联交易渠道，掌握学校运行成本，控制学校办学结余。作为WFOE提供的技术服务及管理咨询的对价，境内实体学校及相关利益主体将不得不各自"被同意"向WFOE支付各种服务费。而且，WFOE还有权（但无义务）根据所提供的实际服务及境内实体学校的需求，随时调整相关服务费金额。显而易见，在这些WFOE主导的控制协议中，有相当一部分是有失公允的，甚至存在"不可执行"，乃至虚假的合同。由于交易程序缺少透明性和交易价格缺少公平性，在不同程度上造成民办学校资金资源的流失，虚增了学校办学成本，挤占了学校法人财产，降低了包括教师薪酬在内的有效教学投入，最终势必会影响教育质量并牺牲广大受教育者的基本权益。更有甚者，这样一些灰色关联交易的泛滥规避了非营利性民办学校不能对举办者（出资人）"分红"的管制，导致宏观层面所推导的民办学校分类管理失去了现实意义。

针对以上突出问题和矛盾，国家层面已经、正在或将要采取各种针对性措施加以严格规制。教育部等十三部门联合印发的《民办教育工作部际联席会议2018年工作要点》明确提出，要"研究制定非营利性民办学校监督管理实施细则和非营利性民办高校财务监管办法，防止民办学校以非营利之名行营利之实"。修订中的《中华人民共和国民办教育促进法实施条例》还拟专门就关联交易问题做出多重限制性规定。可以预见，随着这些制度、措施的陆续推出和深入实施，教育资产上市及其所伴生的一系列不规范做法，必将得到越来越严格的规制，未来可供操作的逐利空间将会越来越小。

## 四、结语

教育从来就是一项立德树人的崇高事业。教育的公益属性和教育过程中的信息不对称性，决定了包括社会力量办学在内的各级各类教育，都应该，也只能以非营利性办学为主要形态。这是全世界教育的共性特点和普遍现象。正因如此，我们国家大力提倡公益导向，实行非营利性和营利性分类管理，实施差别化扶持政策，积极引导社会力量举办非营利性民办学校。同时，考虑到现阶段民办教育主要以投资办学为主的基本国情，新法新政也允许举办者在法律规定的"负面清单"以外，根据志愿，选择非营利性办学或营利性办学。但即便是营利性学校，也仍然要坚持教育公益属性，始终把社会效益放在首位，并且其办学行为同样要受到相关法律法规及行政规章的调整和规范。

综观目下诸多教育资产上市的操作套路及其运行特点，虽然从形式上看并没有直接违反现行相关法律规定，却在不同程度上背离了教育的公益性原则，或多或少侵害了学校、教师和学生等不同主体的相应权益，已经引起监管部门的密切关注和高度重视，其必将会在制度层面采取相应的措施加以严格规制。各种分析表明，除市场化特征极为明显且监管相对柔性的培训教育机构外，在可预见的未来，学前教育和学历教育资产上市的发展道路是不可持续的，只能是一种权宜之计。有鉴于此，现有境外上市教育企业及其直接或间接控制的诸多实体学校，应该及早回归本然，另谋出路，尽快找到有助于自身转型发展和平稳着陆的"安全港湾"，而不是在一条反向的"赛道"上越走越远。

当前和未来一个时期，对政府部门而言，在推进民办学校分类管理改革过程中，应依法全面落实各项鼓励和支持政策，尽快明确现有学校分类转设方案，进一步明晰学校办学结余的补偿奖励办法，以打消举办者的后顾之忧，稳定社会力量办学的信心和预期；同时，要建立健全办学风险预警及干预机制，确保各级各类民办学校稳定、健康、有序发展。对广大民办教育战线上的办学主体而言，一定要不忘初心、牢记使命，坚持教育公益属性，坚持社会主义办学方向，坚持立德树人根本任务，完善学校章程，健全法人治理，尊重教育规律，强化自我约束，做到依法、规范、诚信办学，摒弃功利主义，克服短期行为。只有这样，学校才能办得好、办得稳、办得久。

（载《华东师范大学学报·教育科学版》2020年第10期第78—88页）

# 附录：项目组调研的基本情况

## 一、项目研究的组织与分工

由于教育综合改革研究涉及问题广泛而复杂，总项目组动员了很多研究力量参与研究，由教育部原教育发展研究中心的教育政策研究专家牵头，会同教育部原职业技术教育中心研究所、北京大学教育学院、厦门大学教育研究院、华东师范大学教育学部、首都师范大学教育学院、上海市教科院民办教育研究所以及有关高校、科研单位、行政部门、社会组织的专家学者，形成了由总项目组及8个子项目组共同构成的高水平研究团队。

总项目组组长：张力。

首席专家：韩民、杨进、高书国、王烽、文东茅、范国睿、史秋衡、董圣足、李孔珍。

子项目一（李孔珍组长）："以坚持立德树人为导向推进人才培养机制创新研究"；

子项目二（文东茅组长）："考试招生制度改革与教育系统的整体联动研究"；

子项目三（杨进组长）："新型工业化背景下职业教育与终身学习体系建设与创新研究"；

子项目四（高书国组长）："新型城镇化背景下教育公平重点问题和应对措施研究"；

子项目五（王烽组长）："全面推进依法治国与政府管理教育职能转变研究"；

子项目六（范国睿组长）："事业单位改革背景下现代学校制度与学校法人治理研究"；

子项目七（董圣足组长）："政府与社会力量合作提供教育服务的制度和政策研究"；

子项目八（史秋衡组长）："国家开放新格局与教育对外开放战略研究"。

总项目组组长助理：王烽、李孔珍。

项目组专家和人员名单：教育部原教育发展研究中心主任张力，副主任韩民、杨志刚，综合研究部主任王烽、研究员张家勇，专题研究部主任王建，区域发展部副研究员玉丽，党政工作部硕士郝春娥。

北京大学教育学院教授文东茅，长聘副教授鲍威、黄晓婷，副教授朱红、林小英、张冉、马莉萍，考试研究院院长秦春华。中国人民大学教育学院副教授杨海燕、博士潘昆峰。北京师范大学职教所所长赵志群，教育学部副教授徐志勇、博士高莉。中国农业大学植物保护学院党务秘书张旭东。北京外国语大学国际教育学院副教授涂端午。北京科技大学公共管理学院研究生张化强。中央民族大学副教授陈志伟。首都师范大学教育学院教授李孔珍、副教授张琦、副教授高向杰，首都基础教育发展研究院教授张景斌，教师教育学院研究生工作秘书严辉，外国语学院学工办主任张勇，参与调研研究生徐飞、牛京京、郭心悦、冯汝清、王腾、韩丽瑶。天津大学教育学院院长闫广芬、教授杨院。天津市教科院副研究员李捷。天津职业技术师范大学职教学院教授孙翠香。山西省大同市委党校助教韩琼玉。青岛大学讲师矫怡程。青岛农业大学发展规划处助理研究员王亮。郑州师范学院教育科学学院讲师刘超洋。复旦大学高教研究所副研究员田凌晖。同济大学高教研究所副教授李玲玲。华东师范大学教育治理研究院院长范国睿，教育部中学校长培训中心教授刘莉莉，职成教所原所长石伟平，基础教育改革与发展研究所助理研究员杜明峰。南京晓庄学院教师教育学院讲师魏叶美。上海政法学院教授冯涛。南京大学副教授孙俊华、汪雅霜，博士王世岳。苏州大学教育学院教授王一涛。无锡太湖学院副校长阙明坤。厦门大学首批南强重点岗位教授史秋衡，副教授文静，研究人员杨玉婷、张纯坤，助理柯安琪、陈璐蓉，马克思主义学院副院长张艳涛。福州大学法学院党委书记吴雪。福建师范大学讲师康敏。厦门理工学院博士王爱萍。华南理工大学博士后王芳。广东第二师范学院副教授吴开华。

中国教育学会副秘书长高书国。教育部思想政治工作司一级调研员卢丽君。中国常驻联合国教科文组织代表团大使衔代表（教育部原职教所所长）杨进，教育部原职教所教师资源研究室研究员孙琳、原副研究员宫雪、副研究员王泽荣，国际合作与比较教育研究室正处级干部赵长兴，办公室副主任黄洋。中央党校教授刘丽丽。江西省教育厅办公室副主任巫志刚。上海市教科院民办教育研究所所长董圣足，研究人员公彦霏、刘荣飞、谢锡美，教科院高教研究所所长董秀华，智力开发研究所副所长潘奇、副研究员胡伶。浙江省温州市教育局民办教育处副处长陈长河。

美国教育考评局心理测评技术总监杨志明。德国海德堡大学博士生陈恒敏。

## 二、项目研究的方法与路径

2016—2018年，总项目组采取了综合性研究方法，通过实地考察、问卷调查、座谈访谈、专题咨询以及境外考察等方法，形成阶段成果报告，按规定要求上报全国哲学社会科学规划办公室，并召开多次项目成果专题研讨会，形成8个子项目组调研报告及有关背景分析附件，最后完成总项目组结项报告。

总项目组主要的研究方法与路径如下：

第一，实地考察。8个子项目组分别赴22个省份进行了实地考察。如第四项目组赴天津、河北、福建、河南等省市近30所学校调研；第二项目组赴上海、浙江、山东等省市调研；第五项目组赴上海、重庆、山东青岛、浙江温州、四川成都、江苏镇江等地调研；第七项目组赴浙江温州、山东禹城、江西赣州、黑龙江哈尔滨、上海浦东等地考察；第一项目组对东中西部地区的4所大学、3所中学和4所小学进行了案例研究；第三项目组赴上海、江苏太仓、安徽合肥、湖北武汉、福建泉州等地进行了实地考察，调研机械装备制造、汽车、电子信息、高铁装备制造、环境保护等5个行业的大、中、小型企业和相关专业本科、高职、中职各类院校，并委托三所职业技术学院分别在重庆、广东深圳、浙江金华等地开展调研。

第二，问卷调查。有关子项目组发放专题问卷5 000多份。其中，为了解大学生思想政治状况，子项目组对北京、天津、河北、山西、内蒙古、辽宁、江苏、浙江、山东、湖北、广西等省区市部分高校的大学生进行了调查，共回收问卷2 850份，其中有效问卷2 682份。为了研究高考改革对教育系统的整体联动效应，子项目组对浙江省余姚市共250名教师、家长和学生进行了问卷调查。为了研究学校依法自主办学情况，子项目组在上海、北京、江苏、广东、四川、山东、河南等省市，向教育行政部门领导、中小学校长发放调查问卷2 000余份，回收有效问卷1890份。

第三，座谈访谈。各子项目组以召开座谈会和访谈等形式进行调研，共召开座谈会90余次，访谈300多人次。围绕立德树人的人才培养机制，子项目组在北京对高校辅导员和学生等进行了20人次访谈；就高考改革对教育系统的整体联动效应问题，子项目组与上海市和浙江省的教育行政部门、考试院及高校代表进行了座谈，对浙江余姚中学、黄岩中学、育英中学、浙鳌中学20位教师和60位学生进行了访谈。子项目组赴天津蓟州区、福建德化、河北邯郸的农村学校考察教育公平问题，与当地教育局工作人员座谈，访谈校长和教师60多人。就研究新型工业化背景下人才需求结构与培养模式改革，子项目组先后在江苏、安徽、湖北、福建、重庆、广东深圳、浙江金华等地召开座谈会达8次。子项目组就管办评分离改革，与地市教育局有关人员、学校校长教师共200余人座谈，召开座谈会11次。针对依法办学的专题，子项目组对地方政府分管负责人、教育管理干部和中小学校长共访谈192人次。围绕政府与社会力量合作提供教育服务的制度和政策，子项目组与地方政府有关部门召开座谈会8次。

第四，专题咨询。总项目组和有关子项目组邀请教育部综合改革司、教育部政策法规司、北京市教科院、天津市教科院、上海市教科院、广东省教研院、中国教育学会、中国教育发展战略学会等部门单位的专家作为咨询专家，请他们为项目成果及重点问题论证等提出意见和建议。

第五，境外考察。有的子项目组围绕中国教育对外开放战略问题开展境外考察，分别访问美国、印度、俄罗斯等国，对国外大学教授及拥有国外访学经历的学者进行访谈，包括美国哥伦比亚大学教授与访问学者、美国托莱多大学高等教育系主任、美国斯坦福大学教授、美国夏威夷大学师生、印度浦那大学师生、俄罗斯大学师生、德国哥廷根大学师生、德国洪堡大学教授、英国剑桥大学师生等。有的子项目组还通过参加研讨会、召开视频会议、在线研讨等方式，开展了比较研究。

报告主要执笔者：绪论：张力。第一章：第一节，王建、涂端午；第二节至第六节，张家勇、王烽。第二章：第一节，李孔珍；第二节，文东茅；第三节，杨进、宫雪。第三章：第一节，董圣足、刘荣飞；第二节，高书国。第四章：第一节，董圣足、刘荣飞；第二节，范国睿。第五章：第一节，杨进；第二节，史秋衡、杨院。第六章：张力。

张力负责本书通稿，韩民对部分章节提出修改意见。